图书馆业务指南丛书

基于移动互联网的数字图书馆人工智能服务

张　炜　主编

国家图书馆出版社

图书在版编目(CIP)数据

基于移动互联网的数字图书馆人工智能服务/张炜主编. --北京:国家图书馆出版社,2024.10. --ISBN 978-7-5013-8125-8

Ⅰ.G250.76

中国国家版本馆 CIP 数据核字第 2024JJ7631 号

书　　名	基于移动互联网的数字图书馆人工智能服务	
	JIYU YIDONG HULIANWANG DE SHUZI TUSHUGUAN RENGONGZHINENG FUWU	
著　　者	张　炜　主编	
责任编辑	高　爽	
助理编辑	何逸竹	
封面设计	耕者文化工作室	

出版发行	国家图书馆出版社(北京市西城区文津街 7 号　100034)
	(原书目文献出版社　北京图书馆出版社)
	010-66114536　63802249　nlcpress@nlc.cn(邮购)
网　　址	http://www.nlcpress.com
排　　版	京荷(北京)科技有限公司
印　　装	河北鲁汇荣彩印刷有限公司
版次印次	2024 年 10 月第 1 版　2024 年 10 月第 1 次印刷

开　　本	710mm×1000mm　1/16
印　　张	20.25
字　　数	281 千字
书　　号	ISBN 978-7-5013-8125-8
定　　价	118.00 元

本书编委会

主编：张　炜

编委（按姓氏笔画排序）：

　　刘术华　刘彦孜　高　馨　董晓莉　廉洪霞

前　言

　　自 1956 年美国达特茅斯会议首次提出人工智能概念以来,人工智能已经走过了 60 多年的发展历程。近年来,随着互联网发展、大数据激增、算力提高,人工智能再一次成为社会各界关注的焦点。从在各行各业初露锋芒,到如今发挥举足轻重的作用,人工智能已经进入高速发展期,成为引领未来的战略性技术,也是新一轮产业变革的核心驱动力。人工智能以其不断给人类社会带来便利、舒适、效益的强大优势,推动人类社会快速进入智能时代。

　　移动互联网是移动通信和互联网相互结合的产物,其以"无处不在的网络、无所不能的业务"的优势,正在深刻地改变着人们的生活方式和工作方式,已经成为我国互联网产业发展的中坚力量。人工智能技术与移动互联网深度融合,将进一步释放叠加倍增效应,引领新一轮科技革命和产业变革。未来,基于移动互联网技术的人工智能应用创新将朝着更加深入、广泛的方向发展。

　　图书馆行业早在 20 世纪 70 年代后期就已经引入人工智能技术。近年来,随着人工智能技术在社会各领域的新一轮应用和普及,国内外有许多图书馆对人工智能技术进行了有效的尝试与实践,以使人工智能技术为图书馆服务创新与发展提供工具和手段。然而,目前人工智能技术在图书馆的应用还存在许多薄弱环节,特别是对移动互联网环境下图书馆如何开展人工智能服务应用与创新的探索还比较少见。

　　随着数字图书馆向智能化、智慧化转型升级,人工智能技术在图书馆领域有了更大的用武之地,发挥着举足轻重的作用。特别是在与移动互联网技术深度融合之后,人工智能技术的优势更加凸显。本书以移动互联网环境下数字图书馆的人工智能服务为研究对象,在广泛调研、深入分析的基础上,总结梳理我国图书馆人工智能服务现有的研究和应用模式,厘清图书馆在人工智能服务中存在的问题,着重研究并规划移动互联网环境下数字图书馆人工智能服务创新应用的体系框架和重点内容,展望人工智能技术在图书馆行业的应用前景,为快速提升国内图书馆界的智能化服务水平提供助力。

本书共 10 章,各章撰写分工情况如下:

张炜负责全书框架结构设计、研究方向确定、统稿及最后修改。

第一章"绪论"由廉洪霞、董晓莉、刘术华撰写。

第二章"国内外图书馆界人工智能实践"由高馨、廉洪霞、刘彦孜撰写。

第三章"国内公共图书馆人工智能应用情况概览"由高馨、张炜撰写。

第四章"基于移动互联网的数字图书馆人工智能服务体系"由董晓莉、刘术华、张炜撰写。

第五章"基于移动互联网的数字图书馆智能化基础设施建设"由高馨撰写。

第六章"基于移动互联网的数字图书馆智能化资源建设与服务"由刘术华、高馨撰写。

第七章"基于移动互联网的数字图书馆人工智能服务"由刘术华、廉洪霞、高馨撰写。

第八章"基于移动互联网的数字图书馆智能化运行管理"由刘术华撰写。

第九章"基于移动互联网的数字图书馆人工智能服务标准"由廉洪霞撰写。

第十章"基于移动互联网的图书馆人工智能服务前景展望"由董晓莉撰写。

目 录

图目录

第一章　绪　论

人工智能(Artificial Intelligence, AI)是研究、开发、利用智能软件和硬件技术来延伸人类智能的一门技术，能够通过计算机程序和设备模拟人类行为，替代人类某些活动。可以说，AI是对人类思维过程的量化，对人类行为的澄清，以及对人类智能边界的探索。其研究综合借鉴了计算机科学、信息工程、数学、心理学、语言学、哲学等多个领域的理论和方法，在无人驾驶、体育竞技、医疗诊断、社会交往以及科学研究等领域都能够创造重大价值。近年来，随着大数据激增、算法革新、算力提高，人工智能进入高速发展期，正在成为引领世界发展的新兴创新驱动力。与此同时，移动互联网的迅猛发展也正在加速人工智能与移动互联网应用的深度融合，为数字图书馆的服务创新带来新机遇和新挑战。在此背景下，本书深入调查分析国内外图书馆界关于人工智能服务的理论研究与实践成果，探索人工智能技术如何在移动互联网环境下应用于数字图书馆服务，梳理构建移动互联网环境下数字图书馆人工智能服务的体系框架和重点内容，并对人工智能技术在图书馆行业的应用前景进行预测，为图书馆开展人工智能服务提供参考和指引。

第一节　人工智能相关政策与发展趋势

一、推动人工智能应用的相关政策

当前，人工智能已经成为引领未来的战略性技术，也是新一轮产业变革的核心驱动力。国内外均相继确立一系列政策以保障人工智能发展与应用。

1. 国外人工智能相关政策

人工智能作为引领未来的颠覆性、战略性技术，成为国际竞争的新焦点和经济发展的新引擎。1956 年，美国达特茅斯会议首次提出了人工智能的概念。自此，人工智能登上历史舞台。经过 60 多年的不断突破和创新，日益成熟的人工智能技术在最近几年进入了快速发展阶段。2019 年 6 月，美国国家科学技术委员会基于 2016 年发布的《美国国家人工智能研究和发展战略计划》，发布了《美国国家人工智能研究和发展战略计划：2019 更新版》，旨在指导美国人工智能研发与投资，为改善和利用人工智能系统提供战略框架①。2019 年 10 月，俄罗斯总统普京批准了《2030 年前人工智能国家发展战略》，提出俄罗斯发展人工智能的基本原则、总体目标、主要任务、工作重点及实施机制，旨在加快推进俄罗斯人工智能发展与应用，谋求在人工智能领域的世界领先地位，以确保国家安全、提升经济实力和增进人民福祉②。2019 年 10 月，新加坡成立了国家 AI 办公室，同年 11 月新加坡发布了一项为期 11 年的国家人工智能战略，提出了新加坡未来人工智能发展愿景、方法、重点计划，以及建立人工智能生态等内容③。欧盟发布《2030 数字指南针：欧洲数字十年之路》《更新2020 年工业战略：为欧洲复苏建立更强大的单一市场》等，拟全面重塑数字时代全球影响力，其中将推动人工智能发展列为重要的工作。日本继制定《综合创新战略 2022》之后，于 2021 年 6 月发布《AI 战略 2021》，致力于推动人工智能领域的创新创造计划，全面建设数字化政府。英国于 2021 年 9 月发布国家级人工智能新十年战略，这是继 2016 年后推出的又一重要战略，旨在重塑人

---

① 美国人工智能研发战略计划 2019 更新版重点及启示［EB/OL］．［2022 - 10 - 21］．https://www.163.com/dy/article/FI8UE6I60511D98B.html.
② 俄罗斯出台 2030 年前国家人工智能发展战略［EB/OL］．［2022 - 10 - 21］．https://www.sohu.com/a/352985151_635792.
③ 新加坡发布国家人工智能战略［EB/OL］．［2022 - 10 - 21］．http://www.ecas.cas.cn/xxkw/kbcd/201115_127946/ml/xxhzlyzc/202001/t20200102_4938109.html.

工智能领域的影响力①。

2. 国内人工智能相关政策

我国人工智能的发展起步较晚,但得益于国家政策的大力扶持,我国人工智能技术得到了前所未有的发展。目前,人工智能已经上升为国家发展战略。习近平总书记在中共中央政治局第九次集体学习时强调:"我们要深入把握新一代人工智能发展的特点,加强人工智能和产业发展融合,为高质量发展提供新动能。"②近年来,我国加快人工智能产业布局与规划。2017 年 7 月,国务院发布《新一代人工智能发展规划》,明确了我国新一代人工智能发展的战略目标:到 2020 年人工智能总体技术和应用与世界先进水平同步,人工智能产业成为新的重要经济增长点,人工智能技术应用成为改善民生的新途径,有力支撑进入创新型国家行列和实现全面建成小康社会的奋斗目标;到 2025 年人工智能基础理论实现重大突破,部分技术与应用达到世界领先水平,人工智能成为带动我国产业升级和经济转型的主要动力,智能社会建设取得积极进展;到 2030 年人工智能理论、技术与应用总体达到世界领先水平,成为世界主要人工智能创新中心,智能经济、智能社会取得明显成效,为跻身创新型国家前列和经济强国奠定重要基础③。《中华人民共和国国民经济和社会发展第十四个五年规划和 2035 年远景目标纲要》(以下简称"十四五"规划纲要)指出,要瞄准人工智能等前沿领域,实施一批具有前瞻性、战略性的国家重大科技项目④。

---

① 人工智能白皮书(2022 年)[EB/OL].[2022 - 10 - 21]. http://www.caict.ac.cn/kxyj/qwfb/bps/202204/P020220412613255124271.pdf.

② 习近平:推动我国新一代人工智能健康发展[EB/OL].[2022 - 10 - 21]. http://www.scio.gov.cn/ttbd/xjp/202206/t20220623_120016.html.

③ 国务院关于印发新一代人工智能发展规划的通知[EB/OL].[2022 - 10 - 21]. http://www.gov.cn/zhengce/content/2017 - 07/20/content_5211996.htm.

④ 中华人民共和国国民经济和社会发展第十四个五年规划和 2035 年远景目标纲要[EB/OL].[2022 - 10 - 21]. https://www.ndrc.gov.cn/xxgk/zcfb/ghwb/202103/P020210323538797779059.pdf.

"十四五"规划纲要明确大力发展人工智能产业,打造人工智能产业集群以及深入赋能传统行业成为重点。2021 年 2 月,工业和信息化部支持创建北京、天津(滨海新区)、杭州、广州、成都等第二批国家人工智能创新应用先导区,不断强化应用牵引作用。科技部支持建设多个人工智能创新发展试验区,陆续批复北京、上海、天津、深圳、杭州等 15 个国家新一代人工智能创新发展试验区①。

二、人工智能未来发展趋势

1. 移动互联网与人工智能技术结合成为发展主流

移动互联网是指移动通信终端与互联网相结合,成为一体,使用户能够使用手机、平板电脑或其他无线终端设备,通过速率较高的移动网络,在移动状态下(如在地铁、公交车等)随时随地访问互联网以获取信息和各种网络服务。移动互联网相关的技术可以分为三大部分,分别是移动互联网终端技术、移动互联网通信技术和移动互联网应用技术②。移动互联网体现了"无处不在的网络、无所不能的业务"的思想,其如火如荼的发展,正在改变着人们的生活方式和工作方式。将移动互联网与人工智能技术有机融合是人工智能发展的必然趋势,已经成为当前信息技术领域发展的主流。

人工智能技术带来制造智能化程度更高的移动终端设备,不仅可以帮助我们进一步得到具备真正智能认知能力的移动设备,还可以重新定义用户体验。移动设备,又称为手持装置,是指可以在移动中使用的计算机设备,是移动互联网的前提和基础。随着移动互联网终端技术的不断发展,移动终端逐渐具备了较强的计算、存储和处理能力以及触摸屏、定位、视频摄像头等功能组件,拥有了智能操作系统和开放的软件平台②,常见的移动设备有手机、平板

---

① 梁晓涛,汪文斌. 移动互联网[M]. 武汉:武汉大学出版社,2013:2 - 20.

② 罗军舟,吴文甲,杨明. 移动互联网:终端、网络与服务[J]. 计算机学报,2011,34 (11):2029 - 2051.

电脑、笔记本电脑、掌上游戏机等。自 2007 年开始,智能化使移动终端获得了突飞猛进的发展,智能手机及平板电脑市场空前繁荣,尤其是基于 iOS 和 Android 等操作系统的智能终端设备功能日益强大,移动互联网产业得到了迅猛发展,从根本上改变了终端作为移动网络末梢的传统定位。移动智能终端几乎在一瞬间转变为互联网业务的关键入口和主要创新平台,也是新型媒体、电子商务和信息服务平台,互联网资源、移动网络资源与环境交互资源的最重要枢纽。

移动智能终端引发了颠覆性变革,拉开了移动互联网产业发展的序幕。2022 年 8 月,由 CNNIC 发布的第 50 次《中国互联网络发展状况统计报告》①可以看到:截至 2022 年 6 月,我国网民规模达 10.51 亿,较 2021 年 12 月增长 1919 万,互联网普及率达 74.4%,较 2021 年 12 月提升 1.4%。移动互联网流量快速增长。2022 年上半年,我国移动互联网接入流量达 1241 亿 GB,同比增长 20.2%。截至 2022 年 6 月,我国网民使用手机上网的比例达 99.6%;使用台式电脑、笔记本电脑、电视和平板电脑上网的比例分别为 33.3%、32.6%、26.7% 和 27.6%。移动电话用户规模稳中有增,5G 用户数快速扩大。截至 2022 年 6 月,三家基础电信企业的移动电话用户总数达 16.68 亿户,较 2021 年 12 月净增 2552 万户。其中,5G 移动电话用户达 4.55 亿户,较 2021 年 12 月净增 1.01 亿户,占移动电话用户的 27.3%,较 2021 年 12 月提高了 5.7%。5G 建设和普及不断深化。2022 年上半年,我国 5G 网络规模持续扩大,截至 2022 年 6 月,已经累计建成开通 5G 基站 185.4 万个。

未来,基于移动互联网技术的人工智能应用创新将朝着更加深入、广泛的方向发展。图书馆势必要紧跟技术发展趋势,才能够应对信息技术更迭引起的用户获取服务方式的改变,进而不断创新服务形式,这也是图书馆行业未来

① 中国互联网络信息中心. 第 50 次《中国互联网络发展状况统计报告》[EB/OL].[2022 – 10 – 21]. http://www. cnnic. net. cn/NMediaFile/2022/0916/MAIN1663312359252H1J8O7CGR2. pdf.

的发展趋势。

2. 人工智能应用关键技术层出不穷

当前,我国数字科技正在经历快速发展新阶段,数字化、网络化、智能化让数字世界与物理世界的融合与协同变得更加紧密。深入探讨人工智能技术的发展趋势,及时、全面、准确把握新一代信息技术在图书馆转型升级中的新需求、新应用和新机遇,是图书馆在时代发展的潮头弄潮搏浪的必要手段。面对新形势新需求,图书馆必须主动求变,把握数字化、网络化、智能化融合发展的契机,利用人工智能技术增强图书馆服务创新新动能,这对于推动"十四五"时期图书馆高质量发展具有重要意义。可以用于推动移动互联网环境下数字图书馆服务创新的人工智能技术,主要有以下几类:

(1)物联网技术。物联网是通过信息传感设备,按照约定的协议,将任何物体与互联网连接起来,进行信息交换和通信,以实现智能化识别、定位、跟踪、监控和管理的一种网络,一般分为三个布局层次,即感知层、传输层和应用层。作为新一代信息技术的高度集成和综合运用,物联网具有渗透性强、带动作用大、综合效益好的特点,被称为是继计算机、互联网之后世界信息产业发展的第三次浪潮[①],近年来被广泛应用于博物馆、美术馆、图书馆等公共文化服务机构。

(2)5G 技术。5G,即第五代移动通信技术,是目前最新一代的实现人机物互联的网络基础设施。国际电信联盟定义 5G 的三大类应用场景,即增强移动宽带、超高可靠低时延通信和海量机器类通信。5G 通信技术的设计标准是用于满足灵活多样的物联网需求,采取灵活的系统设计,可以支持多种场景应用。在频段方面,除了同 4G 通信技术一样支持中低频外,5G 通信技术还兼顾高频频段,可以同时满足网络覆盖和提升容量的需求,支持更快速率的信息传

---

① 物联网[EB/OL]. [2024 - 02 - 27]. https://wiki. mbalib. com/wiki/% E7% 89% A9% E8% 81% 94% E7% BD% 91.

输和更大面积的网络覆盖①。随着 5G 商用的普及,过去不可能或很难实现的智慧应用场景,在不久的将来,都将成为可能。

（3）数字孪生技术。数字孪生（Digital Twin,DT）,也可以称为数字映射、数字镜像。数字孪生的雏形最早可以追溯到 2003 年产品生命周期管理中提及的"信息镜像模型",是充分利用物理模型、传感器更新、运行历史等数据,集成多学科、多物理量、多尺度、多概率的仿真过程,在虚拟空间中完成映射,从而反映相对应的实体物的全生命周期过程。数字孪生的核心是一种物理空间与虚拟空间的虚实交融、智能操控的映射关系,通过在实体世界和数字虚拟空间中,记录仿真、预测对象全生命周期的运行轨迹,实现系统内信息资源和物质资源的最优配置②。

（4）云计算技术。云计算技术是移动互联网技术中的一种类型,能够借助计算机全面整合分布式的资源和数据,实现数据和资源的高效协同发展,可以提高数据信息的处理效率,保证信息的质量,确保信息得到实时高效传输,使数据和资源更好地满足工作需求,是计算机网络技术发展到一定程度的必然产物。云计算技术,可以降低服务器出错率,降低工作成本,同时优化信息资源共享。在图书馆行业,云计算技术被普遍应用在解决图书馆的数据安全、网络建设、法律建设等问题上③。

（5）区块链技术。区块链技术是利用块链式数据结构来验证和存储数据,利用分布式节点共识算法来生成和更新数据,利用密码学的方式保证数据传输和访问的安全性,利用由自动化脚本代码组成的智能合约来操作数据的一

① 谢广耀.5G 通信技术与物联网的融合与发展［J］.网络安全和信息化,2022（8）: 4 - 6.

② 陈善福,张晓伟,黄文琦.数字孪生技术应用研究及对宁波的建议［J］.宁波通讯, 2022（15）;30 - 33.

③ 林剑领,邵云娜,吴月文,等.探析云计算技术在图书馆中的应用［J］.中国新通信, 2022（13）;98 - 100.

种全新分布式基础架构①。区块链系统的本质是去中心化的数据库。区块链系统由自上而下的数据层、网络层、共识层、激励层、合约层和应用层组成。其中,数据层封装了底层数据区块的链式结构,以及相关的非对称公私钥数据加密技术和时间戳技术,是整个区块链技术中最底层的数据机构;网络层包括分布式组网机制、数据传播机制和数据验证机制等;共识层主要封装了网络节点的各类共识机制算法;激励层将经济因素集成到区块链技术体系中,主要包括经济激励的发行机制和分配机制等;合约层主要封装各类脚本、算法和智能合约,是区块链可编程性的基础;应用层则封装了区块链的各种应用场景和案例②。

以上仅简单介绍了几类与人工智能相关的信息技术。我国进入了新型工业化、信息化、城镇化、农业现代化同步发展、并联发展、叠加发展的关键时期,信息技术的助力和赋能,对行业的未来发展影响巨大,图书馆应始终密切关注信息技术发展趋势,准确识变、科学应变、主动求变,在新的重要战略机遇期大展拳脚。

第二节　人工智能研究进展

为全面梳理国外、国内与人工智能相关的研究情况,本书利用文献研究法,统计了 2011—2021 年间有关人工智能领域的研究论文,试图通过对论文分布状况及研究主题的发展进行分析,进而揭示国内外人工智能的研究历史与现状,为全面系统地了解人工智能研究状况提供帮助。

---

① 李雷孝,杜金泽,林浩,等.区块链网络隐蔽信道研究进展[J].通信学报,2022(9):209-223.

② 张大勇.基于区块链政务信息资源共享系统的设计[J].电脑知识与技术,2018(28):37-39.

一、国外人工智能研究进展

国外关于人工智能的研究现状跟踪主要通过查阅国外相关学术数据库的研究资源开展。统计数据来源于 LISTA(EBSCO)期刊引文数据库。该数据库对超过 560 种核心期刊、近 50 种优秀期刊、125 种精选期刊,以及书籍、调查报告及记录编制了索引。此外,还收录了 20 世纪 60 年代中期至今的 330 余种期刊和近 30 种图书的全文。

1. 论文分布年代及数量增长趋势

本书通过主题检索"Artificial Intelligence"(人工智能)相关论文,共获得论文 3776 篇(2011—2021 年)。2011—2021 年间论文数量的年度分布如表 1 − 1 所示。据检索结果,从 2011 年开始,国外关于人工智能的研究处于增长趋势。从研究数量上看,研究热度整体可以分成四个阶段,2011—2013 年为较为平稳阶段;2014—2016 年为震荡上升阶段;2017—2018 年为平稳上升阶段;2019—2021 年为高速发展阶段。

表 1 − 1　2011—2021 年国外"人工智能"相关论文数量年度分布　　(单位:篇/件)

年度	2011	2012	2013	2014	2015	2016	2017	2018	2019	2020	2021
期刊论文	34	58	49	42	40	59	81	114	175	239	491
评论	8	8	12	9	17	22	44	44	59	59	60
贸易出版物	0	5	4	10	10	13	32	55	72	50	39
杂志	4	5	6	4	6	6	29	45	49	24	20
报纸	0	0	0	4	9	1	2	2	1	0	78
总量	46	76	71	69	82	101	188	260	356	372	688

2. 论文的主题分布

关键词反映了研究成果的核心内容,从关键词的数量变化可以看出不同时期论文主题的侧重。表 1 − 2 的数据显示,"人工智能""机器学习""自然语言处理"一直是人工智能研究领域关注的高频词汇。

表 1-2 2011—2021 年国外关于"人工智能"论文的高频关键词(部分)

(单位:篇)

2011—2013 年		2014—2016 年		2017—2018 年		2019—2021 年	
关键词	数量	关键词	数量	关键词	数量	关键词	数量
人工智能	92	人工智能	125	人工智能	300	人工智能	1252
自然语言处理	18	内容生成	19	机器学习	44	机器学习	288
信息查询	16	信息查询	16	内容生成	31	自然语言处理	81
机器学习	15	生物测定	15	技术创新	31	深度学习	77
维基百科	15	机器学习	13	数据挖掘	24	算法	70
通知公告	14	自然语言处理	12	信息查询	17	内容生成	64
数据分析	12	信息访问	10	信息技术	17	社会媒体	52
算法	10	数据处理	10	大数据	16	信息技术	50
文献计量学	10	数据分析	9	算法	15		

2011—2013 年,"人工智能""自然语言处理""信息查询""机器学习""数据分析""算法""文献计量"等为高频词汇。在此阶段,"人工智能"宏观理论研究较多,且大都是关于概念问题、理论问题的探讨。"信息查询""数据分析"已成为研究重点,这说明"人工智能"在数据信息层面的应用已受到研究人员的重视,为图书馆人工智能的应用打下良好的基础。

2014—2016 年,人工智能研究较 2011—2013 年有一定发展,高频关键词与此前区别不大,"内容生成""信息访问""生物测定""数据处理"成为新的高频词汇。随着"大数据"的发展,"数据处理""数据分析"成为新的研究热点,这证明部分图书馆专家也逐步开始关注并参与人工智能的研究。

2017—2018 年,人工智能研究进入平稳上升阶段,"大数据"的位次较之前有较大幅度的提升,这说明"大数据"与"人工智能"的联系越来越紧密。"技术创新"成为新的高频词汇。

2019—2021 年,人工智能进入高速发展阶段,较之前的研究更加务实,不但论文数量逐年稳步递增,而且研究更加贴近业务需求,研究对象更加具体,如对"人工智能"在图书馆信息检索、编目、流通、参考咨询、知识管理与服务以及图书馆移动服务等几个方面都有不少专门论述。这是因为，"人工智能"在落地应用过程中不断遇到新问题，使得研究不但越来越场景化，而且也越来越细化。

二、国内人工智能研究进展

国内相关领域的跟踪研究主要围绕重点、常用的中文数据库收录的相关期刊论文开展。在中文数据库中，选取"中国学术期刊全文数据库""中国优秀博硕士学位论文全文数据库""中国重要会议论文全文数据库"三个常用数据库进行研究。

1. 国内人工智能研究总体情况

本书以"人工智能"为检索词在"主题"字段进行检索，共获得文献 141936 篇（2011—2021 年），其中期刊论文 117506 篇、博硕士学位论文 22032 篇、会议论文 2398 篇。其中，2011—2021 年间论文数量的年度分布如表 1-3 所示。

表 1-3 2011—2021 年中文常用数据库"人工智能"论文数量年度分布

（单位：篇）

年度	2011	2012	2013	2014	2015	2016	2017	2018	2019	2020	2021
期刊论文	1900	1993	2060	2092	2501	3963	7689	11042	18146	32706	33414
学位论文	965	937	884	885	800	1000	1314	2068	2925	5255	4999
会议论文	91	83	89	76	98	151	243	349	440	323	455
总量	2956	3013	3033	3053	3399	5114	9246	13459	21511	38284	38868

检索结果显示，人工智能相关研究获得了广泛关注，主要有以下特点：

从数量上看，2011—2021 年可分为三个阶段，即 2011—2015 年为平稳阶段；2016—2019 年为快速上升阶段；研究热度在 2020—2021 年井喷达到峰值。

从研究机构来看，人工智能研究主要集中在各高等院校及研究院所，其中，清华大学、中国人民大学、武汉大学、北京大学、上海交通大学、浙江大学论文数量最多。

从期刊分布来看,人工智能相关论文主要刊载在电子软件、电脑技术、计算机相关刊物上,其中,《电子技术与软件工程》《电脑知识与技术》《计算机工程与应用》等期刊刊登论文数量最多。

从研究内容上看,研究主要集中在人工智能概念普及与应用现状,人工智能的治理,人工智能在计算机、信息通信、工业、经济、医学、教育、传媒等领域的应用探索等方面。高频关键词主要包括"人工智能""机器人""学习""计算机视觉""深度学习""大数据""神经网络"等。

2. 国内图书馆人工智能相关研究总体情况

在上述三个数据库中,使用"'图书馆'与'人工智能'"作为检索条件,在"主题"字段进行检索,共获得文献 1319 篇(2011—2021 年),其中期刊论文 1142 篇、学位论文 165 篇、会议论文 12 篇。其中,2011—2021 年间论文数量的年度分布如表 1-4 所示。

从数量上看,图书馆人工智能相关研究在人工智能研究中所占比例极小,但 2011—2021 年间图书馆人工智能研究呈上升趋势。2011—2016 年间,图书馆人工智能研究呈现比较平稳的状态,这说明图书馆人工智能研究还未受到广泛关注;2017 年开始,研究热度持续上升,随后一直处于热点状态中。尽管"'图书馆'与'人工智能'"的检索条件并不能代表所有图书馆人工智能研究,但基本上反映了图书馆人工智能研究的实际情况。

表 1-4　2011—2021 年中文常用数据库"图书馆"与"人工智能"论文数量

(单位:篇)

年度	2011	2012	2013	2014	2015	2016	2017	2018	2019	2020	2021
期刊论文	13	15	15	13	9	17	56	110	246	326	322
学位论文	8	11	4	5	5	2	9	14	20	45	42
会议论文	0	1	0	0	0	1	3	4	0	3	0
总量	21	27	19	18	14	20	68	128	266	374	364

从内容上，图书馆人工智能相关研究主要集中在人工智能技术对图书馆的影响、人工智能技术在图书馆的具体应用、人工智能技术在图书馆应用发展趋势等方面。

在人工智能技术对图书馆的影响方面，吴建中从人工智能发展的技术环境、人工智能与信息组织以及人工智能在图书馆的应用三个方面，探讨了人工智能对我国图书馆事业发展的影响①；王世伟从图书馆服务的视角，分别论述了人工智能带来的变革浪潮与图书馆服务重塑、图书馆文献资源的重塑、图书馆人力资源的重塑、读者用户的重塑、图书馆服务空间的重塑、图书馆服务项目的重塑等问题②；黄晓斌、吴高认为人工智能技术的发展能够解决图书馆面临的困境，并从环境、资源和服务三个维度给图书馆带来新的机遇和变革③；储节旺、陈梦蕾从人力、资源、服务、空间四个要素进行解析，认为人工智能将把图书馆逐渐变革成为无人化、数字化、个性化、场景化和智能化的全新形态④；苏云设计了"人工智能＋图书馆"的基础支撑层、技术驱动层和场景应用层三层结构模型⑤；唐步龙结合"图书馆消亡论"和"人工智能毁灭人类论"提出，人工智能时代图书馆需要从馆员发展、运用人工智能技术手段开展创新服务和社会教育等方面进行突破⑥；郭军、母轶基于人工智能技术在图书馆行业及其实践中的可行性进行了较为详细的阐述，认为人工智能技术可以运用在图书馆的分类、编目、流通管理、文献检索及自动化等诸多环节⑦。

———————————

① 吴建中. 人工智能与图书馆[J]. 图书与情报，2017(6):1－5.

② 王世伟. 人工智能与图书馆的服务重塑[J]. 图书与情报，2017(6):6－18.

③ 黄晓斌，吴高. 人工智能时代图书馆的发展机遇与变革趋势[J]. 图书与情报，2017(6):19－29.

④ 储节旺，陈梦蕾. 人工智能驱动图书馆变革[J]. 大学图书馆学报，2019(4):5－13.

⑤ 苏云. 从"互联网＋"到"人工智能＋"：不断升级的图书馆发展引擎[J]. 图书与情报，2017(6):55－59.

⑥ 唐步龙. 人工智能时代的图书馆发展思考[J]. 图书与情报，2017(6):64－69.

⑦ 郭军，母轶. 人工智能技术在图书馆中的应用[J]. 现代情报，2002,22(8):80－81,53.

　　人工智能技术在图书馆的具体应用研究主要集中在空间、设施设备、资源建设、服务、用户等方面。在空间层面,郑铁亮认为人工智能时代的图书馆,其建筑材料和建筑造型、内部空间设计利用均有自身特性,图书馆需要把握时代脉搏,建造现代化图书馆空间[①];王筱雯、王天泥结合人工智能技术在社会多领域空间再造及服务中的应用,提出了图书馆智能空间再造的"人—事—物—场—时"五要素构建模型[②];王辉阐述了公共图书馆基于人工智能技术进行空间再造的原则,即以人为本、关注实用性和整体发展,并在这些原则指导下提出个体、区域、全域三种类型图书馆智能空间的建设策略[③]。在设施设备层面,王惠君等综合运用物联网、图像识别、机器视觉等人工智能技术设计图书采分编智能作业系统,能够实现图书馆图书自动采购验收、智能化分类编目等全流程自动化作业[④];李宇等梳理了国内外图书馆机器人应用的现状及存在的问题,提出拓展服务领域、完善知识库、主动参与研发、提升运维能力等改进策略,并从参考咨询、智能导览、图书仓储等七个方面展望图书馆机器人应用前景[⑤];李建伟以人脸识别技术为切入点,探究了人工智能技术在图书馆具体实践应用中的影响与挑战[⑥]。在资源建设层面,解登峰、李靓、宋相濡将深度学习技术与推荐系统相结合建立图书馆特藏文献需求模型和自识别系统,以解决

---

① 郑铁亮. 人工智能时代图书馆设计建造与空间利用研究[J]. 图书馆,2019(10):41-46.

② 王筱雯,王天泥. 基于人工智能的图书馆空间再造与服务[J]. 图书与情报,2018(3):50-55.

③ 王辉. 基于人工智能技术的公共图书馆空间再造策略研究[J]. 图书馆工作与研究,2020(S1):9-12,22.

④ 王惠君,吴昊,潘咏怡,等. 图书采分编智能作业系统的研究与应用[J]. 图书馆论坛,2021(1):58-63.

⑤ 李宇,马波,鲁超,等. 我国图书馆机器人服务策略研究及前景展望[J]. 图书馆工作与研究,2021(12):70-78.

⑥ 李建伟. 人工智能时代图书馆服务模式的变革与演进——以人脸识别技术为例[J]. 情报探索,2018(4):122-125.

图书馆特藏文献资源建设面临的信息过载难题①；吴昊认为人工智能技术可以赋能图书馆史料数据库建设，解决其建设中存在的问题，促进其多元化内容、立体化体系、特色化品牌、沉浸化体验构建②。在服务层面，梁宇红通过分析当前图书馆行业面临读者流失、资源整合难度与搜索难度高的困境，论述了人工智能给图书馆资源检索带来的环境维度、资源维度与服务维度方面的深刻变革，列举了人工智能在图书馆资源检索中的分类系统、开展智能取送书功能、实现千人千面的资源推送实践应用等③；张兴旺论述了人工智能技术在信息推荐领域的应用发展历程，提出应当将人工智能技术和算法与信息获取、知识生产、知识认知、知识体验、知识推送等信息推荐业务链的各个环节深度融合，提升图书馆信息推荐服务水平④；高彧军在探讨人工智能与阅读关系的基础上提出人工智能阅读的概念，认为图书馆阅读推广服务需要转变为人工智能阅读推广，聚焦阅读推广场景，并分类设计构建陪伴式、自适应、游戏化三类阅读推广场景⑤。在用户层面，单轸、邵波基于人工智能技术，以图书馆用户行为分析为切入点，论证了人工智能在图书馆业务实践中转型升级的巨大作用，并认为将人工智能运用于图书馆领域的用户行为分析，形成自我优化的"人工智能＋图书馆用户行为分析"新范式，能更为主动、高效、精准地挖掘用户数据，实现无人化、智慧化的管理与服务⑥。

---

　　① 解登峰，李靓，宋相濡.人工智能在图书馆特藏文献资源建设中的应用[J].新世纪图书馆，2021(5):44－50.

　　② 吴昊.人工智能技术赋能下图书馆史料数据库建设刍议[J].出版广角，2020(14):86－88.

　　③ 梁宇红.人工智能技术在图书馆馆藏资源检索中的应用研究[J].农业网络信息，2018(6):57－60.

　　④ 张兴旺.以信息推荐为例探讨图书馆人工智能体系的基本运作模式[J].情报理论与实践，2017(12):69－74.

　　⑤ 高彧军.人工智能阅读与图书馆阅读推广[J].图书与情报，2018(2):125－128.

　　⑥ 单轸，邵波.国内"人工智能＆图书馆用户行为分析"的演变和现状探赜[J].图书馆学研究，2018(10):9－15.

　　关于人工智能技术在图书馆应用的发展趋势,布和宝力德预测未来图书馆可以利用人工智能技术实现人机共存、人机互补、全智能的新型图书馆[①];邓李君、杨文建认为人工智能技术虽然对图书馆服务具有巨大的促进作用,但还存在着推广难度大、应用体验不佳、数据安全和数据伦理问题等障碍。未来图书馆需要全面变革、理智参与、杜绝跟风,使人工智能技术促进图书馆良性发展[②];李立睿从人工智能的视角分析了图书馆的服务模式重构和创新发展,得出图书馆与人工智能在深度融合发展的过程中要关注资源建设、用户需求、用户隐私安全的保护等结论[③];吴高认为人工智能时代的个人隐私保护将成为包括图书馆在内的公共文化机构开展服务面临的重要议题,通过梳理认为现有的公共数字文化服务中关于个人隐私保护的制度和政策并不完善,未来应当从国家层面完善制度顶层设计,从行业层面加强自律合作,从机构层面优化内部治理机制[④]。

　　从上述研究可以发现,近年来,人工智能研究已经吸引了高校专家学者的重点关注,特别是 2016 年之后,关注度不断增加,并且取得了一些成果,目前已经呈现出理论与实践相结合、跨学科多机构合作的趋势。随着人工智能技术研究的不断深入和细化,其在不同领域落地应用的呼声也越来越高,且已有不少具有代表性的应用案例,为图书馆人工智能服务奠定了一定基础。但从内容上看,相关研究也还存在一些薄弱环节,主要体现在:首先,目前多数人工智能研究中很多还集中于人工智能技术的基本概念、对具体行业和领域的影

①　布和宝力德.人工智能技术在图书馆的应用、挑战及发展趋势[J].图书与情报,2017(6):48-54.

②　邓李君,杨文建.对图书馆应用人工智能的理性思考[J].图书馆工作与研究,2021(4):57-64.

③　李立睿.人工智能视角下图书馆的服务模式重构与创新发展——基于英国《人工智能:未来决策的机遇与影响》报告的解析[J].图书与情报,2017(6):30-36.

④　吴高.人工智能时代公共数字文化服务个人隐私保护的困境与对策[J].图书馆学研究,2021(10):39-45,54.

响和机遇,研究深度还不够;其次,聚焦图书馆界人工智能应用研究方面,虽然具体的应用案例研究越来越多,但是仅仅停留于图书馆基础业务与人工智能简单融合,未实现二者深度融合探索,在解决图书馆传统服务难题上缺乏突破性创新①;再次,各个图书馆在人工智能应用方面并未形成体系化及成熟的应用模式;最后,对移动互联网环境下图书馆如何开展人工智能服务应用与创新的研究基本处于空白。

第三节　图书馆人工智能发展前景

作为互联网科技的延伸技术,近年来人工智能技术创新日益活跃,发展势头迅猛,已然成为引领新一轮科技革命和产业变革的战略性技术,从科技浪潮中脱颖而出。人工智能与移动互联网深度融合,将进一步释放数字化倍增效应,加快战略性新兴产业发展,构筑综合竞争优势。随着数字图书馆向智能化、智慧化转型升级,人工智能技术在图书馆领域有了更大的用武之地,发挥着举足轻重的作用,特别是在与移动互联网、大数据、云计算、物联网等技术深度融合之后,人工智能技术的优势更加凸显出来了。利用人工智能技术取代图书馆传统模式势不可当。

早在20世纪70年代后期,人工智能技术就已经逐步在图书馆行业中有所应用,如编目、分类、索引、参考咨询、馆藏发展、流通、数字图书馆建设、自动化管理系统等,为图书馆服务创新与发展提供了工具和手段。然而,目前人工智能技术在图书馆的应用大都局限在传统的到馆服务,针对远程读者服务以及数字资源的个性化推送鲜有涉及,更深层次的图书馆智能化服务中关于读

---

① 杨焱,屈义华. 人工智能赋能专业服务:广州市南沙区图书馆新探索[J]. 图书馆论坛,2020(12):137-142.

者隐私安全问题的研究欠缺,针对图书馆智能化服务与移动互联网和移动终端的融合研究也甚少,这与移动互联网的蓬勃发展相悖。

随着移动互联网的不断发展,移动互联网用户将是未来很长一段时间图书馆行业的主要服务对象。图书馆应不再局限于传统的到馆服务和宽带互联网服务,而是要将移动互联网用户作为重要服务对象。因此,如何在移动互联网急速发展的背景下,充分发挥人工智能技术优势,将人工智能技术与图书馆服务进一步融合,是目前图书馆界亟须解决的问题。如何将人工智能技术在移动互联网环境下更好地融入图书馆的服务应用,也成为图书馆人亟须研究的内容。

本书以移动互联网环境下数字图书馆的人工智能服务为研究对象,利用文献研究、调查研究、比较研究和案例分析等方法,在广泛调研、深入分析的基础上,总结梳理我国图书馆人工智能服务现有的应用模式,厘清图书馆在人工智能服务中存在的问题,着重研究并规划移动互联网环境下数字图书馆人工智能服务创新应用的体系框架、重点内容和发展趋势,为快速提升国内图书馆界的智能化服务水平提供助力。

第二章　国内外图书馆界人工智能实践

人工智能技术在社会各领域的应用和普及为图书馆的创新发展带来了良好的机遇。国内外有许多图书馆都进行了有效的尝试与实践。目前,国内外图书馆人工智能技术的主要应用集中在智能场景服务、虚拟现实体验、智能化资源建设与服务、智能化管理等方面,国内图书馆界还开展了一些区域性协同服务等实践探索。

第一节　国内图书馆界人工智能实践

一、智能化服务

国内图书馆开展的智能化服务,一方面是将人工智能技术与 RFID(Radio Frequency Identification,无线射频识别)技术、NFC(Near Field Communication,近距离无线通信)技术等物联网技术相结合,为读者提供自助借还、智能导航等更加便捷、高效的智慧型图书馆服务;另一方面是借助机器学习、专家系统、个性化推荐、智能算法等人工智能技术,在基础资源层面初步构建涵盖个性化推荐、智能参考咨询机器人等在内的智能化服务。

1. 自助借还

自助借还服务是国内图书馆界应用比较广泛的智能服务项目。国家图书馆在其 APP 和微信服务号中设置"二维码名片"功能,实名用户均可生成自己的专属二维码,在国家图书馆三个馆区实现扫码入馆,并且可以在中文图书外借阅览室扫二维码借阅图书。此外,人工智能服务还实现了国家图书馆 APP

与主要读者服务平台 PC 端之间的扫码登录功能。实体卡用户和网络实名注册用户可以利用国家图书馆 APP 里的"扫一扫"功能,一键登录"国图公开课"、"读者门户"和"文津搜索"等系统,免去了输入卡号和密码的步骤。

广东省立中山图书馆于 2014 年就开始自主研发、探索移动自助借还书服务,至今共自主研发并开展了 NFC 自助借还书、微信扫一扫借书、微信小程序感应借书等移动自助借还服务解决方案。2021 年,该馆又推出图书智能借阅车"小书僮",利用网络技术实现了移动书车的实时数据交互、精准化推荐及移动管理。读者只需使用微信扫描书车上的二维码领用小车,就可以在智能借阅车上实时检索图书馆馆藏,检索结果会显示图书详细位置信息并进行导航。通过内置的自助借还书系统,读者挑选出心仪的图书后可直接在小车上进行借阅操作,也可以即时获取听书资源并收藏到自己的手机里,戴上耳机随时播放、畅听①。

国内许多图书馆还利用人工智能技术和设备开展 24 小时城市书房建设,如北京的"24 小时城市书房"、温州的"城市书房"、安宁市的"24 小时智能共享书房"等。虽然名称、形式、外观各有不同,但是采用的信息化方式大致一致。在不增加人力成本的情况下,采用 RFID 安全门禁系统与自助借还书设备,实现 24 小时无人值守服务。武汉市青山区图书馆配备的 24 小时城市书房采用了多种智能化自助设备,读者办证、借书均可以自助完成。书房里摆放有 8 个智能书架,大约存书 1500 册,读者可以在这里查书、借还图书、预约图书。读者还书后,书架可以自动识别到书的对应位置,方便下一位读者检索查找②。重庆九龙坡区的全智能化 24 小时自助图书馆更是引入人脸识别、读者

---

① 广东省立中山图书馆上线"智能借阅·小书僮"畅享借阅新模式[EB/OL].[2024 - 08 - 07]. https://whly. gd. gov. cn/gkmlpt/content/3/3279/mpost_3279239. html # 2628.

② 有颜值,更有气质 青山图书馆后天试运营[EB/OL]. [2024 - 08 - 07]. http://news. cnhubei. com/content/2022 - 05/09/content_14730812. html.

行为分析等智能化系统。自助借还机有注册、借书、还书、查询、阅读、纸电一体化管理等各项服务功能，按照提示就能独立完成。馆内的智能显示系统还可以显示到访人数和书本借阅排行榜，可以对读者喜欢阅读的书目类型进行归类分析，以便提供更多同类型的图书①。24 小时城市书房的诞生拓展了图书馆的业务，使市民可在任意时间段进入 24 小时城市书房并享受自助借阅、数字阅读、自习阅览服务，提供了高效、便捷的图书馆服务。

　　除馆区内的自助借还，还有图书馆尝试开展智能网借服务。深圳图书馆推出了"新书直通车"项目，基于"互联网 ＋"和物联网技术打造线上荐购与借阅一体化服务平台，为读者提供网上自选新书、快速送书服务。市民只需持有深圳市"图书馆之城"读者证，即可通过深圳图书馆网站、深圳图书馆微信服务号、支付宝城市服务·图书馆服务的"新书直通车"栏目挑选自己中意的、最新出版的并经专业馆员筛选的中文图书，然后选择"预借自取"或者"快递到家"方式获取②。贵州省图书馆也提供"送书上门"线上服务。省内读者可通过支付宝、微信小程序"嘉图借书"和贵州省图书馆官方微信"微服务大厅"3 种渠道进行网借。读者下单后，选择"送书上门"服务，所借书籍通过邮政快递可直接送到手中③。

　　2. 智能导航

　　上海图书馆在其 APP 最新版本中，增加室内地图功能，连接 iBeacon 设备实时获取手机在图书馆中的位置进行相关消息推送与位置提醒。主要应用包括：当读者经过阅览室时，阅览室会主动与读者"打招呼"；在地图上显示阅览室位置；可以查看阅览室的详细信息及该阅览室最新的读者活动。对于普通

---

① 智慧图书馆懂你的心思　把阅读变得更便捷更有趣［EB/OL］.［2024 - 08 - 07］. http://m. ce. cn/lc/gd/202008/21/t20200821_35570386. shtml.

② 新书直通车服务［EB/OL］.［2022 - 10 - 21］. https://www. szlib. org. cn/page/newbook. html.

③ 数字化推进全民阅读　贵州开启"网约书"新体验［EB/OL］.［2024 - 08 - 07］. http://images1. wenming. cn/web_gz/jujiaogz/202108/t20210818_6146991. shtml.

外借室的图书,APP 能够快速为读者定位该书所在的书架位置①。

广州市南沙区图书馆创造性地将地磁导航技术与图书馆资源导航服务深度融合。读者借助"导航"小程序,可以自助找到馆内不同区域,导航定位误差在 1 米之内;还可以通过导航精准确定所查询图书的所在架位,快速找到自己需要的书籍②。

广州市白云区图书馆新馆在智能书架和图书定位设备的基础上推出微信导航服务。阅览室所有书架外侧都配备智能屏幕,读者可以在上面查找图书索引号。当读者来到对应书架时,图书所在书格就会亮起绿灯提示读者。如果读者取出图书后随手放入书架其他位置,系统会动态更新该书的位置信息,并及时关联智能屏幕③。

3. 个性化推荐

互联网时代的信息大爆炸增加了人们获取信息的成本。具体到图书馆界,一方面资源量特别是数字资源量不断增长,另一方面用户对信息和知识的个性化需求也在不断提高。个性化推荐系统能够根据用户的行为数据分析出用户感兴趣的内容和爱好,再进行知识的识别和推荐,通过推荐系统过滤掉无用的信息。个性化推荐系统对用户的推荐更能符合用户的爱好。

国内,已有许多图书馆利用人工智能技术开展智能个性化推荐服务。上海图书馆基于"一城一网一卡一系统"服务平台海量的数据资源,打造大数据分析挖掘和大数据可视化平台,形成包括读者画像分析、个性化推送、借阅推荐等智能服务。首先,流通大数据平台通过采集图书流通数据,从人、书、地三

---

① 邵波,连朝曦,刘啸. 基于 iBeacon 的图书馆智能定位系统构建[J]. 图书馆学研究,2016(9):12 – 17,23.

② 粤港澳大湾区新添一大型图书馆,多项 AI 智慧服务业内首创[EB/OL]. [2024 – 08 – 07]. https://huacheng. gz – cmc. com/pages/2020/12/01/ce0171f531c8422fbd2a66ea348b5dcd. html.

③ 白云区图书馆新馆今起试运行,成广州价值最高区级图书馆[EB/OL]. [2024 – 08 – 07]. https://www. 163. com/dy/article/G89FIUCO05129QAF. html.

方面进行数据分析和挖掘。其次,基于读者的借阅数据及与图书馆的互动信息建立个性化服务系统。最后,基于图书馆流通大数据的分析与挖掘结果,以创意展示的形式在大屏、触摸屏交互展现①。

　　武汉大学图书馆于 2017 年与百度学术合作建立 AI 图书馆,将该馆的学术资源与百度学术搜索平台的海量学术资源进行有机整合。同时引入百度学术的学术资源定制化发现服务,借助大数据分析进行相应研究领域的可视化关联分析和知识集成,根据用户的阅读习惯提供个性化推荐和热词推送,以便为用户了解整个知识点的研究态势提供更好的科研体验②。

　　中国人民大学"云书房"也是基于用户需求的个性化推荐系统。该系统分为主题云书房和个人云书房两类,分别为教师及科研人员、普通读者提供不同层次的个性化服务模块。该系统能够通过用户收藏的资源内容、自身主题云书房的资源类型、使用数据及用户设定的推荐标签等多个途径精准定位用户需求,为其持续推荐最相关的新订购图书、期刊和数据库等资源内容,实现用户个人与资源内容实时匹配③。

　　中国科学院文献情报中心推出的"慧科研"智能知识服务系统,能够依托科技大数据计算开展精准知识服务,为科研学者提供个性化学术资源推荐、集成文献检索、开放数据、学术名片、资源共享、智能服务工具、学术交流讨论等贯穿学术研究全流程的综合性智能服务功能④。该系统的精准推荐功能通过智能分析用户的科研成果与行为交互数据,判断用户的兴趣维度,还可以灵活

---

　　①　依托大数据 上海图书馆让读者"看到"更多[EB/OL].[2024 - 08 - 07].https://finance.huanqiu.com/article/9CaKrnJH9on.

　　②　程颖,涂艳玲,李云华.百度学术在武汉大学图书馆的应用思考[J].数字图书馆论坛,2021(2):40 - 46.

　　③　张蕾,孟坛魁,史红娟.用户需求驱动的图书馆资源组织与服务新模式探究——以中国人民大学图书馆云书房为例[J].情报理论与实践,2022,45(10):147 - 154.

　　④　【中国科学报】"慧"系列智能知识服务产品发布[EB/OL].[2022 - 10 - 21].https://www.cas.cn/cm/201901/t20190104_4675813.shtml.

定制用户画像标签。综合运用热度推荐、协同过滤推荐、基于内容推荐等多种算法进行混合计算,得出最优的计算指标,并根据用户应用需求,面向不同的推荐资源进行不同的加权算法,智能计算出不同类型资源推荐的 Rank 值,从而将满足用户需要的推荐信息排在前列①。

除了通过系统和平台开展个性化推荐,也有图书馆另辟蹊径。广州市南沙区图书馆为负责日常流动服务的馆员配备特殊的 AR(Augmented Reality,增强现实)眼镜。AR 眼镜可以识别出通过人脸注册的读者,馆员通过眼镜就能够时时查看读者的基本业务信息,如借阅书目数量、预约活动等,读取这些信息后,馆员可主动为读者推荐符合读者个人阅读喜好的书目、提醒读者预约的活动、提醒读者逾期未还图书、解答读者疑问。该项服务属于图书馆界首创②。深圳市盐田区图书馆新馆的后台系统可以借助智能手环、移动 APP 程序等设备感知到馆读者,通过对读者的阅读数据和兴趣偏好进行挖掘和分析,结合读者所在位置及图书馆资源状态、服务内容向其推送服务③。

4.智能参考咨询机器人

提供信息咨询是图书馆的一项基本服务。为克服人工参考咨询人力成本高、效率低、不能提供 24 小时服务等缺点,图书馆推出智能参考咨询机器人。智能参考咨询机器人可以无障碍地与读者"沟通",为读者随时随地提供解答服务,不仅能够帮助图书馆员分担很多工作,还可以提升读者的参与度和活动的趣味性。

清华大学的线上信息服务对话机器人"清小图"是国内图书馆较早开展智能参考咨询服务的案例。"清小图"以自然语言处理技术为核心,通过对读者

① 钱力,谢靖,胡吉颖. AI 研习 | 慧科研:基于科技大数据计算的智能知识服务平台[EB/OL].[2022 - 10 - 21]. https://www.sohu.com/a/548382036_121119002.
② 南沙新图书馆 12 月 1 日正式开馆[EB/OL].[2022 - 10 - 21]. http://www.gd.gov.cn/zwgk/zdlyxxgkzl/whjg/content/post_3140468.html? jump = false.
③ 深圳盐田:小城区图书馆做出大文章[EB/OL].[2022 - 10 - 21]. https://www.sohu.com/a/151322241_115239.

咨询服务遇到的常见问题进行梳理,建立涵盖图书借还、电子资源、座位预约、馆藏目录、名词术语等类目的图书馆服务问答知识库,能够准确理解读者的口语咨询方式并做出解答。2020 年,清华大学图书馆对"清小图"进行了全面升级。通过前期的问题收集、梳理,知识库构建、平台搭建、调试等一系列工作,全新的"清小图"在微信公众号上线①。

上海图书馆自 2018 年起就在馆区办证处和中文书刊外借室设置参考咨询机器人"图小灵"。"图小灵"不仅能帮助读者解决一些无馆员值守时的业务问题,还可以帮助读者查询天气、路线,甚至还能陪读者"聊天"。"图小灵"还有专门的带教老师,老师收集它回答不了的问题,在其"下班后"帮助它学习改进,完善其知识系统②。

国家图书馆在"印象数图"体验区中引入的智能机器人"小图"拥有听、说、看、运动和双屏互动显示能力,已经实现人脸识别、迎宾讲解、智能交互、书籍检索、读者卡信息查询等功能。机器人"小图"带领公众参观国家图书馆数字图书馆体验区的同时,还可以实现公众智能交互,解答公众提出的图书馆的相关业务问题。智能机器人在国家数字图书馆的创新应用,能够帮助公众在线下更加快捷方便地获取国家数字图书馆的服务③。

广州市越秀区少年儿童图书馆的机器人"小越"能够为小读者提供馆情咨询、服务咨询、业务指引等服务,还可以为读者提供借书、还书、基于大数据的图书推荐和图书查询服务,同时还具有导航找书功能④。

---

① 新小图,新视界 ——清华大学图书馆信息服务对话机器人测试行动[EB/OL].[2022 - 10 - 21]. https://lib. tsinghua. edu. cn/info/1073/1895. htm.

② 王彬."智能羽翼"初长成　智慧图书馆正崛起[N]. 中国文化报,2021 - 01 - 13(6).

③ 申悦. 人工智能机器人在图书馆的设计与实现——以国家图书馆数字图书馆体验区为例[J]. 图书馆,2020(6):37 - 41.

④ 越秀区少年儿童图书馆正式开馆[EB/OL]. [2022 - 10 - 21]. https://baijiahao. baidu. com/s? id = 1650153274502368868&wfr = spider&for = pc.

西南大学图书馆的智能机器人"西小图"不仅能实现前台接待、问路引领、场馆介绍等功能,还能依靠数据库实现图书检索、智能导览、智能互动、知识库问答等功能[①]。

安徽省图书馆的机器人馆员"小安"具备图书查询、阅读测评、智能推荐、亲子伴读、新书推荐、导航带路、日常图书馆业务及周边问答交互等服务功能。该馆的机器人开放平台采用了端云协同技术架构体系,通过大数据实时处理技术实现图书馆服务机器人的数据采集处理分析,集成封装业内领先的 SLAM(Simultaneous Localization and Mapping,即时定位与地图构建)导航、语音识别、自然语言理解、语音合成、图像识别等 AI 核心技术,实现图书馆服务机器人的统一管理、控制、监控、运营。

二、虚拟现实体验

随着 5G、人工智能、虚拟现实、大数据等新兴技术的不断成熟和在图书馆、博物馆等领域的创新应用,基于这些新技术创建的虚拟沉浸式体验空间及远程虚拟导览,很大程度上丰富了图书馆的阅读游览体验,也可以在一定程度上保护珍贵的实体资源。

1. 沉浸式体验空间

国家图书馆于 2021 年推出新阅读空间,借助 5G、全景视频、虚拟现实等技术打造"全景展厅"和"阅读树"两个展示项目,为读者提供沉浸式阅读体验。"全景展厅"首次采用 270°环绕的三折屏幕,呈现巨幕裸眼 VR(Virtual Reality,虚拟现实)效果,读者置身其中可获得较强的沉浸感和真实的画面感。"阅读树"将移动智能设备、虚拟现实设备与树形展架有机结合,读者可通过现场不同的设备终端,观看古代典籍、国画、文物古迹、城市印象等不同类型的 VR 视

---

① 图书馆里来了智能机器人[EB/OL].[2022-10-21]. http://m. xinhuanet. com/2019-04/21/c_1124396128_2. htm.

频资源。体验内容包括《永乐大典》VR 项目，该项目采用"5G + VR"技术集成全景视频拍摄、三维动画制作等手段，利用文字、图片、音视频、展览等资料呈现国图馆藏《永乐大典》，让书写在古籍里的文字活起来，让观众感受"穿越时空"的全景环绕沉浸式阅读①。

苏州第二图书馆数字技术体验区借助多媒体技术对图书资源进行整合、应用和体验。体验区采用虚拟现实、增强现实、雷达感应互动、体感交互、360°全息、裸眼 3D 等高科技多媒体互动技术，以图书信息为本对知识进行动态化、可视化制作，突破了传统图书的静态被动阅读方式，内容获取方式上呈现出主动性、趣味性、智能化等特征，对阅读习惯进行多样性的变革实验②。

上海交通大学在其 VR 图书馆中设置了 VR 图书展示厅场景，读者在展示厅中带上 VR 设备后便可看到平面的文字内容在虚拟的世界中动起来，甚至能有选择性地与书中的人物互动，从而产生身临其境的 4D 式阅读体验③。

福州市马尾区图书馆的 AR/VR 创新阅读体验分为"海底世界""AR - 4D 创作馆""AR - 4D 科普教育馆"三大模块，读者戴上 VR 眼镜，就仿佛置身海底世界，可以身临其境了解各种鱼类的习性；点击电脑屏幕上的动物图像，它便会以 3D 的形态呈现，读者可以与其进行互动；帮助孩子们学英语、学成语、认识动物等，激发孩子们阅读、学习的兴趣④。在 AR - 4D 创作环节，孩子们只要给喜爱的图像上色，这些平面图像通过手机就能"动"起来⑤。

---

① 国图开放新阅读空间，给读者带来沉浸式阅读新体验［EB/OL］.［2022 - 10 - 21］. https://baijiahao.baidu.com/s? id = 1701967209609103424&wfr = spider&for = pc.
② 薛帅.苏图二馆:AI 时代，初见公共图书馆"新"模样［N/OL］.中国文化报，2019 - 12 - 13［2022 - 10 - 21］. https://nepaper.ccdy.cn/html/2019 - 12/13/content_276663.htm.
③ 王茜，张宁.中美图书馆开展"VR + 文化"服务的进展研究［J］.新世纪图书馆，2020（3）:82 - 87.
④ 岳和平.5G 技术驱动的图书馆智慧服务场景研究［J］.图书与情报，2019（4）: 119 - 121.
⑤ 福州图书馆新增 AR/VR 体验区　读者享受"动、静"结合阅读［EB/OL］.［2022 - 10 - 21］. https://www.sohu.com/a/244813501_599244.

清华大学图书馆、大连理工大学图书馆、沈阳师范大学图书馆等全国上百家图书馆引进的瀑布流电子借阅系统也能够营造出沉浸式体验氛围。该系统由数块电子借阅屏组成，每组由 3 块 46 寸屏幕纵向拼接而成。300 余本电子图书以瀑布流的形式从上而下飘落，触碰图书封面，即可打开图书详情页，通过扫描二维码的形式借阅图书。瀑布流电子借阅系统不仅能够实现电子书的展示借阅，还能够实现视频、图片等多种媒介展示借阅；同时还能够根据节日、主题等特定日期和活动来单独定制内容，真正实现一屏多用的全方面服务来满足图书馆的需求，并且主题资源间可实现一键切换[1]。

2. 远程虚拟导览

基于虚拟现实技术开发图书馆远程虚拟导览能够帮助读者更方便、直观地了解和掌握图书馆空间、资源和服务，也能进一步丰富图书馆服务的时空体验。国内图书馆界从很早就开始进行此类实践。

国家图书馆早在 2008 年就推出"国家图书馆虚拟现实系统"，成为国内首个运用 VR 技术的图书馆。该系统利用数字化手段将国家图书馆二期馆区的物理建筑结构和阅览室分布情况等，通过计算机系统实现环境模拟，读者可以利用特定设备在虚拟馆内漫游、从虚拟书架上取书和翻看等[2]。

北京大学图书馆于 2017 年推出图书馆 VR 全景体验展，通过拍摄制作图书馆内外景全景图并借助 VR 技术全方位展示图书馆空间。体验展分为线下和线上两种模式。线下实体体验中读者可以通过 VR 实体操作展示台和 VR 眼镜等设备进行体验；线上体验借助图书馆微信公众号进行，读者通过手机并佩戴便携式 VR 眼镜就可以远程体验[3]。近两年，北京大学图书馆还将 VR 全

① 汇书如流·实力与颜值担当——超星瀑布流电子借阅系统［EB/OL］.［2022-10-21］. https://www.meipian.cn/2grpp495.

② 李雪.虚拟现实技术在国家图书馆的应用［J］.科技情报开发与经济,2009(30):27-28.

③ 迎新活动｜图书馆 VR 全景体验展［EB/OL］.［2022-10-21］. https://mp.weixin.qq.com/s/dDM_oVp7VvuvEVIAkQjbog.

景体验与图书馆知识宝藏、趣味闯关游戏等活动相结合,作为新生开学季的常设服务[①]。

澳门大学图书馆 360°全景虚拟技术导览服务通过线上虚拟形式,让海内外人士以更多元和简便的方式认识澳门大学图书馆。专业团队利用航拍机及专业相机实景拍摄,通过专业软件对图书馆实景建模,制作成 360°全景立体空间,以实景的效果把图书馆外观及内部的藏书空间、阅览空间、展览空间及藏品、古籍馆、演讲厅等呈现在读者眼前。读者登录指定网站就可以不受时间和地点限制地从多角度参观图书馆。下一步,该馆将继续增加全景虚拟线上展览、线上讲座等多种新型服务[②]。

三、智能场馆

图书馆智能场馆建设主要借鉴智能楼宇建设经验,即通过应用先进的通信网络技术、传感技术、自动控制技术等使建筑物内外的各项设备协调、科学运行,以达到便捷、高效、安全、舒适、节能等目标。国内图书馆的智能场馆建设主要利用生物识别、物联网等人工智能技术构建智能管理系统,这不仅能够为到馆读者提供便捷服务,还能够帮助图书馆实现智能安防,科学调节场馆物理环境,甚至在场馆建设过程中进行科学管理。

1. 生物识别

图书馆引入人脸识别、指纹识别、语音识别、虹膜识别等生物识别技术以实现出入场馆、借还书等去介质化服务,能够为读者提供更加便捷、智能的服务体验。

人脸识别是利用人脸视觉特征信息进行身份鉴别的计算机技术,具有非接

---

① 读书万卷|解锁知识宝库,玩转新生专栏[EB/OL].[2022 - 10 - 21]. https://mp. weixin. qq. com/s/59V9DycHSlwbQBJnsLOfEA.

② 澳门大学 360 全境虚拟图书馆启用[EB/OL].[2022 - 10 - 21]. https://baijiahao. baidu. com/s？id =1731359580678523869&wfr = spider&for = pc.

触采样、使用便捷等特点,也是图书馆界使用比较广泛的生物识别技术。国家图书馆自 2018 年底开始基于人脸识别等人工智能技术在馆区内试点应用。结合二维码技术,实现了读者人脸信息采集绑定、人脸识别入馆、人脸识别借书、二维码刷码入馆、二维码借书,以此提升读者线上线下服务体验,使读者无须携带读者卡、身份证就可以进入阅览室,并实现外借图书等功能。读者通过人脸采集设备进行数据采集实现与读者卡的绑定后,就可以"刷脸"进入图书馆并体验各种后续服务。馆内放置的新型自助借还机,可以提供读者卡、身份证、读者卡二维码、人脸四种识别方式。在设备上选择"借书"—"人脸识别",对准摄像头,设备将自动识别人脸信息,识别后输入读者卡密码,就可以完成图书借阅。

浙江理工大学于 2017 年 4 月将百度云人脸识别等技术应用到图书馆管理中,由此浙江理工大学成为全国首家将人脸识别系统引入图书馆管理系统的高校。人脸识别系统增强了图书管理系统的人性化和智能化,实现了从进馆、借阅到信息查询等流程的全面升级。百度人脸自助查询(借还)机,可以调用百度云人脸识别 API(Application Programming Interface,应用程序编程接口),将人脸和校园一卡通绑定,打通图书馆馆务系统。用户只需要对着摄像头进行人脸识别,通过校园一卡通绑定开通之后,用户个人信息随即存储到人脸识别系统中,用户便可以实现直接刷脸进馆,甚至直接查阅借书情况[1]。

华南理工大学利用人工智能技术专门设计的人脸识别技术,采集学生的人脸信息并与学生信息进行绑定,经过绑定后的学生不再需要携带学生证明信息,可以直接通过刷脸进出图书馆。该馆同样引入百度人脸自助借还机器,通过百度提供的云识别服务,将学生的人脸和校园卡绑定在一起,从而使学生直接通过刷脸即可体验图书馆服务[2]。

---

① 百度云人脸识别落地浙理工 刷脸借书不是梦[EB/OL]. [2022 – 10 – 21]. http://jingji. cctv. com/2017/04/11/ARTIULrqV0HtFBFC3V1ogjyi170411. shtml.

② 无感体验时代到来! 进华理图书馆"刷脸"即可[EB/OL]. [2022 – 10 – 21]. http://newsxmwb. xinmin. cn/kejiao/2018/04/01/31374265. html.

近几年,也有图书馆在人脸识别的基础上融入红外感应、数据算法等技术开展更加智能的无感借阅服务。2021 年建成的广州市白云区图书馆新馆推出全国首个基于高频解决方案的无感借阅通道,结合生物识别、RFID、感应侦测等技术,实现"入馆即还、离馆即借"。读者在白云区图书馆公众号录入人脸信息后,通过无感借阅通道,便可实现人脸识别、书本"芯片"感应,最后"开闸"出馆,借书成功。一个借书流程仅需 15 秒,十分方便①。江西省图书馆新馆也开通了无感借阅通道。读者带书进入借阅通道后,动态人脸识别设备可以实时识别读者的身份信息,同时系统会对读者所携带的书籍做自动借书处理,读者不需要做任何停留即可借书离开②。2022 年 10 月 1 日,江西省图书馆全新升级的"无感借还"2.0 智慧服务正式开启。升级后的无感借阅服务重新调整了业务处理流程,优化了前端摄像头采集配置,进一步将读者借阅时间缩减,使无感借还体验更趋完美③。重庆图书馆的智慧无感借阅系统创新性应用生物识别、RFID 远程芯片读写技术,融合智能算法,并根据该馆实际情况量身定制、原创开发,前端硬件设备轻量化,所有设备均吊顶安装,通过多采集点的数据比对、分析,实现读者"经过即借"。

除了人脸识别,还有图书馆采取指纹识别技术开展服务与管理。厦门大学图书馆通过人工智能技术构建指纹识别系统,学生只需要录入自己的指纹,即可完成图书馆的进出以及图书的借还,这不但极大地方便了图书馆的服务,还提升了服务的安全性。图书馆还可以通过统计指纹的数量进行大数据分析,挖掘出学生在图书馆中的喜好。首都医科大学图书馆推出指纹存包柜,读

① 出馆即借书　进馆即还书　全国首个高频无感借还书图书馆白云区图书馆新馆试运行［EB/OL］.［2024 - 04 - 20］. https://www. gzlib. org. cn/mediareport2021/186826. jhtml.

② 江西省图书馆新馆迎首批体验读者　民众尝鲜"黑科技"［EB/OL］.［2022 - 10 - 21］. https://baijiahao. baidu. com/s? id = 1654526697837942987&wfr = spider&for = pc.

③ 江西省图书馆"无感借还"智慧流通服务［EB/OL］.［2022 - 10 - 21］. https://baijiahao. baidu. com/s? id = 1745039046273122368&wfr = spider&for = pc.

者利用指纹识别区录入指纹即可完成开关箱,方便临时存取个人物品①。

2. 智能安防

利用人工智能技术实现实时监控、人流监测、风险预警等功能,实现图书馆智能安全防控,在国内图书馆特别是 24 小时无人值守城市书房中运用较多。大部分图书馆均通过在馆区各个位置安装摄像头,监控到馆人群行为并确保其安全,还可以跟踪、分析和控制人流量。例如,扬州市 24 小时城市书房内就配置了 12 个高清网络摄像头,并与图书馆控制中心联动,实时监控城市书房现场,为无人值守服务提供安全保障②。

北京市大兴区 2021 年建成全国首家 24 小时城市书房监控中心并上线运营,对全区 22 家城市书房进行全天候、全方位、全自动实时监控。监控平台由视频监控、安全监督、大数据分析三大模块组成。视频监控模块连接遍布于 22 家书房的 120 个监控探头,汇集所有监控视频进行实时分析、自动辨别、自动预警,管理员能够在第一时间获取异常监控画面;安全监督模块通过传感器、智能门禁、人脸识别终端等多种设备,实时获取书房运行信息,特别是进出人员的健康宝状态、体温等疫情防控关键信息;大数据分析模块可以对各城市书房大数据中有价值的信息进行调取、筛选、分析,能够更客观、充分、真实地呈现读者需求,帮助书房提供更加个性化、精准化的阅读服务。监控平台还设有自动告警装置,书房内任何模块一旦出现数据异常,就会将告警信息发送至管理员、运维人员手机③。

近两年,为有效开展新冠疫情常态化防控工作,许多图书馆也引入相应的各类智能设备。武汉图书馆在馆区内配置热感成像测温仪、臭氧图书消毒机、

---

① 图书馆指纹存包柜使用须知(试用)[EB/OL]. [2022 – 10 – 21]. https://lib.ccmu. edu. cn/xwgg_3121/gntz_3130/97194. htm.

② 高! 大! 上! 扬州首家 24 小时不打烊城市书房开馆,功能惊呆你[EB/OL]. [2024 – 06 – 27]. 2https://mp. weixin. qq. com/s/8Ecy0Gb – UJQHvjtR8GI_Nw.

③ 全国首家 24 小时城市书房监控中心大兴上线运行[EB/OL]. [2022 – 10 – 21]. https://baijiahao. baidu. com/s? id =1708597147399139366&wfr = spider&for = pc.

紫外线图书消毒机等设备保障读者安全。读者进入图书馆大门即接受"热感成像测温仪"测温，如果发现有人没戴口罩，系统就会显示提醒。流通图书需要经过臭氧图书消毒机消毒一个半小时后才可上架。借阅室配备了自助紫外线图书消毒机，读者将图书放进舱门，启动消毒，30 秒后就消毒完毕①。

3. 智能环境调节

除了安全管理，国内图书馆还应用物联网、传感器等智能技术对场馆内的温度、湿度、照明、二氧化碳浓度等环境数据进行智能感知，进而对相应的环境设备进行调整，以便为读者提供一个舒适的环境。

厦门市图书馆集美新馆建成建筑设备管理系统，对空调系统、变配电系统、照明系统进行实时监测和故障报警。智能照明控制系统可以根据日夜服务、阴晴变化等环境情况进行实时调整②。馆舍环形中庭顶上装有球面面积达1680 平方米的玻璃穹顶，配备了智能遮阳百叶，可以根据日照强度、风力情况自动调节百叶角度。此外，馆区古籍书库配置了两套恒温恒湿的空调系统，一用一备，能够更妥善地保存珍贵文物③。

江西省图书馆新馆在玻璃幕墙与中庭四周设置了大量阅览空间，服务大厅屋顶安装三银玻璃，既能增加采光又能减少太阳辐射，既降低了室内的空调冷负荷，达到节能减排的目的，同时又能使景观视线和阅读体验得到最大优化④。

---

① 把阅读变得更便捷更有趣　智慧图书馆懂你的心思［EB/OL］.［2022 - 10 - 21］. https：//difang. gmw. cn/2020 - 08/21/content_34106498. htm.

② 林志军. 大中型公共图书馆智能化系统建设述略——以厦门市图书馆集美新馆智能化系统建设为例［J］. 新媒体研究，2019（17）：26 - 28.

③ 厦门图书馆集美新城馆成"数智化"便民新样本［EB/OL］.［2022 - 10 - 21］. https：//it. sohu. com/a/582640241_362042？ scm = 9010. 8002. 0. 0. 0.

④ "黑科技"+"高颜值有内涵"江西省图书馆新馆新年迎首批体验读者［EB/OL］. ［2022 - 10 - 21］. https：//edu. jxnews. com. cn/system/2020/01/02/018710061. shtml.

4.场馆智能建设

国内一些图书馆在新馆施工建设过程中也融入了人工智能技术,实现智能制造。贵州省图书馆新馆自开工建设起就应用"BIM+智慧工地管理平台"对"人、机、料、法、环"等各生产要素进行实时、全面、智能的监控和管理,保障了项目建设高效、节能、环保、平稳运行,还运用大数据、3D 打印技术克服了工程主体中大悬挑、大跨度、大位移等复杂超限结构,以及安装精度控制难、高空拼接难度大、焊接质量要求严等难题①。

上海图书馆东馆在建设施工过程中使用承建方自主研发的工业互联网平台,通过部署设计 BIM 模型自动转化算法,自动完成设计模型解析、图纸与模型一致性审核、构建分类、数据匹配等工作,设计模型向施工应用转化的时间减少了80%;借助平台的多专业协调建设功能,自主查看不同区域的三维布局、房间名称和做法、施工工序和质量要求等信息,并通过全景球模型帮助施工人员快速熟悉;在竣工交付阶段,利用工业互联网平台在 1 个月内就完成了11.5 万平方米的接管验收,也同步实现了竣工模型向运维模型的快速转化,为后续智慧运维奠定基础。此外,依托大数据和人工智能技术,该馆还能实现碳排放管理、建筑空间资产管理、机电设备运维管理、图书分拣系统运行管理和安防管理 5 大系统智慧运维②。

四、智能化资源建设与服务

利用人工智能技术推动各类馆藏资源建设与服务逐步实现智慧化转型,满足公众不断增长的精神文化需求,是新时期图书馆高质量、可持续发展的重中之重。目前,国内图书馆的智能化资源建设与服务已经起步。本部分重点

---

① 全国第二、西南第一,贵州省图书馆智能立体书库开馆![EB/OL].[2024 – 06 – 27].http://k.sina.com.cn/article_2818784432_a8033cb000101aa0i.html.

② 上海图书馆东馆将于 4 月底开放 实现智慧制造,提供智慧运营[EB/OL].[2022 – 10 – 21].https://new.qq.com/rain/a/20220310A01LHK00.html.

阐述利用人工智能技术进行快速识读、资源知识化加工等比较成熟的实践探索。

1. 人工智能快速识读

由北京大学数字人文研究中心与中文在线集团元引公司联合开发的"吾与点古籍自动整理平台"是一个智能化古籍整理平台。该平台应用深度学习技术在大规模古汉语标记语料上实现了自动句读、命名实体识别等基本古籍整理功能。目前提供公开测试的有自动句读和命名实体识别功能。自动句读系统基于深度学习的预训练语言模型实现,其利用互联网上公开的古籍文本库进行训练,能够处理各类古籍文本,处理 5 万字耗时仅 10 秒左右。命名实体自动识别系统采用 BERT + BiLSTM + CRF 模型,在大规模增量训练的 BERT 模型基础上,应用迁移学习实现古籍命名实体识别,能够从非结构化的输入文本中识别出各类专有名词,如地理、年号、职官、著述等常规命名实体。该系统在中华古籍文本上的句读和专有名词识别测试已经达到专业人员水平①。

人工智能技术除了应用在古籍文献领域实现快速识读外,还能够助力图书馆更好地开展特殊人群资源建设与服务。杭州图书馆在其无障碍阅览空间中配备"天使眼"设备。依托计算机视觉和人工智能技术,"天使眼"能够采集前方物体信息,并将其转换成语音信号,通过耳机传导。视力障碍读者戴上"天使眼",书籍上的文字就能转化为语音,实现无障碍阅读,该技术的应用有效解决了盲文书籍稀缺的问题②。

2. 资源知识化加工

对数字资源进行深层次的知识化加工和挖掘,能够进一步提升资源价值,实现创造性转化和创新性发展。近几年,全国智慧图书馆体系建设过程中也

---

① 厉害了~"吾与点"古籍自动整理系统上线公测![EB/OL].[2024 - 02 - 20]. https：//mp. weixin. qq. com/s/jnWCBok2LEqxteKUa_s4lg.

② 图书馆里的"黑科技"：让盲人无障碍"阅读"和上网[EB/OL].[2022 - 10 - 21]. https：//www. chinanews. com. cn/sh/2021/10 - 15/9587575. shtml.

将知识资源细颗粒度建设和标签标引作为重点项目之一,旨在对基础数字资源开展细颗粒度的内容标识、关键知识点的标签和标引建设,利用语义网、人工智能等技术形成智慧化知识网络图谱。这一举措有力地推动了我国公共图书馆开展资源知识化加工工作。

广东省立中山图书馆的《华商报》报纸数字化展示平台利用大数据、云计算、关系图谱构建等技术,对馆藏《华商报》资源展开细颗粒度内容标识、关键知识点标签和标引建设,并将知识成果通过主题化、专题化方式,加入科技感、交互性兼具的知识星球板块,将知识关联性的图谱特点融合到应用中,实现知识图谱读者端跨平台应用。

广西桂林图书馆报纸知识资源服务平台运用语义网、知识图谱、大数据、智能计算等技术,通过对《桂林日报》进行知识资源细颗粒度的精细化标引,实现对报纸内容的深度挖掘、数据关联、价值提炼与多维度揭示。目前,平台包括首页、报纸库、资源库、事件库、地理库、机构库、人物库、物产库、图片库等多个栏目,能够为读者提供便捷化、知识化、智慧化的社会资讯服务。

深圳图书馆的"方志里的深圳"小程序基于清嘉庆《新安县志》内容进行智慧化开发,用生动、系统的知识图谱与丰富、趣味的互动界面重现厚重的典籍,读者动动手指就可以沿着时间轴了解新安县历史沿革,在200多年前的地图里打卡点亮古迹地名,对比古今地名变化,领略"新安八景"的秀丽,在人口户籍变迁和所载的800多个客家、广府村落中发现移民文化。

上海图书馆的中国家谱知识服务平台以《中国家谱总目》收录的54000余种家谱目录为基础,析出姓氏608个,先祖名人70000余个,谱籍地名1600余个,堂号30000余个,以知识组织的方法和关联数据技术,重构上海图书馆的家谱服务,能够为普通大众提供常识普及和智慧寻根服务。同时家谱中记录的人物、经济、移民、文化、民俗、教育、人口等资料,也能够对历史学、经济学、社会学、教育学、民俗学、人口学、遗传学等人文社会科学、自然科学的研究起到有力的推动作用①。

五、智能管理

图书馆业务管理中应用的人工智能技术主要用于解放人力、物力，提高图书馆管理、服务过程中的工作效率，进而提升服务质量和用户体验。其中最常见的应用是用于图书存取、盘点、搬运的机器人②。

1. 智能搬运、分拣与盘点

利用智能机器人进行图书搬运、分拣和盘点能够代替人力承担重体力、重复性、机械化工作，还能提高工作效率，更加快速、精准地提取用户所需的文献资料，是目前图书馆人工智能技术应用中覆盖率较高的一项。国内如清华大学图书馆推出通还智能小车。无人驾驶智能小车由清华大学汽车系、汽车系学生创业企业智行者公司与图书馆合作开发，搭载智能驾驶操作系统，基于人工智能算法开展环境感知认知、路径决策规划，用于图书馆日常图书通还业务，代替人工运送图书③。

南京大学图书馆联合南京大学计算机科学与技术系共同研发的智能机器人"图宝"于 2017 年投入使用。"图宝"融合了超高频 RFID、互联网、物联网、人工智能等技术，可以 24 小时不间断对整个图书馆藏书进行自动化盘点，检查是否存在错架图书、藏书和丢失等情况。一小时可盘点逾 10000 册图书，图书漏读率控制在 1% 以内，定位精度高达 97%。该机器人还能实时更新图书位置信息，读者只需要在机器人的屏幕上输入书名，机器人就能迅速、精准告知读者所需图书在书架的哪一层、在该层的第几本，极大地提升读者查阅图书

---

① 藏以致用，以技证道——上海图书馆家谱知识服务平台 Beta 版发布说明［EB/OL］．［2022－10－21］．https：//jiapu.library.sh.cn/#/about.

② 傅平，邹小筑，吴丹，等.回顾与展望：人工智能在图书馆的应用［J］.图书情报知识，2018（2）：50－60.

③ 清华大学图书馆通还智能小车正式启用［EB/OL］．［2022－10－21］．https：//www.sohu.com/a/229931158_295452.

的效率①。

中新友好图书馆天津生态城图书档案馆应用图客智能盘点机器人有效解决人工盘点图书费时费力的问题。该款机器人同样由南京大学研发,是全球首台智能图书盘点机器人,其应用物联网、计算机视觉、大数据处理、人工智能、移动机器人、RFID等高新技术,通过定位图书内嵌的芯片实现全自动精准盘点图书。机器人每天在闭馆后开始工作,在黑暗中也能够自如盘点图书,速度达到每小时20000册图书,每晚能够盘点近19万册图书,并能够在盘点结束后自动向工作人员发送数据报表。同样的工作量需要15名馆员同时、不间断盘点一晚才能完成②。

2. 智能仓储

近年来,国内新建成的图书馆开始尝试建设智能型立体书库。苏州第二图书馆建成国内首个大型智能化集成书库,可容纳藏书700余万册,比传统藏书模式节省超过90%的占地面积,和降低建设及维护成本。整个书库由自动存取系统(Automated Stolage and Retrieval System,ASRS)、典藏管理、入库管理、出库管理、流通分拣、订单拣选、文献传送功能、系统管理等部分组成,借助智能货架、穿梭车、提升机、入(出)库工作台和电脑控制系统、AI机器人,实现图书高密度储存、高速分拣和精准配送③④。2020年12月投入使用的贵州省新馆建成了全国第二个(西南第一个)智能立体书库,集智能仓储、分拣、运输

① 许妍,高雅. 南大首发图书馆机器人献礼115周年校庆[N/OL]. 江苏教育报,2017-05-26[2022-10-21]. http://epaper.jsenews.com/Article/index/aid/5293144.html.
② 图客机器人亮相世界智能大会"黑科技"助力打造标杆智慧图书馆[EB/OL]. [2022-10-21]. https://tech.chinadaily.com.cn/a/202007/08/WS5f05888ba310a859d09d6c72.html.
③ 薛帅. 苏图二馆:AI时代,初见公共图书馆"新"模样[N/OL]. 中国文化报,2019-12-13[2022-10-21]. https://nepaper.ccdy.cn/html/2019-12/13/content_276663.htm.
④ 格物案例|苏州第二图书馆:定义未来图书馆的模样[EB/OL]. [2022-10-21]. https://www.thepaper.cn/newsDetail_forward_9271193.

等技术于一体,可存储藏书 300 万册,藏书面积只需要传统图书馆藏书面积的三分之一左右。书库采用了多项先进的图书管理软硬件系统和物联网系统,通过将图书集中保存调配,该馆成为全省文献储藏和共享流通保障中心,提高了总馆和分馆之间的协同管理能力①。深圳第二图书馆建成国内首个位于地下的高密度、智能化立体书库,设计藏书量 800 万册。书库内通过无线定位、物流小车实现书籍全程自动化存取,提高了图书馆的存储密度和利用效率。配合智能立体书库建成的还有大型分拣系统,能够高速分拣图书并实现精准配送,实现全程文献流通②。

3. 智能采编

除了利用机器人等人工智能技术开展图书盘点、仓储、存取、搬运等基础性管理工作,还有图书馆正在尝试更加智能化的图书采编创新应用。

广东省立中山图书馆于 2021 年推出"采编图灵"图书采分编智能作业系统。该系统融合物联网、人工智能、工业机器人等多种技术重组图书采分编工作流程,实现传统人工作业向自动化、智能化操作转型升级,广东省立中山图书馆成为我国图书馆引领全球图书馆行业创新的标杆。该系统包含图书自动供件、信息采集及姿态调整、封底和封面物理加工 3 个子系统,合计 12 个功能模块。只需将图书批量摆放至图书自动供件台,"采编图灵"即可精准识别,自动完成包括图书信息采集、姿态调整、条形码打印粘贴、覆保护膜、RFID 标签粘贴、翻页及盖馆藏章、RFID 标签数据读写等 10 余项操作,代替大量的人工重复劳动。系统投入使用 2 个多月即累计处理图书 3.5 万余册,实际产能达到省馆需求量的 150%③。2022 年 4 月,"采编图灵"(一期)第二代系统上线,

①　贵州省图书馆(北馆)开馆,西南第一智能立体书库正式亮相![EB/OL].[2024 - 02 - 24].https://www.thepaper.cn/newsDetail_forward_10623466.

②　地下智能书库全国最大!深圳第二图书馆年底完成主体结构I家门口的大项目![EB/OL].[2022 - 10 - 21].https://new.qq.com/rain/a/20211028A0BBQY00.

③　广东省立中山图书馆"采编图灵"系统正式投用[EB/OL].[2022 - 10 - 21].https://www.zslib.com.cn/TempletPage_Detail/Detail_NewsReport_3556.html.

在基于前期运行经验进行全面升级的同时,还新增"图书自动交接、连续翻页及实时图像处理模组",在业界第一次实现了批量图书连续信息采集识别的全自动无人化,实现图书任意内页的图像信息实时采集、标定、识别及计算,开了全球图书馆行业的先河①。

广州图书馆开发视频资源智能化编目系统,依据编目规则创建智能标签,智能生成视频、音频等资源的编目信息,可对音视频资源内容进行内容结构识别和拆分,通过人脸识别、语音识别、文字识别、自然语言处理(Natural Language Processing,NLP)等智能计算技术,生成视频、文字、图片等资源细颗粒度标签标引数据,并将其进行专题化聚类,对"纪录片""广州城市影像""红色文化档案""公开课""活动回顾""口述历史""研究资料"等馆内特色资源进行内容标识、关键知识点的标签和标引建设。

六、区域协同服务

除了开展本馆自身的人工智能技术应用创新,一些图书馆还借助已有经验带动引领本地区图书馆共同开展人工智能技术服务应用。

广东省立中山图书馆在 2021 年开通"粤读通"服务。该服务依托广东省数字政府"粤省事"平台、广东省身份统一认证平台优势进行开发,以读者数字证卡——"粤读通码"的形式呈现和使用,目前已经实现广州、深圳、珠海、佛山、韶关等 21 个城市 22 家省市级公共图书馆互联互通互认,市民无须办理实体借书证,只要动动手指便可"一键式"注册,成为任何一家图书馆的读者,办理图书借阅、续借、查询等业务,更可浏览下载各馆的电子资源,充分享受"一次办理,全省通用"的便利②。

---

① 省立中山图书馆"采编图灵"(一期)第二代系统上线[EB/OL].[2022-10-21]. http://whly.gd.gov.cn/news_newzwhd/content/post_3915194.html.

② "粤读通"正式上线!读者可一证畅读广东九市十家公共图书馆[EB/OL].[2022-10-21].https://www.sohu.com/a/462807265_161795.

杭州图书馆推出的"一键借阅"一体化平台,将该馆的各类服务平台进行整合,解决以往入口不统一、操作烦琐的问题,让读者一键即可使用任意功能。更为重要的是,新平台整合了杭州地区 13 家公共图书馆可供线上借阅的纸本、电子资源,极大地丰富了平台的资源总量,让读者足不出户就能借到这些图书馆的图书。"一键借阅"一体化平台还联合多家新华书店推出"书店借书、杭图买单"悦读服务,读者借助平台中的书店借书功能即可到指定书店借阅新书①。

深圳市盐田区积极推动公共图书馆垂直一体化总分馆体系建设,目前已建成"总馆—街道分馆/智慧书房—社区服务点/社会合作服务点"的 3 级公共图书馆服务网络,包括总馆 1 个、街道分馆 5 个、智慧书房 10 个、社区服务点 19 个、社会合作服务点 11 个。作为垂直一体化"盐田模式"的中心枢纽馆,盐田区图书馆在开展多项智能场景应用和智慧化服务的基础上,还将智能技术应用于全区城市驿站、旅游景点、住宿酒店等基层阅读服务网点,利用智能设备和平台系统,在服务设备、自助操作、开放管理、资源配置、物流轮换、系统监控等方面进行优化,开展预约送书、阅读护照、阅读打卡、阅读点精品旅游线路等推广活动,盘活基层网点的服务效能,打造智慧公共文化服务圈。此外,盐田区图书馆在实践经验的基础上开始推动标准化建设,通过技术创新,研发 E 还书、智慧书房等一批智慧服务标准系统,获 9 项国家专利,出台《无人值守智慧书房设计及服务规范》《公共图书馆智慧技术应用与服务要求》两项团体行业标准,为区域乃至全国图书馆智能化服务标准化贡献力量②。

①　"一键借阅"2.0 版来了　杭州地区 13 家图书馆都可线上借[EB/OL].[2022 - 10 - 21].https://zj.zjol.com.cn/news.html? id =1703840.

②　在深圳盐田,智慧化文体服务果然不一样[EB/OL].[2022 - 10 - 21].https://www.sohu.com/a/410829229_155679.

第二节　国外图书馆界人工智能实践

国外图书馆界利用人工智能技术开展服务创新的实践探索与国内相比起步较早,且大多集中在高校图书馆。在实践内容上主要包括智能化服务、虚拟现实体验、智能化资源建设与服务、智能化管理等。

一、智能化服务

1.智能导航

在国外,阿曼苏丹国中东学院图书馆建立了基于 RFID 和移动物联网技术的系统,用于精准提供图书信息。西班牙海梅一世大学则使用地理信息系统(Geographic Information System, GIS)来定位馆藏,读者可以利用移动终端输入所要查询图书的信息,该系统可以将书的详细信息以及图书所在书架的位置以数字化地图形式显示在触摸屏上,并可以引导读者找到书架。该系统与 RFID 解决方案不同,不需要存储每个书目单元的位置,只需给书的属性数据追加书架地理信息代码,极大地降低了成本[①]。

新加坡国立大学图书馆开发了基于 VR 技术的三维图书馆综合目录“麒麟系统”,通过该系统进行图书检索后可以用三维立体图像的方式告知读者所需图书的具体方位,并向读者提示具体的架位信息,形成导航路线,实现基于 VR 技术的图书定位导航;同时“麒麟系统”也能用于排架,当馆员发现乱架图书时,排架扫描设备会发出提示音[②]。

---

① 吴闯,孙波,王春蕾,等.国外智慧图书馆现状研究与启示[J].新世纪图书馆,2019(11):90-95.

② 肖玥.人工现实技术在国内外图书馆的应用对比研究[C]//中国图书馆学会.中国图书馆学会年会论文集(2017年卷).北京:国家图书馆出版社,2018:125-135.

伊朗图书馆系统也引入了智能系统,为图书的编目、索引、信息检索提供了帮助。图书馆通过应用探索性因素分析(Exploratory Factor Analysis,EFA)作为识别图书馆信息管理系统中最适用的 AI 技术方法,优化人工智能的推荐系统,从而达到模拟图书馆员行为的目的。同时,人工智能还应用于语音识别、机器翻译等领域,在公共服务、技术服务和管理服务三个维度完善图书馆的服务系统①。

2. 个性化推荐

国外最早开展个性化推荐服务的是美国康奈尔大学图书馆,其研发的MyLibrary 系统由两部分组成,其中 MyLinks 可以为用户收藏、汇总自己感兴趣的数据,并且可以在任何一台机器上使用;MyUpdates 可以根据用户预先确定的需求和喜好进行匹配,推送用户感兴趣的新资源②。美国斯坦福大学图书馆开发的 Fab 系统可以收集查找特定主题的网站建成可供管理的数据库,同时为特定用户从数据库中选择需要的信息。用户还需要对系统推荐的网页进行评级,系统会根据反馈更新用户数据。用户评级较高的网页还会被系统推荐给同类型用户③。

艺术博物馆与图书馆是关联紧密的行业,韩国的艺术博物馆通过分析游客的情感数据,为人们推荐不同的艺术展览。博物馆通过与Naver进行合作,描述分析大数据得出不同地方的情感关键词,为用户提供本地信息,从而帮助用户寻找娱乐场所。例如,截至 2021 年 7 月 21 日,在韩国国立现代和当代艺术博物馆使用主题情感关键词进行搜索时,搜索结果以情感形容词的形式表达,得到有趣、多彩、神秘等。除了与博物馆有关的事实外,这些信息还使人们

---

① ASEMI A. Artificial intelligence(AI) application in library systems in Iran:A taxonomy study[J]. Library philosophy and practice,2018(6):1-11.

② 郑惠伶.Cornell 大学图书馆个性化服务方式——MyLibrary[J].图书馆学刊,2003(5):59-60.

③ 黄晓斌,张海娟.国外数字图书馆推荐系统评述[J].情报理论与实践,2010(8):125-128.

了解他们在参观该地方时可能出现的情感反应。情感形容词数据基于人们在博客或其他多媒体资源中的评论,因此,对于举办各种季节性展览的博物馆,描述情感的形容词会根据展览的特征而不断变化,从而为参观者提供更准确的推荐和搜索①。

3. 智能机器人

早在 2014 年,美国康涅狄格州西港图书馆首次使用两款人形机器人演示计算机编程和编码教学。这两款机器人不仅会唱歌跳舞,还能说 19 种语言,可以解答不同国家读者提问②。美国西北大学图书馆的智能聊天机器人应用 IBM 超级计算机"沃森"的自然语言处理、决策树、背景搜索等功能,能够针对师生经常提出的问题提供自动回答③。美国密歇根大学图书馆的远程呈现机器人 TR 可以让人们在异地也能体验在图书馆周围游览,身临其境地参加图书馆的参观活动④。德国汉堡市公共图书馆推出的网络虚拟机器人 Ina 可以与读者交流互动,并解答图书馆的相关服务问题⑤。日本小山市立图书馆推出的智能机器人导览员うさたん不仅可以和读者进行实时语音对话,还可以提供人性化的咨询、引导、迎宾服务⑥。日本法政大学自主研究的数字信息聊天技术机器人远程学习问答系统,可以对所有包含在该技术知识库中的信息进行

---

① KIM H J, LEE H－K. Emotions and colors in a design archiving system：applying AI technology for museums[J]. Applied Sciences, 2022,12(5):2467.

② 美图书馆使用机器人做教学 会说 19 种语言[EB/OL]. [2022－10－21]. http://it. people. com. cn/n/2014/1011/c1009－25814041. html.

③ 陈新亚,李艳.《2020 地平线报告:教与学版》的解读及思考——疫情之下高等教育面临的挑战与变革[J]. 远程教育杂志,2020(2):3－16.

④ GUTH L, VANDER M P. Telepresence robotics in an academic library：a study of exposure and adaptation among patrons and employees[J]. Library Hi Tech, 2017,35(3): 408－420.

⑤ 李宇,石磊,姚天泓,等. 国际视野下图书馆机器人应用现状及其机遇与挑战[J]. 图书馆,2021(9):34－41.

⑥ 人工智能技术环境下日本出版业的创新实践[EB/OL]. [2022－10－21]. https://www. sohu. com/a/272110342_488898.

准确解释和回答,并且能够在与用户交流互动中不断学习更新语料的基本语法和使用规则①。在加拿大新斯科舍省,圣文森特山大学使用两个聊天机器人Sarah 和 Suzy Sitepal 来回答关于写作和研究的常见问题,说明图书馆资源和服务,宣传有关图书馆的活动。聊天机器人为图书馆网站增加访问量,并提高了图书馆在校园社区的知名度②。2016 年,东京都江户川区筱崎图书馆引入Pepper for biz 模型。此模型拥有专门针对图书馆功能定制的人工智能系统Pepper,增添了更智能的服务功能:一是座位信息接收功能,用户可以直接在Pepper 上办理阅览座位的开始或结束使用,Pepper 也将通过电子邮件将阅览座位的使用状态信息传达给馆员,让馆员动态掌握阅览座位使用情况;二是藏书检索功能,用户可以通过与 Pepper 的直接对话搜索到馆内书籍位置;三是信息收集功能,Pepper 通过自动收集信息功能分析查询数据,挖掘来访者的深层次需求,并向馆员提供反馈,通过分析规模操作日志数据和用户属性数据测算访客感兴趣的内容,为书目订购提供依据,在减轻馆员工作负荷的同时,提升服务质量和服务效能③。

　　澳大利亚的公立图书馆引入了新兴的,具有感知环境、识别面部、阅读情绪和与人交流能力的“社交机器人”。这种类似人类的机器人可以聊天、跳舞、讲故事,还可以教孩子和成人编程。此外,这种人形机器人还可以定位声音的来源并向其移动,同时对性别、年龄和情绪进行识别,因此其可以作为图书馆的迎宾员,用于外联和公关④。

---

① 任新强. 国外高校图书馆智能化管理与服务的启示[J]. 宿州教育学院学报,2016(4):158 – 159.

② 赵美芳. 国外图书馆人工智能 AI 应用现状及启示[J]. 兰台世界,2018(11):131 – 135.

③ 韦景竹,叶彦君. 日本图书馆人工智能研究与应用前沿[J]. 图书馆论坛,2022(8):51 – 61.

④ TELLA A. Robots are coming to the libraries: are librarians ready to accommodate them?[J] Library Hi Tech News, 2020,37(8):13 – 17.

4. 知识分享

美国伊利诺伊大学厄巴纳香槟分校开发了一款基于 OCR(Optical Character Recognition,光学字符识别)技术的 AR 应用,用户启动该程序调用移动终端摄像头扫描图书章节、教学大纲、课堂作业等文字后,可以实时获取图书馆推荐的相关学术资源,并将与其相关的信息如书名、售价及评分等信息显示在手机屏幕上,用户既能在终端上阅读和保存资源,还能通过 Facebook、Twitter 等社交网络平台进行分享①。

美国密歇根大学图书馆的 TR 同样可以促进知识交流。它可以使图书馆员工远程参加并更充分地参与多分馆图书馆系统中的会议。这种远程呈现技术允许学生带着平时不好意思问的问题接近由图书管理员控制的机器人。在交流中学生们可以实现虚拟面对面的接触,同时也可以保持用户的匿名性。TR 项目为密歇根大学的学生和图书馆员工提供了一个这样的机会,通过参与新兴技术来扩展他们的知识和经验②。

二、虚拟现实体验

1. 沉浸式体验空间

国外高校图书馆建立 VR 体验空间主要用于服务教学科研。美国北卡罗来纳州立大学图书馆成立了 VR Studio,共包含 7 个工作站,每个工作站上都配备虚拟现实设备以及大量增强现实硬件。不同专业的学生可以在这里进行与本专业相关的 VR 体验。哈佛大学科博特图书馆的 VR 工作室通过 Unity3D 软件制作开发 VR APP,程序兼容 Andriod 及 iOS 操作系统,可以实现不同平台

---

① 肖玥. 人工现实技术在国内外图书馆的应用对比研究[C]//中国图书馆学会. 中国图书馆学会年会论文集(2017 年卷). 北京:国家图书馆出版社,2018:125 - 135.

② GUTH L, VANDER M P. Telepresence robotics in an academic library:a study of exposure and adaptation among patrons and employees[J]. Library Hi Tech, 2017,35(3):408 - 420.

上的虚拟体验,读者只需通过 HTC Vive 就可参与其中,感受生动形象的教学模拟环境①。由英国曼彻斯特大学 Mimas 学术数据中心主持,与约翰·里兰兹图书馆联合开展的 SCARLET 项目,可以帮助学生研究约翰·里兰兹图书馆收藏的中世纪的手稿、文献档案,学生使用安装 AR 应用的平板电脑拍摄但丁《神曲》原始文献,显示屏上就会出现关于该文献的数字图片、文字信息、线上资讯以及相关文献等内容②。美国宾汉姆顿大学图书馆于 2014 年开发了一款 AR 图书,将数字内容投影到空白书页上,用户就可以看到珍贵古籍、手稿的内容②。日本国立国会图书馆的国家儿童图书馆在 2020 年 6 月推出兼容 5G 的 3D 视图和 VR 视频的"梦想图书馆",用户足不出户就可以观赏到有着文艺复兴时期建筑风格的图书馆。早稻田大学中央图书馆在成立 25 周年之际开展了"梦想融合"项目,打造了源氏故事经典著作之一《四季源氏》的 360°VR 视频,并进行 3D 处理③。

此外,在国外的一些艺术和历史博物馆,如克利夫兰艺术博物馆、圣地亚哥艺术博物馆、犹他州自然历史博物馆,VR 也被用来让游客沉浸式体验无法亲身体验的经历。例如,VR 被用来让游客"体验第一次世界大战中火车车厢的生活"。除了促进博物馆间的交流合作外,VR 还可以加强博物馆与学校的合作,通过虚拟现实技术为学生提供多样的教育模式。例如,学生们可以使用 VR 技术进行一场"时间旅行",体验历史上的某个特定事件,给学生们一种"走进历史的感觉"。VR 的用途还包括让游客体验无法轻易进入的地方(如海底或南极洲),并加深他们对气候变化、野生动物等相关主题的理解。这在科学博物馆和自然历史博物馆中经常遇到,在这些博物馆中,游客们还可能以

①　李宇,刘丹丹,郭丽英,等.图书馆 VR 技术应用现状及前景分析[J].图书馆工作与研究,2021(3):63–71,106.

②　李晓娟,任思琪,黄国彬.国外高校图书馆应用增强现实技术的案例研究[J].图书情报工作,2015(11):73–81.

③　人工智能技术环境下日本出版业的创新实践[EB/OL].[2022–10–21].https://www.sohu.com/a/272110342_488898.

VR 剧场表演的形式进行多用户 VR 体验。除此之外,VR 也被用作一种工具,通过它,绘画变得"活"起来,让参观者进入绘画和艺术家创造的世界。这为游客提供了一种强化的审美体验,提高了艺术鉴赏力①。

2. 远程虚拟导览

国外最早在图书馆界开展虚拟服务的是美国。麦克马斯特大学图书馆于 2006 年在基于 VR 技术开发的网络虚拟游戏"第二人生"(Second Life)中建成全球首个虚拟图书馆,将实体馆藏的目录链接纳入其中②。之后美国许多大学图书馆均在第二人生平台上创建了种类繁多的 VR 服务项目,提供规章制度、使用手册、课程讲座、相关信息资源等综合性内容。据统计,北美研究型图书馆协会超过 40% 的成员馆均运用 VR 技术开展虚拟导航和漫游体验等服务项目③。2010 年,美国北卡罗来纳州立大学图书馆引入 AR 应用 WolfWalk,该应用包含了一个可以定位的校园地图以及一个历史图片数据库,图片数据库包含了校园内 50 余个主要历史景点的 1000 多张照片,用户可以根据年代和主题进行分类浏览。用户漫步校园时,可以通过电子校园地图的定位,浏览各个景点的历史图片和故事④。新加坡国立大学图书馆通过三维建模语言建立了虚拟漫游系统,代表读者的虚拟人物可以在馆内自由行走,也可与馆内资源进行浅层交互,获得文字、图片、视频等相应介绍⑤。

---

① SHEHADE M, STYLIANOU - LAMBERT T. Virtual reality in museums:exploring the experiences of museum professionals[J]. Applied Sciences,2020,10(11):4031.

② 杨新涯,涂佳琪.元宇宙视域下的图书馆虚拟服务[J].图书馆论坛,2022(7):18 - 24.

③ 俞德凤.美国大学图书馆虚拟现实服务调查与分析[J].数字图书馆论坛,2021(9):49 - 55.

④ 李晓娟,任思琪,黄国彬.国外高校图书馆应用增强现实技术的案例研究[J].图书情报工作,2015(11):73 - 81.

⑤ 周力虹,韩滢莹,屠晓梅.国内外高校图书馆虚拟现实技术应用对比研究[J].图书与情报,2017(4):1 - 7.

三、智能化资源建设与服务

通过深度学习技术,人工智能系统可以帮助人们实现全文识别和快速识读。例如,古代文献大量使用了草书和行书这样的手写体来书写日语假名和汉字,要看懂不容易。日本信息系统研究机构的一个研究小组开发了一套人工智能系统,通过事先学习已由专家整理完成的 44 部文献共计 100 万字的手写体写法,让该系统能够准确高效地识读古代文献。之后工作人员将日本古典文学名著《源氏物语》扫描进电脑,只需要按一下按钮,马上就会在屏幕上看到人工智能解读的结果,花费时间不超过 3 秒,准确率达到 90% 以上。同样的一页手写体文献,如果由人来完成的话,即便是最熟练的专家也需要 10 分钟以上[①]。

四、智能化管理

1. 智能搬运、分拣与盘点

国外图书馆界开展机器人盘点的实践应用也比较多见。新加坡国家图书馆与新加坡科技研究局于 2016 年研发出图书馆机器人 AuRoSS(Autonomous Robotic Shelf Scanning System,自动机器书架扫描机器人),可记忆不同图书馆格局和书架位置,闭馆后自行穿梭于书架之间,用激光和超声波扫描书架,并生成关于丢失书籍或摆放错误书籍的名单。待工作人员上班后即可根据名单整理相应区域。机器人 1 小时内能完成扫描 2 万本书,报告准确率高达99%[②]。日本早稻田大学构建的机械 Agent 能够通过读者选择的资源,自动为

---

① 日本 AI 辨识手写体文献:准确率已经到 90% 以上[EB/OL].[2022 - 10 - 21]. http://www.inpai.com.cn/news/rgzn/20191216/36978.html.

② 专题:智慧用于刀刃间[EB/OL].[2022 - 10 - 21]. https://www.library.gov.mo/zh-hans/aboutus/library-publications/periodical/city-and-book/books-and-the-city-17/17-chapter02.

读者运送资源到指定的区域①。2020 年 6 月，为预防新冠疫情蔓延，熊本县熊本市的熊本森城市中心广场图书馆试行应用地板机器人"PEANUT"，旨在打造一个"安心图书馆"。PEANUT 主要用于书籍运送，通过在馆内往复移动，帮助用户将待还的书籍搭载运送给馆员。同样，馆员可以将书库书籍交给 PEA-NUT，再由 PEANUT 送到用户手中。这样不仅能让人与人之间的接触减到最少，防止病毒传染，又能减轻馆员负担，创新图书馆服务体验②。

2. 智能仓储

早在 20 年前，国外很多图书馆就已经利用机械臂、RFID 等技术建立图书馆自动存取系统，对馆藏图书进行密集存储和自动存取。ASRS 系统将图书资料存放在不锈钢金属箱，并由若干金属箱堆叠形成框架阵列。阵列之间的通道均配有机械臂，可以在很短的时间内完成金属箱的提取或放回。由于每个金属箱内的每一册图书均进行了完整编目，贴有射频识别智能光标并在入库前扫描录入数据库，读者发出借阅申请后即可自动完成提取流程③。应用该系统既可以节约用地，又能够提高存储量，还能够更好地保护文献。其自动提取功能则能够节约大量的人力成本。美国加州州立大学北岭校区图书馆是世界上第一个使用 ASRS 系统的图书馆，应用 13260 个钢箱储存超过 85.72 万册书籍。系统从接收请求到提取书籍仅需要 15 分钟，而且每册图书的存储和维护成本只需要 0.84 美元，仅为一般开架图书的五分之一④。美国北卡罗来纳州立大学亨特图书馆的仓储式立体书库由 8 排 18000 余个金属箱和 4 个机器人构成，能够容纳 200 万册图书，所使用空间仅为传统藏书方式的九分之一。机器人收到借书申请信息后，就会借助升降臂在金属排架中准确找到书籍所在

① 孟庆宇. 人工智能与数字图书馆建设[J]. 图书馆学刊,2018(7):106 - 110.

② 人工智能技术环境下日本出版业的创新实践[EB/OL]. [2022 - 10 - 21]. https://www. sohu. com/a/272110342_488898.

③ 王冰. 图书馆自动存取系统(ASRS)刍议[J]. 图书馆工作与研究,2014(1):40 - 43.

④ 李宇,石磊,姚天泓,等. 国际视野下图书馆机器人应用现状及其机遇与挑战[J]. 图书馆,2021(9):34 - 41.

金属箱,将其运至工作人员处。此外,用户还可以在电脑上看到书籍在虚拟架位中的状态①。

悉尼科技大学也在其图书馆中安装了一个巨大的自动存储和检索系统LRS。系统采用六台巨大的机器人起重机的形式,起重机负责搬运数千个紧密包装的图书箱。当顾客从在线目录中请求存储图书时,LRS 自动启动。其中一台起重机会取回相应的箱子,并把它交给图书馆的工作人员,工作人员会取出所要的书。然后,书会被送到图书馆的书架上,读者可以在那里取书。整个过程通常只需要大约 15 分钟②。

3. 智能安保

近年来,英国伯明翰大学与保安公司 G4S(士瑞克保全公司)合作开发了一款名为 Bob 的安保机器人。它是一套基于机器人操作系统(Robot Operating System, ROS)开发的,所有部署的系统均基于 MetraLabs SCITOS A5 的机器人,其具有长时间运行和自动充电的功能。这款机器人将多种服务功能组合在一个单一系统中,通过在动态室内环境中进行为期数周的连续自主操作,征集、追踪、了解室内环境运行情况,并以此为据进行各种形式的学习来改善系统性能。机器人监控图书馆室内环境,并在观察到禁止或异常事件时发出警报。移动机器人创建常规环境下的三维(3D)结构、物体和人的模型;随着时间的推移模拟它们的变化,并使用这些模型来检测异常情况和模式。它可以检测人类何时以不寻常的方式在环境中移动,建立桌上物体排列模型以检查桌面是否保持整洁,并检查消防通道是否打开③。

---

① 武云霞,夏明.图书馆的未来——美国北卡罗来纳州立大学亨特图书馆侧记[J].新建筑,2014(2):108-111.

② Robotics and the human touch in libraries and museums[EB/OL].[2024-01-18]. https://slis. simmons. edu/blogs/unbound/2015/04/06/robotics-and-the-human-touch-in-libraries-and-museums/

③ 李宇,石磊,姚天泓,等.国际视野下图书馆机器人应用现状及其机遇与挑战[J].图书馆,2021(9):34-41.

通过以上人工智能技术在国内外图书馆界的实践应用情况分析,我们可以看出人工智能技术已经开始融入图书馆建设,为整个行业带来服务方式和服务内容的变革的同时,也对图书馆向智能化、智慧化发展和转型产生了深远影响。从国内与国外实践经验来看,国外图书馆界引入人工智能技术的时间更早,但国内图书馆界在近年来发展更快、应用范围更广、普及率相对更高,国外图书馆界的创新性服务应用相对较多,这也为我们后续开展框架设计和体系研究提供了思路和启示。

第三章　国内公共图书馆人工智能应用情况概览

近年来,随着信息技术的快速发展,大数据、云计算、移动互联网、物联网、人工智能等趋于智能化的信息技术成为热点词汇,人工智能更被预测为第四次工业革命的核心技术代表,它的出现与广泛应用,推动着图书馆向智能化、智慧化演进与发展。为全面了解我国公共图书馆在人工智能技术应用方面的整体建设及应用情况,在 2022 年上半年,我们面向近 700 家国内省级、副省级、地市级和区县级公共图书馆设计并发放了人工智能应用调查问卷,以期在实证调研的基础上为研究提供依据,进而推动移动互联网环境下图书馆人工智能服务创新应用。

调查问卷采用半结构式,既设计有单项选择题和多项选择题等结构性问题,又有供受访者自由表达的开放性问题。问卷共计 36 道题,包括 11 道单选题、21 道多选题及 4 道简答题。部分单选题和多选题根据选项的具体情况附加了相应的开放性问题,以便受访者更加完整、细致地描述本单位人工智能应用情况。

问卷内容主要包括四大部分:一是图书馆及受访者的基本信息;二是图书馆人工智能应用的基本信息;三是人工智能在图书馆的具体应用情况,包括设施与平台、智能场馆与空间、资源建设、智能化服务、智能管理、人才培养和业务培训、标准规范、研究跟踪等方面;四是图书馆人工智能应用的总体评价、面临困境及需求建议等。具体调查问卷见附录一。

本次调研回收的有效问卷包括 33 家省级图书馆、12 家副省级图书馆、165 家地市级图书馆、432 家区县级图书馆。其中包括 6 家少年儿童图书馆。

　　根据结果显示,共有 324 家图书馆的问卷受访者在本馆人工智能应用工作中负责就具体业务开展实践应用,占比超过半数;116 家图书馆的受访者直接参与本馆人工智能项目建设,占比 18.07%;112 家图书馆的受访者负责本馆人工智能应用工作技术运维,占比 17.45%;另有 90 家图书馆的受访者选择"其他",占比 14.02%,选择"其他"的原因多为本馆尚未充分开展人工智能应用,因此认为自己在该项工作中尚未担任明确角色。大部分受访者工作角色与人工智能应用保持较强的关联性,能够保障问卷调查结论的科学性和客观性。

第一节　人工智能应用基本情况

　　图书馆人工智能应用基本情况部分包含驱动因素、应用现状、新技术应用情况、开发模式、经费投入、政策规划等方面。

一、驱动因素

　　在应用人工智能的主要驱动因素方面(见图 3 - 1),460 家图书馆认为应用人工智能技术可以丰富服务内容,占比 71.65%;423 家图书馆认为应用人工智能技术可以改善用户体验,占比 65.89%;302 家图书馆认为应用人工智能技术可以实现手动、重复工作的自动化,占比 47.04%;171 家图书馆认为应用人工智能技术可以降低成本,占比 26.64%;另有 77 家图书馆选择"其他",占比 11.99%。从调研结果来看,公共图书馆选择应用人工智能技术,很大程度上是因为其有助于推动服务的不断优化,更好地改善用户体验,同时帮助图书馆完成很多繁杂的工作,有效节约人力资源、提高工作效率。

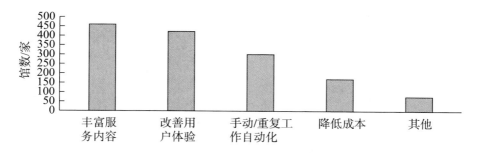

图 3-1　图书馆应用人工智能的驱动因素

二、应用现状

在应用现状方面（见图 3-2），有 32 家图书馆已广泛应用人工智能技术，并且近 3 年已开展超过 3 项人工智能建设项目，占比为 4.98%；232 家图书馆已应用人工智能技术，占比为 36.14%；246 家图书馆正在规划开展人工智能技术应用，占比为 38.32%；132 家图书馆暂时还没有考虑开展人工智能技术应用，占比 20.56%。由此可见，国内大多数公共图书馆对人工智能技术应用持积极推进态度。

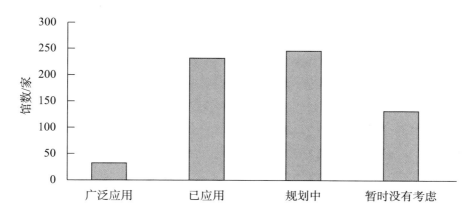

图 3-2　国内公共图书馆人工智能技术应用现状

在广泛应用及已应用人工智能技术的 264 家公共图书馆中，省级图书馆有 23 家，在所有受访的 33 家省级图书馆中占比 69.70%；副省级图书馆 9 家，在所有受访的 12 家副省级图书馆中占比 75.00%;地市级图书馆 84 家,在所有受访的 165 家地市级图书馆中占比 50.91%;区县级图书馆 148 家,在所有受访的 432 家区县级图书馆中占比 34.26%。省级及副省级图书馆的人工智能技术应用已经走在了前列,地市级和区县级图书馆稍显落后,但部分县级馆也已经进行积极实践(见图 3-3)。此外,大部分图书馆开始应用人工智能技术集中在 2015 年至 2021 年,并从 2019 年起加速落地(见图 3-4),这也与近年来人工智能技术的高速发展密切相关。

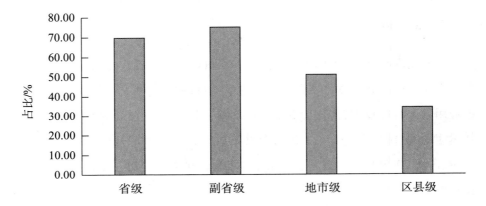

图 3-3 已应用人工智能技术的各级图书馆占比

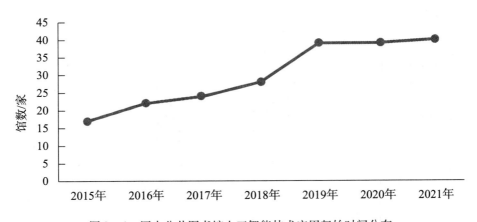

图 3-4 国内公共图书馆人工智能技术应用起始时间分布

三、新技术应用情况

调研数据显示,在人工智能新技术应用方面,VR/AR 技术、云计算、生物识别是目前图书馆在实践中应用最多的新技术手段。这些技术的可靠性和成熟度相对较高,还能够提高用户体验、提升服务效率和效果。相比之下,区块链、专家系统、神经网络技术的应用实践较少(见图 3－5)。

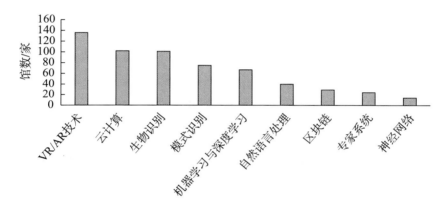

图 3－5　图书馆人工智能新技术应用情况

四、开发模式

关于人工智能项目的开发模式,328 家图书馆选择外包模式,占比51.09%;154 家图书馆选择就战略框架协议与第三方机构合作开发,占比23.99%;149 家图书馆选择其他模式,占比 23.21%,其中一部分主要集中在直接购买第三方设备及服务、由上级图书馆支持两个方面,另一部分图书馆尚未开展人工智能项目,因此选择该选项并进行备注;仅有 11 家图书馆选择自主开发,占比 1.71%。国内公共图书馆开展人工智能项目主要依靠第三方,这既与近年来图书馆发展的社会化合作机制相契合,也在一定程度上说明图书馆自身在人工智能等新技术研发与应用能力上稍显不足(见图 3－6)。

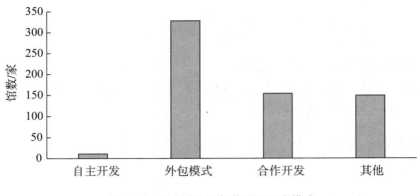

图 3 – 6　图书馆人工智能项目开发模式

五、经费投入

关于已投入经费(见图 3 – 7),有 401 家图书馆已投入 0—50 万元经费用于开展人工智能项目,占比 78.63%;54 家图书馆已投入 51 万—100 万元经费用于开展人工智能项目,占比 10.59%;26 家图书馆已投入 101 万—200 万元经费用于开展人工智能项目,占比 5.1%;16 家图书馆已投入 201 万—500 万元经费用于开展人工智能项目,占比 3.14%;13 家图书馆已投入 501 万元及以上经费用于开展人工智能项目,占比 2.55%。具体情况见图 3 – 7。经费投入在 201 万—500 万元的受访图书馆中,省级图书馆有 4 家,在所有受访的 33 家省级图书馆中占比 12.12%;经费投入在 501 万元及以上的图书馆中,副省级图书馆有 2 家,在所有受访的 12 家副省级图书馆中占比 16.67%,占比均高于地市级、区县级图书馆(见图 3 – 8)。目前图书馆投入人工智能应用项目的经费来源,主要集中在地方配套经费和中央转移支付经费,还有部分图书馆融入了社会投入资本,个别图书馆借助特定建设项目、对口帮扶等其他类型经费开展人工智能应用(见图 3 – 9)。

在未来用于开展人工智能项目的经费预算上(见图 3 – 10),有 504 家馆预算为 0—50 万元,占比 78.5%;69 家馆预算为 51 万—100 万元,占比 10.75%;

40 家馆预算为 101 万—200 万元,占比 6.23% ;14 家馆预算为 201 万—500 万元,占比 2.18% ;15 家馆预算为 501 万元及以上,占比 2.34%。从调研结果来看,图书馆未来用于开展人工智能应用项目的经费投入还没有形成较大规模。

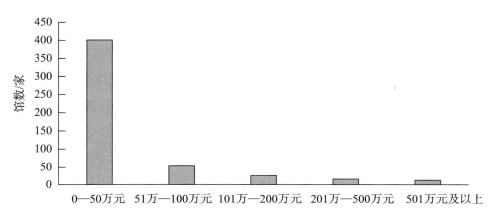

图 3-7　图书馆已开展人工智能项目经费投入情况

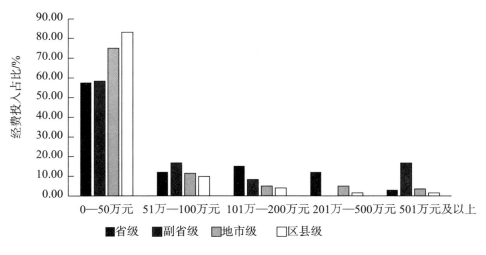

图 3-8　各级图书馆已开展人工智能项目经费投入占比

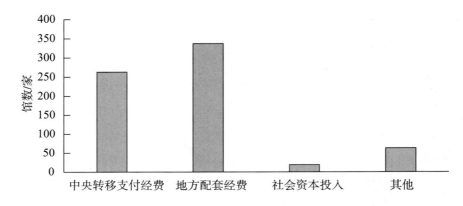

图 3-9　图书馆已开展人工智能项目经费来源情况

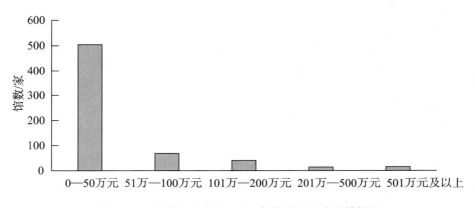

图 3-10　图书馆未来用于人工智能项目经费预算情况

六、政策规划

在政策规划上,有 70 家图书馆在其本馆或所属政府主管部门的相关计划规划和规章制度中包含了与人工智能相关的内容,占比 10.90%。总体上分为以下几种类型:一是在本地区"十四五"规划中涉及人工智能相关内容,如《四川省"十四五"公共文化服务体系建设规划》《济南市"十四五"加快数字化高质量发展规划》《成都市"十四五"世界文创名城建设规划》《福州市"十四五"文化和旅游发展专项规划》《广州市黄埔区文化和旅游发展"十四五"专项规划》等。此类规划中大多将人工智能作为智慧图书馆建设的重要组成部分。二是在本馆长期规划中涉及人工智能相关内容,如《广州图书馆 2021—2025 年发展规划》《深圳图书馆"十四五"发展规划(2021—2025)》《大连市沙河口区图书馆"十四五"规划》《广东省阳春市图书馆"十四五"发展规划》。此类规划中一般包含具体的计划开展的人工智能建设项目。三是在本地区年度工作要点中涉及人工智能相关内容,如《山东省文化和旅游厅 2022 年工作要点》《湖南省文化和旅游厅 2022 年工作要点》。四是在本馆新馆建设中规划人工智能项目,如新乐市图书馆在新馆建设中开展了人脸识别、智能图书上架等智能化建设项目。各馆人工智能政策规划情况,见图 3 – 11。

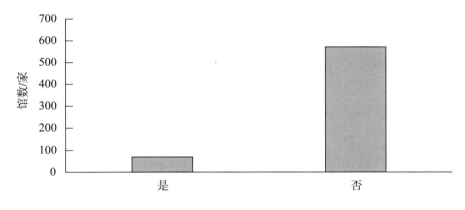

图 3 – 11　各馆人工智能政策规划情况

第二节　人工智能在公共图书馆的具体应用

本部分主要调研各级公共图书馆在实践中具体开展的人工智能应用项目及其现状,共包含 22 个问题,涉及设施与平台、智能场馆与空间、资源建设、智能化服务、智能化管理、人才培养和业务培训、标准规范、研究跟踪等方面,以期全方位了解人工智能在我国公共图书馆的应用情况。

一、设施与平台

在网络建设方面,有 88 家公共图书馆部署了 5G 或 Wi-Fi 6 等新型网络,占比 13.71%。其中省级图书馆 10 家,在全部 33 家省级图书馆中占比 30.30%;副省级图书馆 7 家,在全部 12 家副省级图书馆中占比 58.33%;地市级图书馆 21 家,在全部 165 家地市级图书馆中占比 12.73%;区县级图书馆 50 家,在全部 432 家区县级图书馆中占比 11.57%(见图 3-12 及图3-13)。由此可见,公共图书馆特别是地市级、区县级图书馆的新型网络建设还处于起步阶段,并且大部分图书馆只实现全部或部分场馆网络覆盖,仅有个别图书馆已将新型网络应用到具体服务场景。

系统平台方面,共有 132 家图书馆依托人工智能技术建立了应用于管理和服务的智能化平台,占比 20.56%。其中省级图书馆 9 家,在全部省馆中占比 27.27%;副省级图书馆 6 家,在全部副省级馆中占比 50%;地市级图书馆 25 家,在全部地市级馆中占比 15.15%;区县级图书馆 92 家,在全部区县级馆中占比 21.3%(见图 3-14 及图 3-15)。根据现有问卷,比较有亮点的平台包括安徽省图书馆的少儿阅读服务平台,具备业务咨询、导航服务、书目查询、人脸识别、智能推荐、阅读测评等功能;内蒙古自治区图书馆的"书香北疆·码上阅读"平台提供全区数字资源服务与读者画像分析;广州图书馆建立智慧媒资管理平台,能够以人工智能技术辅助管理媒体资源;秦皇岛图书馆的大数据应用及数据分析平台对海量数据进行整体利用和多维度分析,联合其他平台数据对读者行为做挖掘分析,进行读者聚类、自动定义标签;福建省图书馆也建立了全媒体在线资讯平台和古籍与报纸数字化智能识别与加工系统。

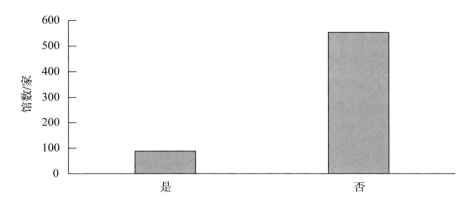

图 3-12　各馆新型网络部署情况

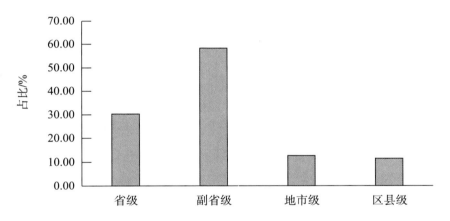

图 3-13　各级图书馆已部署新型网络的馆数占比

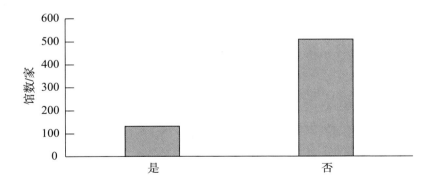

图 3-14　各馆智能化平台建设情况

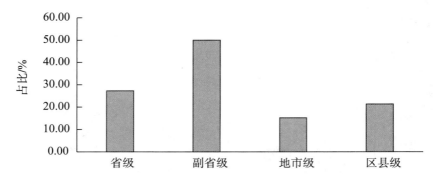

图 3 - 15   各级图书馆已建成智能化平台的馆数占比

二、智能场馆与空间

在智能场馆建设方面,共有 318 家公共图书馆完成了智能监控、智能安防或智能门禁建设,占比 49.53%;195 家公共图书馆建成人脸、指纹、语音等生物识别系统,占比 30.37%;62 家公共图书馆实现了灯光、温度、湿度等物理环境智能调节,占比 9.66%;8 家图书馆开展了其他智能场馆建设,如空调安装智能空气净化设备、安装人流监测设备等,占比 1.25%;有 272 家图书馆尚未开展智能场馆建设,占比 42.37%(见图 3 - 16)。根据调研数据,目前公共图书馆应用人工智能技术开展智能场馆建设的方向主要涉及智能监控、安防、门禁等方面。

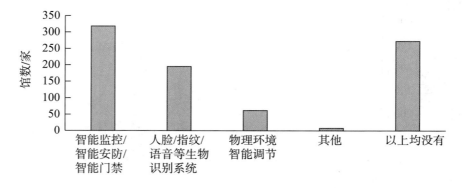

图 3 - 16   图书馆智能场馆建设情况

在已建成人脸识别、指纹识别或语音识别等生物识别系统的 195 家图书馆中,开展相关大数据分析应用、刷脸借还书、刷脸入馆、刷脸查询借阅信息等应用较多。此外,还有图书馆实现了掌静脉生物识别身份认证、刷脸存包、指纹存包、人脸识别办理借阅证等技术应用。关于生物信息的采集渠道主要集中在现场采集,数据库采集和移动端采集应用较少(见图 3 – 17 及图3 – 18)。

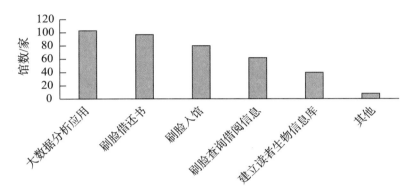

图 3 – 17　已建成生物识别系统图书馆的技术应用情况

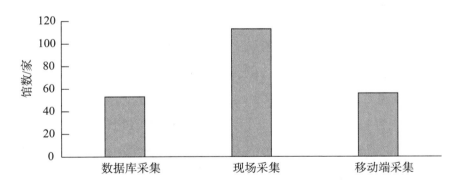

图 3 – 18　已建成生物识别系统图书馆的生物信息采集渠道

在智慧空间建设方面,接受调研的有将近半数的图书馆已经开展智慧空间建设与服务。其中有 186 家图书馆建成智慧书房,占比 28.97%;111 家图书馆建成声音图书馆,占比 17.29%;89 家图书馆建成沉浸式阅读体验空间,占比 13.86%;86 家图书馆建成 AR/VR 阅读墙,占比 13.4%;58 家图书馆打造云课堂实现各类线下活动的远程现场实时展示、沉浸式体验和虚拟互动,占比9.03%;还有8家图书馆选择其他,占比1.25%(见图3-19)。上海图书馆、广西壮族自治区桂林图书馆全部建成上述五类智慧空间。

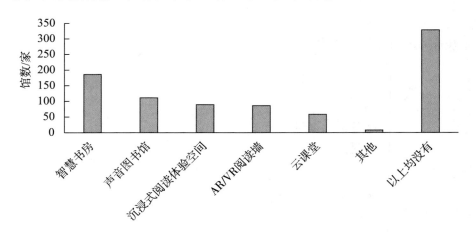

图3-19 图书馆智能空间建设情况

三、资源建设

在资源建设方面,已有部分图书馆对资源进行智能化加工和利用。其中最多的是资源知识化提取与挖掘,已有135家图书馆开展,占比21.03%;VR/AR等新型数字资源建设和数字人文建设分别有110家、104家图书馆开展,占比分别为17.13%、16.20%;另有82家图书馆开展知识关联与知识图谱建设,占比12.77%;还有4家图书馆选择其他,占比0.62%。剩余381家图书馆尚未开展上述项目,占比59.35%(见图3-20)。由此可见,图书馆应用人工智能技术开展资源建设尚处于起步阶段。

资源类型方面,有将近半数的公共图书馆尝试研究和探索新型资源建设与应用。有227家图书馆开展网络资源建设,占比35.36%;124家图书馆开展社交媒体资源建设,占比19.31%;111家图书馆开展原生数字资源建设,占比17.29%;62家图书馆开展口述历史资源建设,占比9.66%;还有4家图书馆选择"其他",占比0.62%(见图3-21)。陕西省图书馆、上海图书馆、佛山市顺德图书馆全部开展了上述四类新型资源建设。

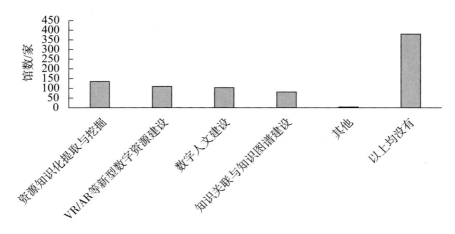

图3-20　图书馆资源建设智能化情况

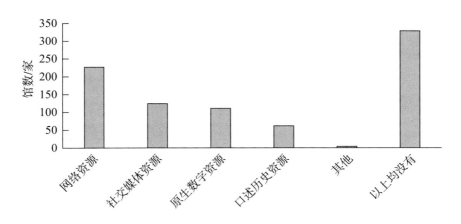

图3-21　图书馆新型资源建设情况

四、智能化服务

在智能化服务方面,国内公共图书馆开展最多的是自助借还/自助预约服务,调查结果反馈中共有428家图书馆已经应用,占比66.67%。这也得益于此类服务技术发展已经非常成熟,在图书馆界的应用时间也比较早,已经非常普及。146 家图书馆开展了智能检索/智能推荐/智能参考咨询/个性化知识推送等个性化服务,占比 22.74%;分别有 91 家、89 家、86 家图书馆开展了智能问答、智能定位导航、机器人服务,占比分别为 14.17%、13.86%、13.40%。提供智能座席服务的图书馆最少,仅有 11 家,占比 1.71%;4 家图书馆选择其他,占比 0.62%。另外还有 186 家图书馆尚未开展上述智能化服务,占比 28.97%(见图 3-22)。根据调研结果,国内公共图书馆开展智能化服务的普及程度相对较高,但主要集中在技术含量较低的基础性服务领域,还没有拓展到更高层次。

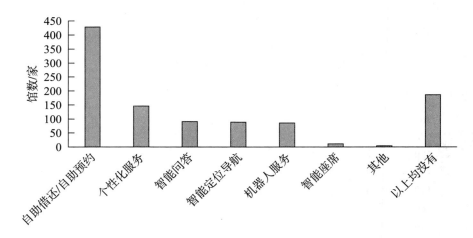

图 3-22　图书馆智能化服务情况

在已开展自助借还/自助预约服务的 428 家图书馆中,有 280 家图书馆提供了扫码借阅服务,占比 65.42%;171 家图书馆提供 NFC(Near Field Communication,近场通信)自助借还服务,占比 39.95%;29 家图书馆提供无感借阅服务,占比 6.78%。此外,还有部分图书馆采取其他自助借还方式,如刷脸借还、RFID(Radio Frequency Identification,射频识别)自助借还等(见图 3-23)。

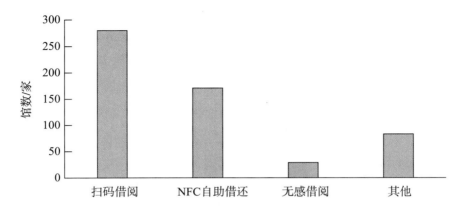

图 3 – 23　已开展自助借还/自助预约服务图书馆的自助借还服务方式

在 86 家开展机器人服务的图书馆中,其机器人服务的具体方式主要包括智能导览、智能检索推荐、智能参考咨询,图书馆数量分别为 60 家、49 家、44 家,占比分别为 69.77%、56.98%、51.16%。此外还有个别图书馆的机器人服务涉及智能伴读和智能聊天(见图 3 – 24)。

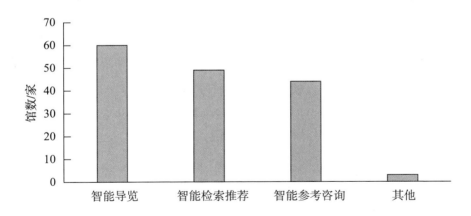

图 3 – 24　已开展机器人服务图书馆的具体服务方式

在已开展智能问答服务的 91 家图书馆中,共有 71 家图书馆将该服务置于微信公众号,占比 78.02%;49 家图书馆通过智能机器人开展该服务,占比 53.85%;36 家图书馆将该服务置于其官网,占比 39.56%;24 家图书馆将该服务置于微信小程序,占比 26.37%;7 家图书馆将该服务置于智能语音咨询系统,占比 7.69%(见图 3 - 25)。

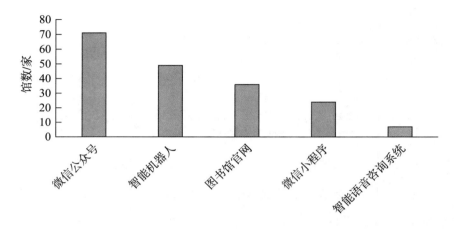

图 3 - 25　已开展智能问答服务图书馆的服务渠道

五、智能化管理

关于智能化管理,图书智能分拣/搬运/盘点/杀菌应用最多,共有 104 家图书馆已经投入使用,占比 16.20%;智能书架/智能书库和智能编目,分别有 48 家、46 家图书馆已经投入使用,占比分别为 7.48%、7.17%;机房智能管理,共有 38 家图书馆已经投入使用,占比 5.92%;智能采购,共有 24 家图书馆已经投入使用,占比 3.74%;有 5 家图书馆选择其他,占比 0.78%。此外还有超过 5 成的图书馆尚未进行管理智能化升级(见图 3 - 26)。由此可见,国内公共图书馆在智能化管理方面尚处于起步阶段。

有超过半数的图书馆已经实现对各类数据进行智能化管理,其中应用最为广泛的是对业务数据的智能化管理,共有 212 家图书馆已经开展,占比 33.02%;次之是对用户数据的智能化管理,共有 198 家图书馆已经开展,占比 30.84%;对服务数据、资源数据的智能化管理应用范围相当,分别有 189 家、176 家图书馆已经开展,占比分别为 29.44%、27.41%;对设施/设备/系统数据的智能化管理应用最少,共有 150 家图书馆实现,占比 23.36%(见图 3 – 27)。

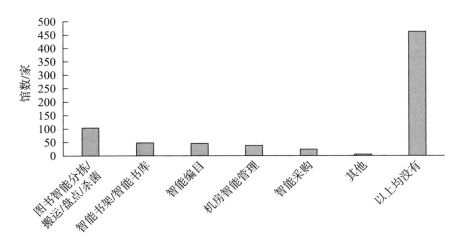

图 3 – 26 图书馆管理智能化升级

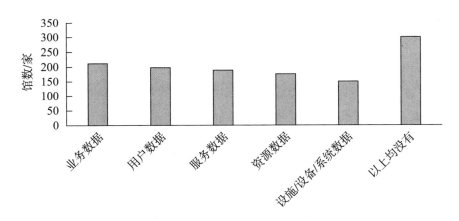

图 3 – 27 图书馆数据智能化管理

在数据智能化管理的应用方向上,有 125 家图书馆主要将经过智能化管理的数据用于辅助决策,占比 19.47%;107 家图书馆主要服务于绩效评价,占比 16.67%;64 家图书馆主要应用于对用户进行精准画像,占比 9.97%。还有个别图书馆将经过智能化管理的数据应用于场馆资源预测发布、业务统计分析及读者统计分析(见图 3 - 28)。

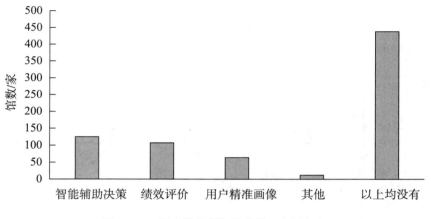

图 3 - 28　图书馆数据智能化管理应用方向

六、人才培养和业务培训

有 68 家图书馆已经开展了与人工智能应用相关的人才培养和业务培训,占比 10.59%;有 248 家图书馆有计划开展相关的人才培养和业务培训,占比 38.63%;326 家图书馆暂时没有此类计划,占比 50.78%。在已经开展相关人才培养和业务培训的 68 家图书馆中,省馆有 7 家,在 33 家省级图书馆中占比 21.21%;副省级馆有 4 家,在 12 家副省级图书馆中占比 33.33%;地市级图书馆有 16 家,在 165 家地市级图书馆中占比 9.70%;区县级图书馆有 41 家,在 432 家区县级图书馆中占比 9.49%(见图 3 - 29 及图 3 - 30)。由调研结果可知,目前国内公共图书馆开展与人工智能应用相关的人才培养和业务培训主要集中在省级、副省级图书馆。这与该级别图书馆统筹开展本区域内人才队伍建设工作的职能定位相符合。

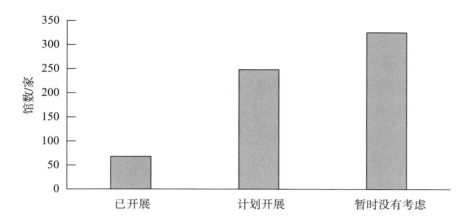

图 3 - 29　图书馆开展与人工智能应用相关的人才培养和业务培训情况

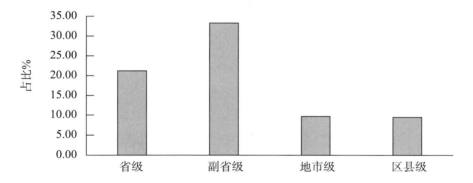

图 3 - 30　各级图书馆已开展与人工智能应用相关人才培养和业务培训的馆数占比

　　在已开展及计划开展与人工智能应用相关的人才培养和业务培训的 316 家图书馆中,其培养和培训的内容主要集中在服务推广,共有 258 家图书馆开展了此类主题的培训,占比 81.65%;开展系统平台、资源建设相关的培养和培训的图书馆数量相当,分别有 223 家、221 家图书馆开展,占比分别为 70.57%、69.94%;开展标准规范相关的培养和培训的图书馆数量最少,共有 177 家图书馆开展,占比 56.01%;还有 13 家图书馆选择其他,占比 4.11%(见图 3 -31)。在人才培养和业务培训的主要形式上,大部分图书馆采取线上、线下培训形式,次之是参观交流及合作培训,还有个别图书馆采取跟班学习的研修形式(见图3-32)。

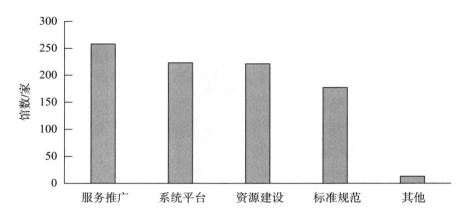

图3-31　图书馆已开展与人工智能应用相关人才培养和业务培训的主要内容

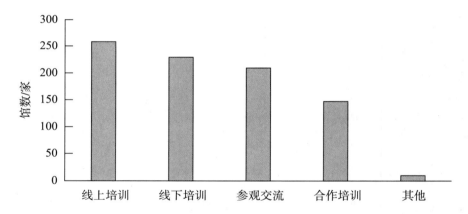

图3-32　图书馆已开展与人工智能应用相关人才培养和业务培训的主要形式

七、标准规范

在标准规范建设方面,仅有不到3成的图书馆制定了与人工智能应用相关的标准规范,其中有120家图书馆制定了服务标准,占比18.69%;112家图书馆制定了基础标准,占比17.45%;101家图书馆制定了业务标准,占比15.73%;71家图书馆制定了技术标准,占比11.06%;64家图书馆制定了资源标准,占比9.97%;还有2家图书馆选择其他,占比0.31%(见图3-33)。

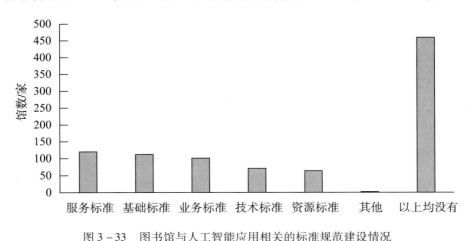

图3-33　图书馆与人工智能应用相关的标准规范建设情况

八、研究跟踪

在人工智能领域研究跟踪方面,仅有17家图书馆已经开展了与人工智能应用相关的研究追踪,占比2.65%;154家图书馆计划开展相关研究,占比23.99%;剩余471家图书馆暂时不考虑相关研究,占比73.36%(见图3-34)。在已开展研究的17家图书馆中省级图书馆最多,33家省馆中有3家图书馆已经开展,占比9.09%;副省级图书馆1家,在12家副省级馆中占比8.33%;地市级图书馆5家,在165家地市级馆中占比3.03%;区县级图书馆8家,在432家区县级馆中占比1.85%(见图3-35)。由此可见,国内公共图书馆对人工智能领域的研究跟踪尚未得到重视,亟待跟进。

在已开展或计划开展人工智能领域研究跟踪的171家图书馆中,研究内容主要集中在服务应用,共有144家图书馆开展了此类主题研究,占比84.21%;70家图书馆进行了标准规范研究跟踪,占比40.94%;59家图书馆开展了关键技术应用与研发主题内容的研究跟踪,占比34.5%;40家图书馆进行了营销推广方面的研究跟踪,占比23.39%。另有9家图书馆选择其他,占比 5. 26% (见图 3 - 36)。

部分图书馆的研究跟踪已经取得了阶段性成果。例如,深圳图书馆通过对标准规范的研究跟踪制定深圳市标准化指导性技术文件《公共图书馆统一服务技术平台应用规范》;广州市黄埔区图书馆通过研究跟踪认为掌静脉生物识别技术比人脸识别具有更好的安全性,初步规划建立全区读者用户掌静脉生物身份识别数据库。

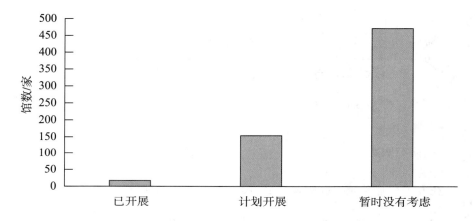

图 3 - 34   图书馆人工智能应用相关研究追踪情况

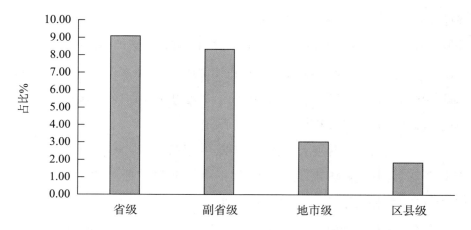

图 3 - 35   各级图书馆已开展人工智能应用相关研究跟踪的馆数占比

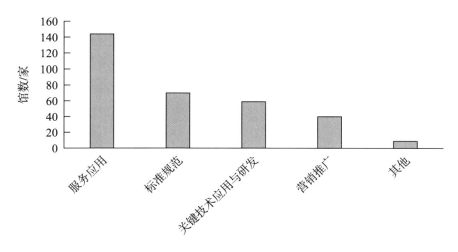

图 3 - 36　图书馆人工智能应用相关研究跟踪的主要内容

第三节　公共图书馆人工智能应用评价

本部分主要调研国内公共图书馆开展人工智能应用的总体评价,包含 2 道选择题和 2 道简答题,涉及受访者对本馆人工智能技术应用的总体评价、对本馆最具代表性的人工智能应用项目的简要介绍、应用人工智能技术面临的主要困境及需求建议等。

一、总体评价

关于受访者对其所在图书馆开展人工智能技术应用效果的总体评价,仅有 15 家图书馆受访者认为本馆人工智能应用处于业界领先水平,占比 2.34% ;241 家图书馆受访者认为本馆人工智能应用处于业界平均水平,占比 37.54% ;386 家图书馆受访者认为本馆人工智能应用有待改进,占比 60.12%(见图 3 - 37)。在不同级别图书馆中,省级、副省级图书馆对自身人工智能应

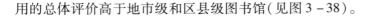

用的总体评价高于地市级和区县级图书馆(见图3-38)。

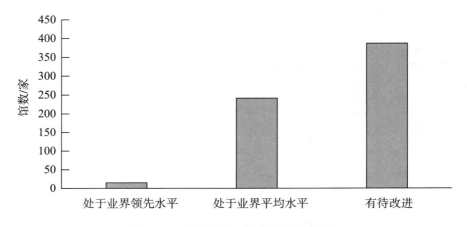

图3-37 图书馆人工智能应用总体评价

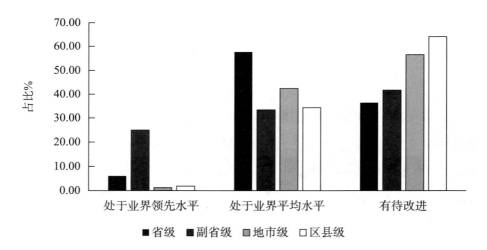

图3-38 各级图书馆人工智能应用总体评价占比情况

二、典型案例

关于图书馆开展人工智能应用的典型案例,最具代表性的有以下几类:

在设施和平台方面,深圳图书馆打造用于深圳"图书馆之城"统一服务的

"图书馆之城"中心管理系统（ULAS），实现联合采编，支持全市开展书目数据质量控制工作；构建大数据挖掘机制，为基于数据统计分析的管理与服务创新提供数据支撑。2019年，基于全城思维启动读者活动管理系统研发，将读者活动全面纳入信息化管理，进一步拓展智慧互联领域。为支持全市创新和智慧化发展，2015年启动 ULAS 开放接口（API）平台建设工作。上线当年，其调用量即超过330万次，其后每年同比增长均在100%以上。2019年以第二图书馆建设为契机，启动研发基于微服务架构、面向全场景的平台式图书馆系统（ULASV）。同时，以 ULASV 为核心建设"1 + 2 + 3 + N"的复合型智慧图书馆城市中心平台。基于数据中台，研发"图书馆之城"统一服务驾驶舱，汇集包括天气情况、进馆人数、网站访问量、各馆当日借还量、在馆文献量、外馆文献量、近一年借还量、馆际流动量，以及"图书馆之城"VPN（Virtual Private Network，虚拟专用网）实时流量等数据，深度体现"图书馆之城"各馆文献与服务的一体化和协同性，进一步提升智慧化、集约化管理能力。

在智能场馆与空间建设方面，清远市图书馆打造爱阅书坊智能书房，实现无人管理，支持人脸识别，集成人脸识别、指纹、社保卡、市民卡、粤读通借还办证服务；洛阳市图书馆于2019年建设图书馆 VR 导航，完成馆舍三维建模，实现360°实景展示；重庆市合川区图书馆结合本地旅游资源，于2019年完成合川区钓鱼城景区部分场景数字化和 VR 体验项目，让读者在图书馆就可以体验当地地标旅游项目；青岛市图书馆在本馆大厅人流密集场所放置全景青岛 VR 机器，全景展示青岛地标性建筑，读者可以随时观看。

在智能化服务方面，上海市嘉定区图书馆自主研发"嘉定图书馆馆内资源使用率预测系统"，通过自动采集影响馆内资源使用情况的各相关特征因素进行分析、学习，自主提供短期（3天内）逐小时馆内资源使用率的较精确预报。同时预测未来流通人次数据，帮助读者了解图书馆未来的人流量状况，从而引导读者规划出行，也能协助馆方提前进行更科学、更高效的人员岗位安排，提供高峰期预警；湖北省郧西县图书馆于2021年建成数据展示和阅读推荐系统,可以根据读者的年龄、性别等身份信息进行针对性的资源推荐。读者在借阅和归还图书时,系统会显示与该图书关联的纸质图书和电子图书,指引读者做进一步阅读;重庆市渝中区图书馆于 2019 年开始建设智能客服系统,集成微博、网站、微信公众号的读者问答,及时回复读者提问。

三、主要困境

在应用人工智能技术的主要困境方面,有 605 家图书馆选择经费不足,占比 94.24%;选择人员不足、经验不足的均有 488 家图书馆,占比均为 76.01%;453 家图书馆选择技术应用不足,占比 70.56%;352 家图书馆选择缺乏系统规划,占比 54.83%;351 家图书馆选择缺乏带动与引领,占比 54.67%;另有 24 家图书馆选择其他,占比 3.74%(见图 3-39)。

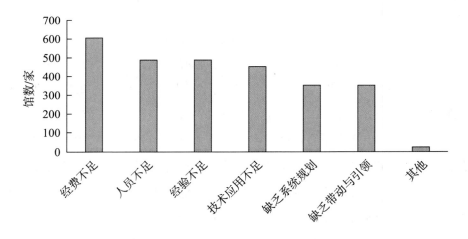

图 3-39 图书馆应用人工智能技术的主要困境

四、需求和建议

图书馆对开展人工智能技术应用的需求和建议主要集中在以下几个方面:一是加大经费投入力度,重点加大对基层地区、欠发达地区革命老区等地图书馆,开展人工智能技术应用的政策、经费、技术等方面扶持力度;二是出台与人工智能应用相关的政策文件,制定图书馆行业"智慧化""人工智能"相关中长期规划,以便各级图书馆开展相关工作有所依据;三是加强顶层设计,统筹开展建设,建议由国家图书馆、省级图书馆牵头制定统一标准,带动引领地市级和区县级馆开展人工智能技术应用,推动成果共享,减少重复建设;四是加强人才培训,广泛开展实地交流和业务研学,重点针对地市级和区县级图书馆开展人工智能技术应用人才培养和业务培训,加强基层图书馆人才队伍建设;五是广泛开展图书馆人工智能技术应用的宣传推广,提高当地政府部门及社会公众的重视程度。

第四节　国内公共图书馆人工智能应用特点

根据调研数据,我们全面、客观地了解了国内公共图书馆人工智能应用的整体情况,总结如下:

第一,国内大多数公共图书馆对人工智能技术应用持肯定态度,并且进行了卓有成效的实践,特别是省级、副省级图书馆的人工智能技术应用已经走在了前列,部分区县级馆也充分发挥自身优势开展项目建设,取得了良好的成效。我国公共图书馆人工智能应用在整体上有了显著提高。

第二,对关键核心技术的应用和转化能力直接制约着图书馆人工智能应用的突破。目前图书馆界应用的人工智能技术大部分还属于基础性的技术手段,在神经网络、深度学习、自主学习等前沿技术研究和成果转化方面还缺乏实践探索。虽然目前的技术应用能够满足图书馆的基础业务需求,但离智能化、智慧化图书馆还有一定差距。调研中也发现,国内公共图书馆开展人工智能项目主要依靠外包给第三方,这也在一定程度上说明图书馆自身在人工智能新技术研发与应用能力方面稍显不足。

第三，目前国内公共图书馆利用人工智能技术开展的具体建设项目主要集中在智能场馆和空间建设、智能化服务上，在网络和平台建设、资源建设、智能化管理等方面尚未普及。在项目建设水平方面，智能场馆与空间、智能化服务项目的建设和服务内容也主要集中在监控安防、智慧书房、自助借还等基础性领域，建设水平有待提高。此外，公共图书馆在人工智能技术和人工智能场景应用研究等方面还比较薄弱，仍有很大的提升空间。

第四，通过调研数据可以发现，不同级别公共图书馆的人工智能技术应用情况、发展程度相差较大。总体上看，省级、副省级图书馆的人工智能应用情况明显领先于地市级和区县级图书馆。区县级图书馆受所在地区经济发展、政策支持等因素的影响更为明显，也更需要全方位的带动和引领。

第五，目前国内公共图书馆与人工智能技术应用相关的保障措施还有待完善。例如，各级图书馆用于开展人工智能应用项目的经费投入还没有形成较大规模；大部分图书馆及其所在地区还没有制定与人工智能应用相关的政策规划和规章制度；与人工智能技术应用相关的人才队伍建设、标准规范建设、前沿追踪等方面均处于起步阶段，亟待跟进。未来国内公共图书馆还需要深化推进各项保障工作，以满足现阶段人工智能应用发展的实际需求。

第四章 基于移动互联网的数字图书馆
人工智能服务体系

在计算机和通信技术高速发展的背景下,数字图书馆的智能化、智慧化服务正在逐步从一个学术概念转化为现实。随着智慧理念的践行和智慧型社会的发展,国内外智慧图书馆建设已从理论探讨转向应用开发,我国的公共图书馆、高校图书馆、专业图书馆等已经开始了智能化、智慧化转型的理论和实践探索。一个智慧系统通常由感知、传输和计算(决策)三部分构成。因此,图书馆的智能化、智慧化服务主要涉及两个方面的内容:一是能够提供大量"无人"或"自助"服务,如阿里的无人超市;二是能够通过对用户需求的自动感知而提供精准、高质量的服务①。一方面要求图书馆应用智能化技术手段进一步提高管理水平和服务效率,为用户获取知识信息提供更加便捷高效的支持;另一方面突出强调图书馆应当立足人的智慧活动需求,主动提供更加专业、精准的知识信息服务。其核心在于广泛应用 5G、大数据、云计算、区块链等"技术智慧",大力提升知识组织、加工、存储、传播、服务等方面的"图书馆智慧",构建知识资源的全网立体集成体系,形成全域联通知识服务生态链条,以全面激活创新创造过程中"用户智慧",最终服务于智慧社会的建设与发展②。

本书通过梳理国内外图书馆界对人工智能技术的理论研究和实践应用情况可以看出,将人工智能技术与图书馆事业发展相融合开展的研究已经取得

---

① 刘炜,陈晨,张磊.5G 与智慧图书馆建设[J].中国图书馆学报,2019,45(5):42 – 50.

② 饶权.全国智慧图书馆体系:开启图书馆智慧化转型新篇章[J].中国图书馆学报, 2021,47(1):4 – 14.

了显著的成就,理论创新与实践应用有机结合、互为表里、互相检验,共同助力人工智能技术在图书馆的应用研究。但从总体上看,目前对图书馆人工智能的研究和应用还存在一些薄弱环节,面临一些矛盾和问题,亟待解决。构建并完善基于移动互联网的数字图书馆人工智能服务体系,需要解决这些矛盾和问题,引入中台就是一种思路。构建全链路的数据中台,打造共赢的业务中台,打破各系统相互独立的模式,以"十四五"信息化战略目标为导向,落实"一平台、多场景、微应用"信息化核心理念,构建一个可以重复利用、标准灵活、前瞻创新的智能平台。

第一节 图书馆人工智能服务的薄弱环节

一、移动互联网应用场景适配有待进一步研究和探索

目前,图书馆界对人工智能技术的理论研究和实践应用大部分还局限在传统的到馆读者服务,相关的人工智能设备也主要设置在实体场馆和空间开展服务,对远程读者服务的研究和应用比较少见,特别是对移动互联网环境下通过智能移动终端设备开展图书馆智能化服务应用的融合研究鲜有涉及,相关实践也相对不足。当前,移动互联网的快速发展和智能移动终端的普及,彻底改变了人们获取信息的方式,使随时随地获取信息成为常态。相较之下,进入图书馆实体空间的读者正在逐渐减少,实体服务的用户正在不断流失。随着 5G 网络的部署实施,其超高速、低延迟等特性,为万物互联、人工智能、大数据等技术的落地实施奠定了基础。因此,如何将人工智能技术在移动互联网环境下更好地融入图书馆的服务应用是图书馆亟须研究和探索的内容。

二、缺乏更为成熟的规模化及体系化整体建设思路

目前,图书馆界对人工智能技术的研究和应用为时尚短,还处于探索实践

阶段。以我国公共图书馆界为例,各级各地图书馆的人工智能应用基本处于各自为政、独立发展状态,相互之间鲜有沟通协调,更没有形成成熟的人工智能应用模式和体系框架。这容易出现许多图书馆一窝蜂上马及热门人工智能项目扎堆出现等情况[①],导致重复开发建设,效果参差不齐,甚至通过实践发现与本馆的实际需求并不相符,造成财力、人力和物力的严重浪费。此外,不同级别、不同地方公共图书馆特别是基层图书馆受所在地区经济、社会发展及政策支持等因素的影响,新技术研究与应用相对滞后,更需要全方面地带动和引领。因此,未来图书馆的人工智能创新应用需要充分发挥行业内的典型优势,最大限度实现合作共赢,构建起全国图书馆人工智能服务体系,为各级各类图书馆的人工智能服务提供理论支持和实践参考,实现人工智能在业界的广泛适用性,推动图书馆可持续、高质量发展。

三、技术赋能和实践需求的结合不够紧密

人工智能技术的运用具有基础性和全局性的特点,自 2010 年以来,在公共文化领域更主要赋能于文化服务场景,直接在一定程度上提升了公共文化机构的服务效能,不仅通过技术升级拓展服务范围、提升服务质量,也通过技术创新供给新兴公共文化产品。技术应用程度与效果已成为公共文化服务绩效评估的重要部分。人工智能技术的广泛应用推动着图书馆向智能化、智慧化不断迈进,也形成了图书馆新业态。然而,目前的研究和应用大部分还局限在图书馆简单的传统业务的智能化。同时还存在着过分夸大人工智能技术在图书馆发展中扮演的角色作用,盲目引进新技术、新设备等情况,造成图书馆建设方向严重偏离其核心职能。在未来的发展中,要更加谨慎地审视图书馆与人工智能技术的适度融合问题。一方面避免简单"移植",从重塑图书馆传

---

① 王立国,贾闯,李鑫.公共图书馆人工智能应用热潮下的冷思考[J].图书馆学刊,2022(6):1-5,11.

统服务架构的高度进行系统评估,考量某项人工智能技术是否能够提升图书馆的整体价值。另一方面要破除"唯技术论"。图书馆应用人工智能技术的初衷在于满足用户需求,因此应当将以人为本作为核心原则,时刻牢记应用人工智能技术的终极目标是借助技术手段优化、创新服务内容和模式,提升整体服务水平。同时需要立足本馆、本地区、目标用户的实际情况,推动人工智能技术应用与本地图书馆中长期发展水平有效匹配。

四、数据保护与人工智能技术应用安全性问题的关注度有待加强

人工智能技术应用既可以推动图书馆高速发展和智慧转型,也会产生更多样、更复杂的数据安全和技术安全问题。例如,图书馆在开展智能化服务过程中如何有效保护用户隐私;图书馆应用人工智能技术产生的大量数据如何保证其安全性;人工智能技术应用需要依赖网络,用户使用图书馆的人工智能服务也需要接入网络,如何防范网络、系统被攻击和侵入;在信息资源生产、共享和服务过程中如何保护知识产权。这些问题直接影响着图书馆人工智能技术应用创新的发展速度和方向。应加快完善人工智能应用领域安全评估机制,尤其针对一些目前已经普及应用的领域,如安防监控、人脸支付等,最好能在部署实际应用前,组织相关专家对其进行安全评估,重点评估存在的安全漏洞、遭受攻击的可能性、攻击的影响程度等;应用部署后,也可定期由相关专家人员进行再评估,保障应用始终安全。在制定可靠的防控预案并全面落实、有效预防和降低安全漏洞攻击所造成的危害等多方面,图书馆界还需要展开深度研究和思考。

总而言之,在新阶段我国图书馆事业高质量发展的大背景下,图书馆人工智能研究和应用应逐渐聚焦主要矛盾和问题,关注发展方式变革,只有这样才能真正推动我国图书馆人工智能应用变革。

第二节　移动互联网环境下数字图书馆人工智能服务的特点

在梳理图书馆人工智能服务现存的矛盾问题和薄弱环节之后,研究移动互联网环境下数字图书馆人工智能服务体系还需要明确新形势下数字图书馆人工智能服务的特点。基于智慧图书馆的发展需要,我们认为智能时代移动互联网环境下数字图书馆人工智能服务应具有以下特征。

一、服务的动态化

在网络空间逐步从互联网向由互联网、物联网、移动互联网等系统平台构成的泛在化网络空间转化的背景下,用户的需求已呈现出复杂化、多元化、动态化、综合化的特点,已渐渐形成多源异构多模态数据的信息综合体。服务的动态化已成为智能时代移动互联网环境下数字图书馆人工智能服务实施创新的基本保障。因此,其服务方式也应随之转变,应以物理世界、信息空间、人类社会三元世界所构成的融合系统为研究对象,紧密结合用户需求的特点,通过各种途径识别泛在网络环境中与用户需求相关的用户特征数据、情境数据、用户关系数据等多来源数据信息采集的关键链路和节点,构建与需求智能匹配的关联接口,以实现对与用户需求相关信息的有效捕获、萃取和组织,动态满足不同群体在不同场景下的个性化需求。动态知识库的构建,是对馆内资源进行科学组织和深度标引,结合用户的情境数据和数字足迹,运用情景分析、人工智能、数字挖掘、领域建模等方法,在对用户兴趣分析和隐性需求挖掘的基础上,为用户动态、精准推送知识化产品和有效服务[①]。

---

① 宋甲丽,赵义纯.大数据时代高校图书馆智慧服务 5W 模式构建[J].大学图书情报学刊,2021(3):32-37.

二、服务的多元化

多元化用户体验需要人类平衡使用感觉器官。随着人工智能、VR、AR 等技术的飞速发展,新一代智慧型读者更加注重综合性的体验,将人工智能、VR、AR 等技术引入应用程序中,将实现服务体验的多元化。例如,运用全息技术、可视化等技术,可实现将抽象的数据信息转化为易于理解、便于观察的图解形式,通过为读者提供与信息相关的全息可视图,丰富知识表达,增强读者的理解力和创造力;运用读者行为描述、知识发现、智能代理等技术,对读者浏览、关注、评论和观看时长等操作以及读者个人信息进行分析,基于读者偏好创建智能化的资源终端并动态定制读者专属的个性化界面,让读者可以仅通过主题检索便可随时、随地、随身得到自己所需的信息资源,实现读者与资源的精准链接;通过 VR、AR 等技术,实现全景导航,以及馆藏实体图书的虚拟阅读,优化资源提供方式,为读者是否到馆借书提供参考。

三、服务的智能化

通过新一代智能算法、智能工具的广泛融合应用,移动互联网环境下数字图书馆人工智能服务应在服务模式上不断创新,服务内容上不断丰富,为用户提供更多的基于个性化、场景化的服务,有效提高用户体验,促进服务向智慧化演进。在服务模式方面,利用推演算法,可以实现针对已生成的知识仓储、知识图谱等知识来源信息进行有效的提炼、推理、统计,以形成面向用户个体,符合用户需要的知识产品,为用户提供面向解决方案的服务;基于已获取的情境数据,利用分类、回归等算法,可以深度挖掘用户的行为规律和个人偏好,为用户提供与其所处情境高度契合的个性化推荐服务;利用知识图谱、深度学习、自然语言处理等技术,可以实现用户需求概念与知识元间的映射,进而以自然语言的形式为用户提供基于知识单元、知识集群等不同层级的知识服务;利用云计算等技术,可以实现用户在不同设备上的操作数据的共享与无缝对接,为用户提供跨越不同设备的智能服务。在内容上,通过对图像、音频、视频等不同模态信息特征的提取、识别,可以最大限度地挖掘不同媒体间的语义关联;通过不同媒体间内容的互补和交互表达,可以使不同媒体间的资源产生协同效应;通过智能推理和重构,实现跨媒体信息模型的构建,以突破当前系统仅能基于内容特征相似性实现单一媒体服务的瓶颈,为用户提供基于语义相关性的跨媒体信息服务。

四、服务的融合化

移动互联网将移动通信技术与互联网的技术、平台、模式和应用结合起来,成为一个有机整体。在移动互联网环境下,融合已经成为图书馆发展的主要形态。智能时代,移动互联网环境下数字图书馆人工智能服务融合发展的趋势愈加明显并不断深化。融合的核心在于数据贯通,利用融合技术对图书馆馆藏知识内容、各类终端设备数据、智慧服务空间数据、线上线下智慧活动数据进行筛选、过滤,以去除内容信息的不确定性,通过多模态数据的融合算法实现内容和特征的聚类,将同一信息资源的不同维度、不同来源、不同层次的数据信息进行聚合,通过对多源数据信息和知识的重组和融汇形成符合用户需求的知识产品。其实现基础是引入多源综合理念[①],借助大规模知识图谱、知识仓储以及关联信息挖掘等技术,探索在不同的情境下,不同社会关系用户与不同粒度信息对象间的关联关系,构建面向用户真实需求的跨越载体单元,深入资源内容的数据对象及其关联关系模型和大规模的语义网络图,以实现对图书馆所包含各类数据对象间关联信息的有效组织与存储,为海量数据环境下消除语义歧义、满足不同用户的多情境动态信息需求提供支撑。

---

① 信东,盛绍静,蒋婷婷,等. 从知识图谱到数据中台:华谱系统[J]. 自动化学报,2020(10):2045-2059.

第三节　基于移动互联网的数字图书馆人工智能服务体系框架

基于上述对图书馆现有人工智能服务存在的问题及移动互联网环境下数字图书馆人工智能服务特点的分析,本书认为,移动互联网环境下数字图书馆人工智能服务体系应当由基础层、数据层、管理层和服务层构成,如图 4－1所示。

一、基础层

基础层主要包括5G 技术、物联网等新一代信息技术,以及基于图书馆员的人类智能和基于图书馆组织机构的组织智能。其贯穿于整个移动互联网环境下数字图书馆人工智能服务体系,为各类前端服务提供强有力的技术支撑。其通过将人的智慧和物的智能有机融合,保证整个智能服务体系的可持续发展。

二、数据层

数据层主要包括数据物理管理、数据逻辑管理、数据资产管理几个部分。其中数据物理管理主要涉及对文献资源、业务数据、管理数据、用户数据、科研资源等内部和外部的非结构化、半结构化和结构化数据资源的采集、汇聚、存储、索引和检索,可根据数据来源和数据特点集成多样化的数据采集模式和方法,依托大数据分布式存储和计算为上层数据逻辑管理提供底层的数据支撑。

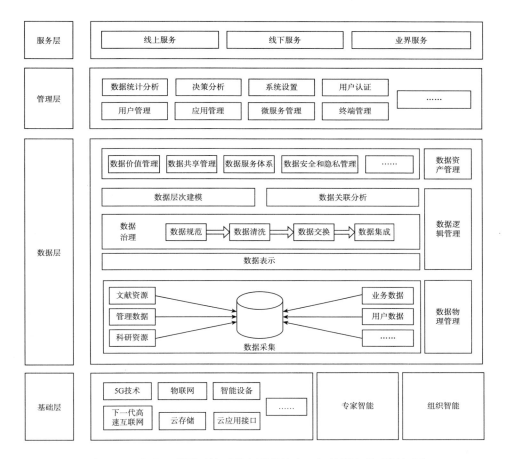

图 4 - 1 移动互联网环境下数字图书馆人工智能服务体系框架图

数据逻辑管理是移动互联网环境下数字图书馆人工智能服务体系的主战场,是数据产生的核心环节,通过数据采集得到的数据一般以最原始的状态堆积而成,而数据逻辑管理通过将知识图谱技术、专家智能、组织智能等技术融入数据表示、数据治理等部分,可实现将数据转化为资产,协调逻辑管理的整个流程。其中数据表示是利用人工智能等现代信息技术将组织智能和人类智能融合到互联网环境下数字图书馆人工智能服务体系的数据建设中,实现基于本体的细粒度划分和构建基于移动数据的知识图谱建设。

数据治理主要包括数据规范、数据清洗、数据交换、数据集成等,是将整个移动互联网环境下数字图书馆人工智能服务体系的数据作为战略资产来管理,其是从数据收集到处理应用的一套管理机制,依托数据挖掘、关联分析与计算、自然语言处理等技术提高数据质量,实现广泛数据共享和数据价值的最大化。

数据资产管理主要包括数据和数据服务的价值管理、数据共享管理、数据服务体系等,其由一系列的资产管理和用户关系管理算法支撑,通过算法间的相互调用满足前端个性化的用户需求。数据安全和隐私管理主要通过用户权限管理和应用权限管理实现数据的安全和隐私保护。

三、管理层

管理层负责整个架构内各个应用单元的管理,如数据统计分析、决策分析、系统设置、用户认证、用户管理、应用管理、终端管理,等等。其中微服务管理平台是整个移动互联网环境下数字图书馆人工智能服务体系的神经中枢,所有的微应用都在微服务管理平台上统一管理。

四、服务层

服务层处于移动互联网环境下数字图书馆人工智能服务体系的最顶层,是基础层、数据层、管理层所有工作的前端呈现,决定着数字图书馆人工智能服务的质量和成效。在移动互联网环境下,数字图书馆的人工智能服务从空间和渠道上划分,可以分为线上服务和线下服务,它们均为面向用户开展的服务。从对象上划分,还应当包括业界服务。

在以上人工智能服务体系框架支撑下,数字图书馆应当利用移动互联网和移动终端的优势,深度挖掘图书馆馆藏资源并将资源进行有效的处理,使之具备泛在化、多模态、知识化、场景化和关联性等智能化资源的特征,深度结合图书馆的服务与业务开展线上、线下及业界服务,在读者服务需求牵引下,依托先进的运行管理机制和标准规范体系,构建基于移动网络的数字图书馆人工智能服务新型模式。这个模式重点包含基础设施建设、资源建设、智能化服务、运行管理、标准规范建设等几个方面。后续章节将依次展开论述。

第五章　基于移动互联网的数字图书馆
智能化基础设施建设

移动互联网环境下数字图书馆人工智能服务体系框架中的基础层主要涉及基础设施建设。基础设施建设是图书馆开展人工智能服务创新,推动图书馆智能化、智慧化建设最重要的一环,为各类前端服务提供强有力的技术支撑。在基础设施建设中,网络基础设施和终端配置是其中的重中之重,是图书馆智能服务的第一和直接的动力。移动互联网环境下图书馆开展的一切人工智能应用和智慧化服务,都依赖于网络技术和移动终端设备。而新一代网络技术的普及和飞跃、智能移动终端设备的快速发展将推动各类应用不断取得突破性进展,让过去无法想象的智慧应用场景成为现实①。本章重点阐述新一代通信网络的核心技术及智能移动终端的典型应用,分析其对图书馆人工智能服务创新的价值,并据此提出未来数字图书馆的网络基础设施和智能终端设备建设策略。

第一节　基于移动互联网的数字图书馆网络技术

一、新型网络技术的典型代表

移动互联网的接入方式包括蜂窝移动网络(如 3G、4G、5G)、无线个域网

---

① 傅洛伊,王新兵. 移动互联网导论[M]. 4 版. 北京:清华大学出版社,2022:321 – 331.

（Wireless Personal Area Network，WPAN，如蓝牙、红外、RFID 等技术）、无线局域网（Wireless Local Area Network，WLAN）、无线城域网（Wireless Metropolitan Area Network，WMAN）和卫星通信网络①。其中最具代表性的是蜂窝移动网络和无线局域网。本部分重点阐述新一代移动通信网络中二者的核心技术，分析其对图书馆人工智能服务创新的价值。

1.5G 技术的定义、特点和应用场景

5G 技术即第五代移动通信技术（5th Generation Mobile Communication Technology，5G），是对前几代通信技术的延伸与发展，是一种高度集成的网络新范式②。5G 的性能目标是高数据传输速率、减少延迟、节省能源、降低成本、提高系统容量和大规模设备连接。5G 与移动互联网、人工智能、物联网等联系紧密，是实现人机物互联的网络基础设施，使万物互联成为可能。

4G 移动通信技术与 2G 或 3G 通信技术相比，具有更强的抗干扰能力、更好的兼容性以及更快的传播速率③，在很长一段时期内给人们的生活、生产带来了极大便利。5G 移动通信技术是在 4G 移动通信技术的基础上的进一步延伸，将通信对象从传统的人与人变更为人与物、物与物。相较于 4G，5G 在用户体验速率、连接数密度、流量密度和能效等 4 个关键指标上实现突破。5G 将满足 20Gb/s 的光纤接入速率，毫秒级时延的业务体验、千亿设备的连接能力、超高流量密度和连接数密度及百倍网络能效提升等极致指标④。5G 具有以下特点：一是高速度。5G 网络的数据传输速度高达 1Gb/s，最快可达 10Gb/s，速度单位已不再以 Mb 计算，下载一部超高清电影只需要几秒⑤。二是低时延。4G 网

①②　姚雪梅."5G + AI"技术驱动下的图书馆智能空间再造与服务研究[J].图书馆，2021（6）：105 - 110.

③　高均立.4G 移动通信技术与安全问题研究[J].企业科技与发展，2019（3）：99 - 100.

④　傅洛伊,王新兵.移动互联网导论[M].4 版.北京:清华大学出版社,2022:49 - 51.

⑤　项立刚.5G 时代:什么是 5G,它将如何改变世界[M].北京:中国人民大学出版社,2019:98 - 112.

络的网络延迟时间约为 50 毫秒,而 5G 网络的延迟时间将低于 1 毫秒①。三是大接入。5G 的通信容量更高,每平方公里可联网设备的数量高达 100 万个,比 4G 提升了 10 倍②。四是泛在化。5G 时代,只要是人类涉足的地方都能够实现网络覆盖,4G 时代网络质量欠佳的狭小、地下等纵深空间也能够获得高品质的上网体验。

2019 年 6 月,5G 商用牌照的正式发放,标志着中国自此正式进入 5G 时代。随着 5G 网络的部署实施,其超高速、低时延等特性,将为万物互联、人工智能、大数据等技术的落地实施提供基础。国际电信联盟(International Telecommunication Union,ITU)定义了 5G 的三大类应用场景:增强移动宽带业务(Enhanced Mobile Broadband,eMBB)、超高可靠低时延通信(Ultra-Reliable and Low Latency Communication,URLLC)和海量机器类通信(Massive Machine Type Communication,mMTC)。赛迪智库发布的《5G 十大细分应用场景研究报告》以此为基础,同时结合当前 5G 应用的实际情况和未来发展趋势,将 5G 的应用场景细分为 VR/AR、超高清视频、车联网、联网无人机、远程医疗、智慧电力、智能工厂、智能安防、个人 AI 助理及智慧园区等十大方面③。

2. Wi-Fi 6 技术的定义、特点和应用场景

在 5G 移动通信技术商用之前,Wi-Fi 联盟已于 2018 年 10 月正式确立802.11ax 标准,并将其命名为 Wi-Fi 6。Wi-Fi 6 基于 IEEE802.11ax 协议,是一种高效率无线标准,也是一项无线局域网标准④。Wi-Fi 6 同样也可以理解为第六代无线网络技术,是无线局域网 (WLAN)技术的下一代发展方向。与上一代 Wi-Fi 5 相比,Wi-Fi 6 具有"两高两低"四个特点:一是高速度。Wi-Fi 6

---

① 张豪诚,丁一波. 5G 移动通信的特点及应用[J]. 数字通信世界,2019(5):40,189.

②③ 赛迪:《5G 十大细分应用场景研究报告》[EB/OL]. [2022 - 10 - 21]. https:// www. sohu. com/a/332037435_100252726.

④ 刘文娜,王强. 浅谈 WiFi 6 + 5G 技术在家庭组网中的应用[J]. 中国有线电视,2020 (11):1288 - 1292.

的最大传输速率可以达到 9.6Gb/s，比 Wi-Fi 5 提升了近 3 倍。二是高容量。Wi-Fi 6 采用智能分频，多台设备并发连接，提升多用户场景下的网络体验，并且不容易卡顿。三是低时延。Wi-Fi 6 时延比 Wi-Fi 5 降低 2/3，大幅减少排队等待时长。四是低功耗。Wi-Fi 6 引入 Target Wake Time（TWT，目标唤醒时间）技术，允许设备与无线路由器之间主动规划通信时间，减少无线网络天线使用及信号搜索时间，能够在一定程度上减少电量消耗，提升设备续航时间①。

在应用场景方面，Wi-Fi 6 与 Wi-Fi 5 类似，主要应用于家用互联网宽带接入，企业、场馆等室内热点区域接入，同时进一步扩展至公众接入和室外环境接入。主要应用场景分为高密集场景和高吞吐场景两类。高密集场景是指接入点和终端设备高度密集的复杂环境，如室内无线办公、电子教室、室内外大型公共场所等。高吞吐场景是指对吞吐量要求较高的应用场景，如 4K/8K/VR 等大带宽视频承载、车载娱乐、远程医疗、场馆活动直播等②。

3.5G 和 Wi-Fi 6 对比

5G 和 Wi-Fi 6 均是新一代网络技术，同样具有高速度、低时延、大容量等优势，甚至在使用的某些技术上也存在重叠。但二者之间依然存在显著不同。5G 是一种广域网技术，专为蜂窝数据、边缘计算、物联网应用和其他非内部连接而设计，在移动性上具有显著优势，主要应用于户外空间，且在室外高速场景下的优势较为突出。Wi-Fi 6 作为无线局域网技术，主要应用于办公室、家庭、会议中心或其他拥挤的公共场所中的室内无线终端上网③，在室内环境中应用则更为经济实用。此外，5G 系统复杂，部署难度高，建设成本高。而Wi-Fi 6 系统简单，部署灵活，结构变更操作易行，组网成本低廉。因此，未来

---

① 5G 与 WiFi6 的竞技，WiFi6 有何优势［EB/OL］.［2024-08-08］. https://www.ztx-un.com/portal/article/index/id/107/cid/5.html.

② 彭程,高宏. Wi-Fi 6 技术与发展研究［J］. 通信世界,2021（12）:12-14.

③ 5G 已经来了,Wi-Fi 6 还会远吗［J］. 电脑知识与技术（经验技巧）,2019（5）:89-90.

二者应当相互补充、相互配合,针对不同的应用场景,根据用户的具体需求、耗费的建设成本以及不同的终端类型等因素,综合构建适用完善的移动互联网环境。

二、新型网络技术在数字图书馆人工智能服务中的应用

1.5G 和 Wi-Fi 6 对图书馆人工智能服务的价值

图书馆的人工智能服务系统由感知、传输和计算三部分组成。5G 和 Wi-Fi 6 作为新一代移动互联网的基础性技术,凭借其高速度、低时延、大容量、稳定可靠等优势,能够极大地促进人机物互联互通,进而将传感网、物联网和知识网相互连接,将图书馆服务及人工智能应用过程中产生的海量数据进行传输,并开展分析决策,提供感知、定位、识别、导航、推送等各类智慧化服务[1]。相较于前几代网络技术,5G 和 Wi-Fi 6 能够提供更快的响应速率、更多元化的智能应用场景,以及更丰富直观的知识内容[2],为图书馆人工智能服务带来跨越性进步,并形成规模化发展[3]。

2.5G 和 Wi-Fi 6 在图书馆人工智能服务中的应用场景

结合 5G 和 Wi-Fi 6 技术的优势和常规应用场景,其在图书馆人工智能服务中的应用场景主要分为以下几类。

一是大流量多媒体应用,即利用 5G 和 Wi-Fi 6 的超高速度和超大容量优势,实现大规模读者智能设备的快速、稳定接入,提供更好的上网体验。同时开展高清视频、网络直播、云课堂、虚拟现实体验、线上展览和会议等占用较大带宽的活动。

---

① 刘炜,陈晨,张磊.5G 与智慧图书馆建设[J].中国图书馆学报,2019(5):42 – 50.

② 高均立.4G 移动通信技术与安全问题研究[J].企业科技与发展,2019(3):99 – 100.

③ 林伟,郭琳.Wi-Fi 6 技术在公共图书馆的应用场景研究[J].福建图书馆学刊,2021(3):43 – 47.

二是与物联网联动,利用 5G 和 Wi-Fi 6 低功耗、海量接入等优势及时、有效传输传感器、射频设备等产生的相关信息并进行数据处理,实现人与机器的有机协同和深度合作,推动图书馆空间服务实现转型升级,开展智能场馆、智慧书房、智能安防等应用。

三是利用 5G 和 Wi-Fi 6 的低延时、稳定可靠等特点开展定位导航、智能借还、机器人服务。借助网络技术采集用户行为数据,描绘用户画像,进而开展个性化推荐服务。

四是借助 5G 和 Wi-Fi 6 云端存储、高速访问和网络协同等功能,实现图书馆多终端、多媒体、多渠道反馈相结合的资源服务体验①。

三、基于移动互联网的数字图书馆新型网络建设

通过以上论述可知,建立高速稳定、安全可靠的网络传输体系是移动互联网环境下数字图书馆开展人工智能服务创新、推动智慧图书馆建设的必备之举。数字图书馆在开展新型网络建设过程中可以重点从以下几个方面进行突破。

1. 构建科学合理的网络体系

充分挖掘 5G 和 Wi-Fi 6 技术各自的特点和优势,结合不同的应用场景搭建适合本馆的网络体系。积极响应新时代国家通信发展战略,紧跟 5G 网络建设步伐,并将最新成果应用于数字图书馆基础设施建设。同时利用 Wi-Fi 6 技术低成本、易部署、大带宽等特点,将其作为 5G 网络的有效补充。二者有机结合、优势互补,共同构建新一代网络体系。

2. 不断创新应用场景

目前,图书馆利用 5G 和 Wi-Fi 6 等新型网络开展的人工智能应用大部分

---

① 李金阳.技术赋能、信息增能和知识汇能:智慧图书馆新技术融合发展展望[J].山东图书馆学刊,2022(4):7-11.

仍是对上一代网络应用的延伸和发展,还处于弱人工智能应用阶段,只是在传输速率、接入能力、时延控制和可靠性等方面得到明显改善。随着 5G 和 Wi-Fi 6 等新型网络逐步覆盖并建成完备的网络体系,应不断探索全新的应用场景,为用户提供更智慧、更精准、更深层次的知识服务。

3. 提高新型通信网络技术和设施覆盖率

近年来,国内各大图书馆都致力于提高网络速度,引进先进的技术和设备,部署 5G 和 Wi-Fi 6 等新型网络的图书馆数量逐渐增多。但根据本书开展的调研分析,我国公共图书馆在 5G 和 Wi-Fi 6 等新型网络建设方面依然处于起步阶段,已部署 5G 或 Wi-Fi 6 等新型网络的公共图书馆占比仅为 13.71%,且多为副省级以上图书馆。绝大多数地市级、区县级图书馆尚未部署 5G 和 Wi-Fi 6 等新型网络。国家图书馆,省、自治区、直辖市的省级图书馆、地市级图书馆等在区域内发挥引领带动作用的图书馆应积极推动 5G 和 Wi-Fi 6 等新型网络技术和设施在全国各级各类图书馆中部署落地,进一步提高公共图书馆 5G 和 Wi-Fi 6 等新型网络技术和设施的覆盖率,提升全国图书馆的信息化传输能力,为开展人工智能应用创新和图书馆智慧服务提供基础支撑。

第二节 基于移动互联网的数字图书馆智能终端

移动互联网终端设备是指采取无线通信技术接入移动互联网的终端设备,其主要功能是移动上网。随着移动互联网的普及和人工智能技术的发展,移动终端设备正在向着智能化快速演进。图书馆的智能化、智慧化服务依赖各种智能化移动终端设备开展。因此,本部分在梳理移动终端设备及其在图书馆的应用场景的基础上,论述未来数字图书馆智能化终端建设的重要着力点。

一、智能移动终端设备及其特点

移动终端设备的形态多种多样，主要包括手机、平板电脑、笔记本电脑、可穿戴设备、车载设备、物联网终端等。移动互联网终端设备从总体上可以分为功能型终端设备和智能型终端设备两类。

功能型终端设备通常采用封闭式的操作系统，主要功能已经固化，可供用户配置和扩展的部分很少。智能型终端设备具备开放的操作系统，支持应用程序的灵活开发、安装及运行。在移动互联网时代，智能型终端设备将逐步取代功能型终端设备占据移动终端市场的主导地位，并成为人们生活中不可或缺的重要工具。

与传统的功能型终端设备相比，智能型终端设备具有更加强大的计算和信息处理能力，信息存储功能更为强大，具有各种丰富的、易于实现人机交互的外设资源，能够为人们提供便捷的、灵活的、包罗万象的网络应用功能[①]。

二、智能移动终端设备在数字图书馆人工智能服务中的应用场景

1. 网络接入与基础性服务

为用户提供网络接入和智能化服务需要依靠智能手机及平板电脑、笔记本电脑等便携式计算机。智能手机具有独立的操作系统，可以由用户自行安装各类软件、游戏等第三方服务商开发的程序，并可以通过移动通信网络实现无线网络接入。除了具备传统手机的所有功能外，智能手机的功能可以根据用户需求不断扩展，已成为目前应用最广泛的移动终端。平板电脑、上网本、笔记本电脑均为小型、方便携带的个人计算机，可以在移动状态下为用户提供便捷的获取信息、操作处理等功能。此类基础性智能移动终端设备是用户在移动状态下，通过线上、线下等渠道获取图书馆资源和服务的主要工具。在终

---

① 杨光.移动互联网技术与应用［M］.北京:机械工业出版社,2022:1 – 31.

端设备广泛普及的背景下,此类基础性智能移动终端设备在大部分情况下由用户自备,图书馆也可提供一些设备供读者使用。

除了基础性智能移动终端设备,近年来快速兴起的智能化穿戴设备也能作为图书馆为用户提供服务的工具。智能穿戴设备包括手表、手环、眼镜、服饰等多个种类,借助穿戴式技术可以让人们更方便、直观地感知、处理外部与自身的信息并实现无缝交流。目前,已有图书馆借助可穿戴设备为读者提供服务,例如通过智能手环感知到馆读者,通过对读者兴趣偏好的分析挖掘向读者推送资源与服务。

2. 沉浸式阅读体验

图书馆的沉浸式阅读体验主要依靠虚拟现实、增强现实、混合现实等智能终端设备实现。虚拟现实技术(VR)集计算机、电子信息、仿真技术于一体,是指完全沉浸式的数字化体验。目前的 VR 设备主要有 VR 眼镜、VR 头盔、VR 体感设备等。增强现实技术(AR)是一种将虚拟信息与真实信息巧妙融合的技术,广泛应用了多媒体、三维建模、智能交互、传感等多种技术手段,将计算机生成的文字、图像、三维模型、音乐、视频等虚拟信息模拟仿真后,应用到真实世界中,两种信息互为补充,从而实现对真实世界的"增强"。AR 设备的表现形式通常为具有一定透明度的眼镜,同时还集成了影像投射原件①。混合现实(Mixed Reality,MR)是指真实与虚拟相互交织的数字化体验,用户既能看到真实世界,也能看到虚拟物体,整个环境亦真亦假,从而产生隔空互动的效果。增强现实设备主要包括 MR 眼镜等。

3. 智能场馆与服务

图书馆开展智能场馆建设和智能化服务主要依靠物联网终端设备。物联网终端设备是一种连接传感网络层和传输网络层,能够实现数据采集和网络传输等功能的设备。物联网终端设备基本由外部传感接口、中央处理器模块

---

① 杨光.移动互联网技术与应用[M].北京:机械工业出版社,2022:1-31.

和外部通信接口三个部分组成,通过外部传感接口与传感设备连接,如 RFID
读卡器、红外感应器、环境传感器等,将这些传感设备的数据进行读取并通过
中央处理器模块处理后,按照网络协议,通过外部通信接口,以 Wi-Fi、4G/5G
等方式发送到指定的中心处理平台①。

三、基于移动互联网的数字图书馆智能移动终端设备建设

基于对移动互联网环境下的移动终端设备及其特点的梳理,以及移动终
端设备在图书馆人工智能服务中的应用场景分析,本书认为,未来数字图书馆
在智能化终端建设方面应当重点开展以下几个方面工作。

(1)构建基于 RFID、物联网传感器应用、GPS 导航识别、iBeacon 精准定位
等技术应用的感知体系,推进智能场馆、智慧书房、智能座席等建设,促进图书
馆设施设备的智慧化升级。

(2)基于物联网终端设备部署机器人导览、无感借还、智能参考咨询、个性
化推荐等智慧服务系统,提高智能化、智慧化服务水平。

(3)引进虚拟现实、增强现实、混合现实等智能终端设备,打造阅读体验
墙、沉浸式交互体验区、虚拟漫游导航、文化地图等服务。

---

① 杨光.移动互联网技术与应用[M].北京:机械工业出版社,2022:1-31.

第六章　基于移动互联网的数字图书馆智能化资源建设与服务

　　无论是古代的藏书楼,还是传统的实体图书馆,再到现在的数字图书馆、智慧图书馆,资源建设都是图书馆业务工作的核心内容,是为用户提供服务的基础和前提。随着移动互联网的发展和社会文明的进步,大众的科学素养和信息素养正在逐步提高,知识已经成为最基本的经济资源,知识创新成为引领经济发展的关键动力。图书馆是社会的知识中心,知识资源建设与服务是图书馆服务工作的重中之重。然而,目前图书馆虽然具有一定规模的知识资源,但是对其利用大都局限于资源外部特征或载体,没有真正深入资源的内容和知识层面,不能从海量的资源之间发现深层次关联,无法将有价值的信息转化为知识,进而实现知识生产、知识创造和知识应用服务。

　　当前,数字图书馆正在向着智能化、智慧化转型,这也就意味着图书馆需要对资源进行智能化、智慧化转型,提供更多的智能化、智慧化资源。因此,图书馆对其馆藏资源进一步进行知识化是势在必行的,知识化能够使资源得到充分利用,有助于应对知识经济时代对图书馆建立多维的、关联的、体系化的资源系统的需求。其重点方向主要是在人工智能技术的支持和引导下,对海量、分散、异构的资源进行有机的整理与组合,形成全新的知识资源,并通过对新型知识资源的合理利用、加工创造和智能管理,提高图书馆的资源利用和资源配置能力,为用户提供高效、便捷、个性化的知识服务,实现图书馆资源之间、资源与人之间无处不在、无时不在的联系,实现人与知识的融合,进而满足广大人民群众日益增长的精神文化需求,推动全民知识素养的提升和科学研究的进步。这是数字图书馆在新时代实现可持续发展的必由之路。

第一节　移动互联网环境下的用户行为特征和信息资源特征

图书馆智能化资源建设不同于传统的图书馆纸质资源建设,尤其是在移动互联网迅猛发展、移动终端广泛普及、读者需求日益多样化的今天,数字图书馆智能化资源建设不再单纯地以技术或内容为导向,而是强调"用户至上",即从用户角度出发,根据移动互联网环境下用户的行为特征及喜好来设计和生产资源,以便真正满足用户的实际需求。另外,还需顺应移动互联网环境下信息资源的特殊属性。因此,本章首先分析移动互联网环境下的用户行为特征和信息资源特征,在此基础上结合图书馆资源建设与服务的专业性,分析移动互联网环境下数字图书馆智能化资源应当具备的特征。

一、移动互联网环境下的用户行为特征

在移动互联网环境下,用户可以通过智能移动终端,借助移动无线通信方式获取业务和服务。用户的行为也呈现出移动化、高效率、知识化、体验性等特征。

移动化。移动互联网的发展和移动终端设备的普及使人们摆脱了空间上的束缚,在任何地方都能享受高质量的互联通信,在移动状态下即可以获取丰富的信息和资源。用户上网时间也随之越来越长。

高效率。用户随时随地随身都能够接入移动互联网,更多地利用碎片化时间浏览信息和使用服务,希望用最短的时间获取最精准的信息、知识和产品,获得即时满足感。此外,用户在不同屏幕、产品和服务之间快速切换,专注度下降,对产品和服务质量的要求不断提高。

知识化。互联网及移动互联网的普及让人类进入知识爆炸时代,人们获取、掌握"足够"知识的负担越来越重。同时,用户对高质量知识信息服务的需

求日益增多,知识内容的消费市场规模逐渐扩大,亟须建立贯穿知识发表、知识存储、知识传播、知识发现、知识创作、知识服务全域链条的新型智慧化知识服务生态体系。

体验性。在移动互联网环境下,用户对交互式、沉浸式、虚实结合的文化体验的需求日益增长。体验决定一切,只有提供优质、新颖的体验,才能获得更多用户的认可。

二、移动互联网环境下的信息资源特征

移动互联网的迅速发展正在逐渐改变知识生产的传统方式。知识信息和资源变得海量丰富,同时呈现出新的特点。图书馆开展资源建设也需要针对这些特点进行相应的调整和改变。

海量性。移动互联网上的知识信息量规模巨大,并且呈指数级增长,不断涌入人类生活的方方面面。

多媒体性。同一知识信息可能表现为不同类型的媒体形式,如文本、图片、音频、视频等。

隐蔽性。很多有价值的知识可能隐藏在资源文件或网页链接中,亟待发现。

分布式。同一事物不同方面的知识往往分布各异,需要挖掘、关联与融合重构。

异构性。知识的分布式表达和定义不可避免地造成异构性,即不同用户对于同一知识的表达和理解存在或多或少的差异①。

---

① 李德毅,等. 人工智能导论[M]. 北京:中国科学技术出版社,2018:38-57.

第二节　移动互联网环境下数字图书馆智能化资源特征

结合移动互联网环境下的用户行为特征和信息资源特征，并充分考虑图书馆资源建设与服务工作的专业性，本书认为移动互联网环境下数字图书馆的智能化资源应当具有以下特征。

泛在化。为满足移动互联网环境下用户移动化、全天候获取知识信息服务的需求，数字图书馆需要借助各类移动技术、设备和人工智能手段实现自身资源的重构与创新，提供随时、随地、随身的多样化、便捷性知识服务，充分满足用户多元化、个性化需求。因此，泛在化应当成为移动互联网环境下数字图书馆智能化资源的基本特征。

多模态。移动互联网环境下，图书馆资源不仅包括自身的馆藏资源，还包括商购资源、征集资源及互联网采集资源，此外还有用户信息等管理数据资源。这些资源在媒体类型上呈现出文本、图像、音视频等多种表现形式，在存储结构、语义内涵等方面都不尽相同，它们之间大多处于多源异构、隐蔽分布的状态，无法进行互操作。鉴于此，数字图书馆智能化资源建设应该考虑多源异构、隐蔽分布数据的集成与处理，将多模态资源融合为可用资源。

知识化。移动互联网环境下信息资源的海量性、隐蔽性和分布式特点，与用户希望高效率获取高质量知识信息的需求存在实际矛盾。图书馆作为知识服务机构，应当以此为契机开展服务转型。同时，图书馆也拥有海量资源，用户经常会在海量资源中迷失，无法精准获取目标内容，服务体验欠佳。数字图书馆未来的智能化资源应当是知识化资源，即从大量原始数据出发，采取一系列人工智能技术手段，从中提取有用的、以知识元的形式存在、反映细粒度知识、便于用户获取和理解的关键数据，将其存入知识资源数据库并进行可视化呈现，满足用户对知识资源丰富性和价值内涵的需求。因此，知识化是未来图书馆资源建设的重点特征,也是移动互联网环境下开展图书馆智能化、智慧化服务的关键基础。

关联化。传统的图书馆资源因为存在于不同的图书馆、不同部门、不同的业务信息系统数据库中,缺乏数据之间的关联性,没有表达数据之间的语义关系,大多处于"数据孤岛"状态,无法互通、聚合和重构。要实现资源的知识化表达,就需要资源具备关联性。图书馆智能化资源建设应该通过深入挖掘隐藏在数据背后的深层次语义关系,将不同的"数据孤岛"关联形成大规模的语义数据网络,将所有数据盘活,实现互通。

场景化。移动互联网用户对交互式、沉浸式、虚拟现实相结合的文化体验有显著需求,图书馆也应当重点建设具有场景化特征的新型数字资源,借助移动互联网、增强现实、智能机器人等技术手段,为用户创造视觉、听觉、触觉等多维立体感官体验,提供具有临场感、沉浸性、交互性的知识获取与交流环境,增强用户对图书馆的归属感和认同感。

共享性。传统图书馆的资源大都局限在馆内使用,且分布在不同的系统中,各个应用系统都拥有自己的存储数据,通过输入导出、接口调用和直接读取等方式进行交互,属于流程烦琐、效率低下的紧耦合方式,这造成系统对外依赖强、数据更新延迟、难以快速响应等问题,难以实现馆与馆之间共享、馆与大众共享、馆与城市文化建设共享。数字图书馆智能化资源建设应该坚持共享性的原则,搭建高度开放、高度集成、高度共享的知识服务环境。

标准化。当前,图书馆界并未形成权威、统一且可落地实施的智慧化资源的建设标准,移动互联网环境下的资源标准更是空白,各图书馆各自为政,分别采用不同的标准体系,建设本馆数字资源,或者根据自身情况,建设自己馆内的图书馆资源的标准体系。这也直接导致了各个图书馆之间的资源具有异质异构性,无法互操作。为了实现资源的共享性,推进资源共用,图书馆智能化资源建设在初始阶段就需要采用统一的数据标准,以便建成标准化资源,实现资源之间的互操作。

第三节　基于移动互联网的数字图书馆智能化资源建设与服务流程

　　数字图书馆的资源不仅包括纸本资源、电子资源、网络信息等馆藏资源，还包括用户服务数据、行为数据等用户资源，而馆藏资源建设是移动互联网环境下图书馆智能化资源建设的重点，其主要是利用人工智能、知识图谱、关联数据、云计算等技术使图书馆的各类馆藏资源实现知识化转型，对资源进行有机整理与组合，促进知识元的提取聚合与增值，为用户提供整序且相互关联的知识资源，实现图书馆、馆藏、读者之间的整体联动和有机交互。而用户信息资源、馆内管理数据资源等建设需要根据具体情景，采用个性化的建设方案，共性建设较低。但是对于馆藏资源建设，不同图书馆的建设需求和服务相对明确且具有共性，因此，本节主要阐述移动互联网环境下的数字图书馆馆藏资源建设与服务流程。

　　馆藏资源的知识化转型建设并不是一蹴而就的，而是需要资源聚合、内容解构抽取、融合重构、智能化呈现四个阶段，这是资源建设的必然要求。鉴于当今智能移动终端的屏幕分辨率不断提高，移动网络速度不断提升，移动互联网环境下图书馆知识资源的建设流程与上述四个阶段基本一致。在资源聚合、解构抽取、融合重构、智能化呈现的完整过程中，每一步都会使资源的形态和属性产生质的变化，每个阶段都能够促进图书馆馆藏中形式丰富多样的资源进行知识化、智慧化建设，每个环节都以为用户提供智慧化个性服务、提高知识利用效率为目的。资源建设过程中的每一个步骤都是环环相扣的，因此，不管是资源智能化建设过程中的哪一步，都要遵循统一的标准和一定的原则，为下一步打牢基础。经过完整智能化建设过程的资源，具有了相应的特征，才能够应用于提供智能服务和个性化、便捷化服务。

一、资源聚合

资源聚合即通过采集、整合等方式将纸本资源、电子资源、特色自建资源、网络信息等馆藏资源整合成大型资源库。它是数字图书馆进行知识化、智能化资源建设的起点和源头,为后续资源加工与再利用奠定基础,也决定着整个资源建设的实质内容。实体和数字馆藏资源可通过购买、征集、扫描加工、接口访问等方式进行聚合[①],海量网络信息则需要遴选、整合其中有价值的内容。

实体馆藏资源的数字化是资源聚合的重要一环。图书馆传统的纸质图书、录音带、文化遗产等以物质形态存储的资源受限于出版数量、储存环境、载体材料等因素,难以大范围传播,不利于进行系统整理和组织,也难以进行后续的解构抽取、融合重构和智能化呈现。实体馆藏资源的数字化是通过计算机技术、通信技术及多媒体技术的相互融合将图书馆中的传统非数字资源进行扫描、处理、存储与备份、设立元数据体系、发布服务等一系列操作,使传统实体资源转化为能够被计算机识别、存取并通过网络传输利用的数字化资源。

纸本资源的数字化过程中有一系列的自动生成方法,最常见的是 OCR 技术。OCR 是光学字符识别(Optical Character Recognition)的缩写,是指利用机器将文档资料或图像中的文字识别并转换为计算机可以直接处理格式的一种自动识别技术。OCR 技术在图书馆行业已经形成成熟的应用模式,但是在识别效率、准确率等方面还存在诸多不足。近年来,借助人工智能技术,OCR 与自然语言处理技术、知识图谱技术等不断交叉融合,语义及知识的深度挖掘将大幅提升 OCR 的性能。在 OCR 中引入强化学习和元学习等新的学习范式,将让机器能够自主学习如何识别文字[②]。图书馆应关注此类前沿动态并及时引

---

① 卢小宾,洪先锋,蒋玲. 智慧图书馆数据标准体系研究[J]. 图书情报知识,2021 (4):50 - 61.

② 国内首份 OCR 白皮书出炉,公布 OCR 技术发展三大趋势[EB/OL]. [2022 - 12 - 01]. https://new. qq. com/rain/a/20200929A0BNX200.

入,不断优化资源数字化工作。

互联网信息资源的采集、整合质量也直接决定着资源建设、开发的整体质量。随着移动互联网、社交网络、物联网的快速发展,依托网络产生的社会生活信息呈现海量增长态势,其中的知识信息也在呈指数级增长,大量学术信息资源和科学数据资源正在越来越多地以网络化、数字化形式发表和出版,网络信息资源已经成为人类智慧、文化遗产不可或缺的组成部分,也成为图书馆获取、整合信息资源的主要来源。获取高质量的网络知识资源需要考虑两个方面:一方面要制定精准的采集主题和策略,尽可能多地抓取与需求相关的网页,尽量避免采集与需求不相关的网页信息;另一方面是系统具有高度优化的整体构架,方便管理并且具有高效的可扩展性①。

数字图书馆资源聚合需要遵循六大原则。第一,完整性原则。文献或者文化遗产等资源只有作为一个整体时才能体现其内涵与意义,因此在进行资源的聚合时必须力求完整、系统和连贯。第二,协调性原则。数字图书馆的资源内容丰富,按照不同的分类标准可以分为多种形式,例如按照媒体形式可以分为图书、图片、音视频等。图书馆应统筹兼顾各个类型的数字资源,一切以用户的需求为导向,保证资源聚合过程中的协调和平衡。第三,共建共享原则。为了实现资源聚合的丰富性、完整性和全面性,应与其他各级、各类图书馆乃至博物馆、档案馆等文化机构建立稳定的合作联盟,进行资源互联互通和共建共享。第四,标准化原则。资源只有实现共建共享才可以实现其价值,而要达到共建共享的目的,在资源获取、加工时就必须遵循统一的标准格式,以保障资源不仅可以集中发布在统一的平台上,还可以实现不同系统之间的无缝连接。第五,规模控制原则。资源聚合需要投入大量经费和设备,需要足够的财力、人力和物力支持,如何做到成本与效益之间的平衡,实现社会效益最

---

①　徐小龙,柳林青,范泽轩,等.知识系统与知识图谱[M].北京:电子工业出版社,2022:41－42.

大化,更需要科学合理地布局。资源聚合的规模并不是越大越好,图书馆应合理规划建设的规模,量力而行。第六,合法性原则。在资源聚合时要严守版权底线,可以探索使用区块链等新兴技术,通过去中心化的结构实现去信任机制与非对称密码学的双重保护①。对于聚合过程中涉及用户隐私或者涉密资料的资源,需要在内容加密、加工处理和传输过程中更加细化安全维护规范与实施流程,并且需要与其他资源区分开,以保证其机密性、完整性和可用性。

二、内容解构抽取

经过聚合,图书馆的馆藏资源转化为以计算机为载体进行存储、展示、管理与分享的形式,在促进资源利用与推广、缩小数字鸿沟、实现共建共享、提高管理效率等方面发挥了重要作用。然而,此时的馆藏资源仍旧以相互独立的单件文献为主,相互之间的关联性较差,互操作程度低,图书馆资源发现和扩展能力依旧低下。用户利用图书馆知识服务时依然是以整体文本阅读的形式进行,必须根据所读内容自行进行归纳整理,是否能够将单本图书的知识和其他资源进行关联和深度挖掘更多地取决于用户自身的素质基础。移动互联网环境下数字图书馆资源建设向智能化、智慧化、知识化转型,就要将工作重点从单件文献的数字化保存与著录转向对知识内容的解构和知识单元的建设②,进而发现知识单元之间的联系,实现其广泛链接,建成完整的知识网络和知识图谱。

知识内容的解构抽取主要涉及知识表示和知识抽取两个方面。在知识图谱中,知识主要由实体、关系、属性三元组的形式来表示。实体是一条知识中具有特殊意义或者强指代性的实体,如人名、地名、日期时间、组织机构名、专

---

① 赵丰,周围.基于区块链技术保护数字版权问题探析[J].科技与法律,2017(1):59-70.

② 周笑盈.我国智慧图书馆体系下的知识资源建设:内涵、路径和策略分析[J].图书馆理论与实践,2022(6):84-91.

有名词等。属性说明了与主体相关的一个性质或知识。而关系则解释了实体与属性之间存在什么样的关系。知识抽取就是通过自动化的技术,从大量的结构化、半结构化甚至是非结构化的数据中抽取出实体、关系和属性的过程。

实体抽取是通过自然语言处理技术从原始语料中抽取出有用实体的过程,其目的是从数据中分离出命名实体,以此为知识图谱的节点数据提供支撑。实体抽取是知识解构抽取中最重要、最基础的一步,其准确性直接影响到知识图谱整体的规模和准确性。实体抽取需要先从数据中识别和标注实体,这需要耗费大量的人力和时间,且标注的一致性很难得以保证,因此大多借助规则或者算法自动生成。近年来,随着深度学习技术的发展和在自然语言处理的广泛应用,实体抽取也开始结合机器学习中隐马尔可夫模型(Hidden Markov Model,HMM)、条件随机场(Conditional Random Fields,CRF)、神经网络等模型进行标注。目前流行的做法是将传统方法与深度学习结合,如利用长短期记忆(Long Short-Term Memory,LSTM)网络进行特征自动提取,再结合CRF模型,利用模型各自的优势进行实体抽取。

属性抽取是指从自然语言中抽取出目标事件的信息,并以结构化的形式呈现。事件通常具有时间、地点、参与者等属性。属性和属性值的抽取能够将知识图谱中的实体概念维度构建完整[①]。事件抽取可以分为流水线抽取和联合抽取两大类方法。流水线抽取是将事件抽取任务进一步分解为事件识别、元素抽取、属性分类等一条流水线上的多个子任务,分别使用相应的机器学习分类器实现,这是目前事件抽取的主流方法。联合抽取则主要是采用基于概率图的模型进行联合建模,或基于深度学习的方法(如基于注意力机制的序列标注模型),将事件的多个元素作为一个整体共同识别并提取。

关系抽取是指通过对语义的分析,从文本中勾画出实体之间的语义关系。

---

①　伍宏钰.基于人工智能的知识图谱技术分析[M].哈尔滨:黑龙江科学技术出版社,2022:131-138.

通过关系能够把离散的实体联系起来,才能形成网状的知识结构。因此关系抽取在知识图谱的构建过程当中有着非常重要的作用,本体之上的关系构建都离不开关系抽取。早期的关系抽取方法主要是基于规则的关系抽取,是通过人工构造语法和语义规则,采用模式匹配的方法来识别实体之间的关系。然而,基于人工构造规则的方法主要依靠专家的规则构建,由于对规则高度依赖,这一系列的模式匹配算法都存在相当的局限性。随着机器学习技术的发展,大量基于核函数或者特征向量的有监督学习方法出现,并且在关系抽取上取得了较好的效果①。但基于核函数的方法对位置信息有着较高的要求,在句子结构松散的中文语料中应用效果相比于英文语料不是很显著。随着人工智能技术的发展,基于模板的方法、基于监督学习的方法、基于弱监督学习的方法甚至无监督学习的方法也被应用于关系抽取当中。

三、融合重构

知识解构与抽取后获得的是零散的数据,需要进一步进行理解、推理和选择、应用。与文字相比,"图"的形式更加直观、清晰,能够更好地展现各个数据之间的复杂关系,便于人们理解和掌握。因此在融合重构阶段的核心任务是搭建知识图谱。

知识图谱是以图的形式表现客观世界中的实体(概念)及其之间关系的知识库②。2012 年,Google 公司率先提出知识图谱的概念,其前身是 2006 年就已提出的语义网。在本质上,知识图谱旨在描述真实世界中存在的各种实体或者概念及其关系,构建一张由不同的知识节点相互连接形成的语义网络图。知识图谱的抽象表现形式是以语义互相连接的实体,是把人对实体世界的认知通过结构化的方式转化为计算机可理解和计算的语义信息。我们可以将知

---

① 刘峤,李杨,段宏,等.知识图谱构建技术综述[J].计算机研究与发展,2016(3):582－600.

② 黄恒琪,于娟,廖晓,等.知识图谱研究综述[J].计算机系统应用,2019(6):1－12.

识图谱理解为一个网状的知识库,这个知识库反映的是一个实体及与其相关的其他实体或事件,不同实体之间通过不同属性的关系相互连接,从而形成了网①。

知识图谱由节点和边构成。节点表示实体或概念,边则由属性或关系构成。将知识元映射为节点、知识元之间的逻辑关系映射为边,即可以构建各个领域的知识图谱。知识图谱的逻辑结构可以分为数据层和模式层,构建过程便是从原始数据出发,通过一系列自动化或半自动化的技术手段,从原始数据中提取出知识要素,即实体关系,并将其存入知识库的数据层和模式层的过程②。

在知识图谱的构建过程中,知识融合与知识加工是重要支撑。知识融合是指通过高层次的知识组织,使来自不同知识源的知识在同一框架规范下通过异构数据整合、消歧、加工、推理验证、更新等步骤,达到数据、信息、方法、经验及人的思想的融合,形成高质量的知识库③。经过解构抽取从原始文献中获取的实体、关系和属性信息可能存在大量的冗余和错误信息,也可能存在歧义问题,有必要借助知识融合进行清理和整合。知识融合通过实体链接和知识合并两个流程实现。实体链接的流程是通过给定的实体指称项,通过相似度计算进行实体消歧和共指消解,确认正确实体对象后,再将该实体指称项链接到知识库中对应实体。知识合并主要包括合并外部知识库及合并关系数据库。

知识经过融合后还需要进一步加工处理,完成本体构建、知识推理和质量评估等步骤,才能最终形成结构化、网格化的知识体系。本体一词来源于哲

---

① 伍宏钰.基于人工智能的知识图谱技术分析[M].哈尔滨:黑龙江科学技术出版社,2022:98-117.

② 知识图谱构建过程[EB/OL].[2022-11-07]. https://blog.csdn.net/u013378306/article/details/105970931/.

③ 伍宏钰.基于人工智能的知识图谱技术分析[M].哈尔滨:黑龙江科学技术出版社,2022:140.

学,在计算机领域是指对概念进行建模的规范,是描述客观世界的抽象模型。本体构建既可以采取人工编辑的方式,也可以采取自动化方式。随着人工智能技术的兴起,目前最常见的方法是在现有的特定领域的本体库即领域本体基础上改进相关元素,采取自动构建技术进行本体构建。知识推理是计算机从知识库中已有的实体关系数据出发进行问题分析和解答、建立新关联的过程,可从现有知识中发现新的知识。知识推理方法有基于逻辑的推理和基于图的推理。而质量评估则是对知识的可信度进行量化,通过舍弃可信度较低的知识,保障知识库的质量①。

知识图谱的形成为图书馆提供了一种新的方法来存储、挖掘和管理知识,更为重要的是能够为用户提供新型的智能化服务。通过对馆藏资源的知识化组织和图谱化加工,图书馆能够面向用户提供个性化的定制服务,让优质的资源能够被用户发现和利用。通过为用户提供相互关联、更加全面、更有价值的信息,用户能够更加系统、深入地掌握某一领域的知识,有助于进一步提升用户自身素质和科研水平。

四、智能化呈现

图谱化的知识网络为图书馆资源建设提供了一种更好的组织、管理和理解、利用互联网信息的方式。然而,如何将知识清晰、有效地表达和传递给用户,是图书馆知识资源建设与服务的"最后一公里"。先进的信息技术为图书馆智能化建设提供了基本技术和物质保障。随着移动互联网的普及和人工智能技术的逐步发展与应用,图书馆知识资源建设与服务也需要重点关注知识资源的智能化呈现。知识图谱在图书馆资源建设的过程中可以被应用于智能搜索、智能参考咨询、大数据分析与个性化推荐、智能化体验等服务,通过构建

---

① 知识图谱:知识图谱基础理论(七)——知识加工[EB/OL].[2022 - 11 - 07]. https://blog.csdn.net/u013010473/article/details/122100021.

文献知识、学科知识、业务知识、机构、用户、场景等图谱①，借助移动互联网络、基础设施和终端设备助力图书馆为用户提供更加便捷、智能、智慧、丰富的服务内容。

知识图谱是语义搜索的大脑②，具有良好的结构形式，能够为用户提供满足需求的结构化语义内容，以三元关系图谱的形式提供结构化的搜索结果，当用户在检索系统输入相关检索词时，得到的结果是知识节点和节点之间的联系，用户可以直观地获取感兴趣的资源，快速实现跳转，还能改善图书馆检索系统的检索结果，有利于扩展用户搜索结果，加深用户对各个领域之间关系的认识。

知识图谱可以为图书馆开展智能参考咨询服务提供丰富、有序、智能的知识库。智能参考咨询功能允许用户用自然语言进行提问，通过将用户的自然语言问题进行语义和语法分析，并转化成对知识图谱的查询，这大大降低了图书馆用户咨询的门槛。借助知识图谱开展的智能参考咨询还可以允许用户提出更长的问句，描述的知识需求也更加明确。

借助知识驱动开展大数据分析和决策也是知识图谱的典型应用方式之一。借助知识图谱丰富准确的知识节点和广泛的关系网络，对语义稀疏的领域大数据进行分析理解，为行业决策提供有力保障③。具体到图书馆领域则可以借助知识图谱开展用户大数据分析和个性化知识推荐。用户在与图书馆系统和平台交互的过程中，会产生海量的、多源异构的、实时变化的数据。通过对这些大数据进行收集、分析和挖掘，图书馆可构建大规模用户知识图谱、打造用户画像，全景式描述用户的多样特征，精确描绘其个性特点、兴趣偏好，并基于这些理解用户，更加高效、精准地为用户推荐个性化知识资源与服务，支

① 柳益君,何胜,熊太纯,等.知识图谱在高校图书馆智慧服务中应用研究[J].图书馆工作与研究,2019(11):5-10.

② 阿默兰德.谷歌语义搜索[M].程龚,译.北京:人民邮电出版社,2015:12-31.

③ 李德毅.人工智能导论[M].北京:中国科学技术出版社,2018:54-56.

持用户进行自主知识发现。

上文提到,在移动互联网环境下,用户对交互式、沉浸式、虚实结合的文化体验的需求日益增长。图书馆经过采集聚合、解构抽取、融合重构形成的知识资源也需要借助移动互联网和人工智能技术转化为具有体验性、场景化的智能化服务。例如,可以运用 VR、AR、MR 等技术将知识资源转化为三维立体形式,生动地还原其初始风貌,并借助移动终端和智能设备为用户提供交互式、沉浸式的文化体验。此类尝试既可以应用于对馆藏特色资源的全景化展示,也可以应用于特定主题资源的阅读推介。

综上所述,智慧化时代图书馆知识资源的智能化建设与服务,更需要以用户为导向。用户至上是图书馆的一贯原则,为用户提供更加完善的服务、提高用户的科学知识水平是图书馆资源建设与服务的最终目的。图书馆应该从用户角度出发,真正了解用户需求,时时坚持以用户的需求为导向。此外,随着图书馆馆藏资源内外环境的变化及科技手段的发展,图书馆原有的资源开发利用工作凸显出开发手段单一、开发资源有限等问题,已经无法满足用户对图书馆资源种类、数量、利用程度等多方面的需求。要想保证知识之间的联系足够多元,就必须保障建设资源的多样性和开发方式的多元化,进而保证图书馆事业长久、健康、可持续发展,更好地满足用户需求。因此,多元开发也成为提高资源建设完善度和资源利用率的重要保障。

第七章　基于移动互联网的数字图书馆人工智能服务

进入移动互联时代,数字阅读快速发展并普及。以智能手机应用、移动互联网通信为代表的新技术,将数字信息以前所未有的形态、内容、功能和便捷方式与普通公众日常工作、学习和生活相连,颠覆图书馆传统的知识信息入口形象。智能手机的普及和移动互联网的发展显著改变了人们的阅读习惯,图书馆的阅读和知识服务模式也随之发生巨大变化。

从空间和渠道的角度来看,数字图书馆的服务可以划分为线上服务和线下服务。在移动互联网和人工智能技术强势普及的背景下,线上服务是数字图书馆智能化服务的重点内容,并借助其泛在化、覆盖广、方便获取、智能化利用等优势得到快速发展。然而,完整的数字图书馆智能化服务无法脱离线下实体空间。线下服务所具有的便于交流、体验感强、氛围良好等特点,能够有效补充线上服务的不足。因此,未来数字图书馆的智能化服务需要注重虚拟空间与实体空间的有机融合,打造线上线下相通共融的有机模式,提供更加个性化、交互式、沉浸式、智慧化的图书馆服务。

线上服务和线下服务的主要对象多为个体用户。除此之外,数字图书馆的服务对象也应当包含业界。特别是对国家级图书馆及在区域内发挥引领带动作用的图书馆来说,业界服务显得更为重要。因此,本章在论述数字图书馆的线上、线下智能化服务之后,也将分析数字图书馆如何利用人工智能技术开展业界服务。

第一节　线上服务

　　线上服务是数字图书馆服务的重要内容。随着移动互联网的发展,图书馆逐渐建成自身的线上服务模式,借助各类移动平台开展服务。以国家图书馆为例,为适应移动互联网蓬勃发展的新趋势,国家数字图书馆积极拓展移动服务阵地。截至 2021 年底,移动阅读平台已在全国建成 400 余家地方分站,并不断利用官方微博主页、微信平台、手机门户网站、移动应用程序等新媒体服务渠道,主动将图书馆的资源和服务推送至用户移动终端,极大拓展了图书馆在互联网空间的文化影响力。截至 2021 年底,国家图书馆手机门户页面年访问量 2450 万余次,点击量高达 9332 万余次;国家数字图书馆应用程序(APP)年新增用户超过 99 万人次,较 2020 年增长 206%,页面访问量 346 万余次,较 2020 年增长 125%;国家图书馆微信订阅号关注人数 92.8 万,2021 年全年共推送 251 条图文消息,图文阅读数 170 万余次,用户总数增长 28.7 万余人,较 2020 年增长 42.8%;国家图书馆微信服务号关注人数 52.1 万,全年共推出 30 条图文消息,图文阅读数 48 万余次,用户总数增长 34 万余人,较 2020 年增长 120%;国家图书馆微博关注人数 78.4 万,全年共发布 2459 条微博,阅读数 7030 万余次,用户总数增长 7.8 万余人,用户增长率为 11%;国家图书馆抖音号推出 3 场直播,累计 21 万人观看,发布短视频作品 16 部,累计播放量 208 万,较 2020 年增长 165%,粉丝增长超过 1.3 万人,累计关注人数 5.6 万余人,获评"2021 年政务抖音号优秀创作者"。

　　在移动互联网环境下,数字图书馆应当充分应用人工智能技术手段,从以下几个方面开展智能化服务。

一、多终端、多平台智能化服务

通过移动互联网为用户提供优质的资源和服务,图书馆需要具备丰富的适配不同类型服务平台、适合不同种类移动终端设备操作的数字资源。各级各地图书馆在移动端的服务渠道既包括自建的服务平台,也包括不同种类的第三方新媒体平台。然而,目前大部分图书馆在移动端提供的资源大多数是商购资源,内容同质化严重,对馆藏资源特别是古籍、珍贵文献等特色馆藏资源的揭示不足。部分图书馆虽然在移动端提供了自建资源,但很多内容老旧过时,已经不适合新媒体平台展示与服务,也无法吸引用户使用。因此,要结合移动端不同的服务平台特色,有针对性地打造一批新媒体资源和内容。例如,基于应用程序打造馆藏古籍、民国时期文献等珍贵资源的数字化阅读、全文识别搜索、知识关联组织等服务;基于抖音、快手等视频平台打造视频类产品;基于喜马拉雅等音频平台打造听书产品;基于微信公众号的综合性开发功能打造 H5 动画、趣味游戏、交互体验等内容。在智能化资源服务过程中,要注意充分发挥不同平台的协同服务作用。一方面,根据不同平台的载体类型和传播特点提供不同类型的资源服务。另一方面,可以针对同一资源内容进行文本、图像、音频、短视频、长视频、互动体验、全景展示等多样化类型的同步建设,借助不同平台提供服务,通过各平台之间的分工合作全方位提供服务,使图书馆建成立体化、多维度、富媒体化的知识内容服务体系。

二、专业知识内容组织与可视化展示

上文提到,在数字图书馆向智能化、智慧化转型升级的过程中,图书馆资源建设与服务的目标就是对资源进行知识化加工并提供知识服务。图书馆资源经过一系列的加工、处理之后,最终的目的是要面向图书馆用户提供服务。经过采集聚合、解构抽取、融合重构、智能化呈现的图书馆资源具备了多模态、知识化、关联化、场景化等智能化资源的特征,可以结合图书馆的业务应用到

多种场景,以提高图书馆的服务效益和服务水平。

在移动互联网环境下,图书馆业界对知识图谱的引进和应用并不多见,然而其在知识化资源的展示形式、搜索、知识关联等方面具有相当的优势,更有利于图书馆实现知识的组织与展示。图书馆可以根据不同移动平台和终端设备的需要,使用语义网、自然语言理解、数据挖掘、智能化算法等技术对资源进行细粒度标引和知识化加工,并通过关联数据对相同或相近主题的资源进行聚类,根据知识点概念对对象进行离散分解,并对知识点、知识片段、资源对象等进行关联分析。

图书馆可以提供多种知识展示与服务方式,包括:基于用户搜索频次生成多级词云和热播资源列表,为读者推荐精彩内容;资源阅读同时给出该资源内容的可视化的知识图谱展示,用户可以直观地了解资源内容中的知识体系和知识点;查看资源详情时列出与该资源主题相关的其他资源,便于读者进一步关联阅读;读者阅读到某知识点时,在该时刻弹出含有相关知识点的链接或者知识点介绍的气泡;每个音视频资源播放时增加知识点时间轴,实现知识点和播放时间的关联定位,点击相应的知识点,则跳转到该知识点对应的时间开始播放;在进行检索时,还可为用户提供"资源""语义""字幕"等多种检索条件,满足多元化的知识查找需求。

三、个性化智能内容推送

图书馆在移动平台的设计上应充分考虑移动互联网时代自媒体蓬勃发展的趋势和民众个性化的使用需求,为用户创建自己的专属学习空间提供支持。平台可提供相关功能鼓励原创作品的制作与上传,设置用户级别,通过积分规则激励用户观看和学习。同时使用大数据技术对用户的访问数据进行分析,基于用户画像向其精准推送文化内容,实现"千人千面"的资源推荐模式。用户登录后可以在个人中心里查看自己的收藏与浏览记录、笔记、积分、自创作品等,为用户回顾和管理学习进程提供便利条件。

四、泛在化在线活动社区

图书馆移动平台的建设不仅要为个体成长与素质提升提供渠道,更重要的是为社会提供一个公益性的在线文化学习社区,为广大具有相同或相似爱好的用户打造一个泛在化的活动和交流空间,推动社会化学习的发展,使思维在交互碰撞中激发出火花,为进一步创建学习型社会起到积极的作用。

平台应允许民众在观看资源时添加学习笔记,并根据意愿在平台上公开,有利于加强用户就某个资源内容进行探讨交流。开设在线专区向社会提供各类 O2O(Online to offline,线上线下商务)模式的公益文化活动,定期发布线下举办的讲座、培训、活动等预告消息,包括活动内容、地址、报名方式等。同时,通过图文、音频、视频等方式对活动进行线上直播,用户可以通过手机扫码观看,也可以在直播过程中进行暂停、回看、实时问答、点赞等互动操作。平台支持面向特定人群的直播形式,未来还应增加电子证书生成与下载等功能,为开展规模化和专业化的行业在线培训提供支持。平台还可提供"在线测试""在线投票""在线问卷""在线报名"等在线活动形式,工作人员按照需要在网站上发布活动列表,用户登录后可选择并参与活动。

建立在线活动社区,将有助于加强读者与图书馆的交互,提升读者对图书馆文化服务的认可度,增加读者黏性,为创建可持续的多样化文化服务生态环境提供支持。

第二节　线下服务

数字图书馆的线下服务主要是指基于图书馆实体空间开展的服务。图书馆的实体空间既是一个建筑容纳体,也是一个文明连接器。它不仅承载用户及其在图书馆的活动,而且将资源、设施、技术等集中整合到一个环境中,提供基于场景的知识信息服务,成为用户使用图书馆文化服务的重要媒介。近年来,随着移动互联网、物联网、云计算、大数据、人工智能等现代技术的突飞猛进,数字图书馆的实体空间服务也逐渐从单纯地以提供借阅、阅览等基础性服务为重心转向以读者的使用体验为重心,让读者能更加方便、愉悦地使用空间、馆藏资源,并为读者构建学习探索、开拓思维的智慧服务场景。

本书认为,基于移动互联网和人工智能技术,数字图书馆应重点推动以下几个方面的线下实体空间智能服务。

一、智慧服务机器人

移动互联网的发展引发了智能终端的爆炸式增长,作为智能终端的全新形态,智慧服务机器人正成为行业的发展趋势,国内图书馆对智慧服务机器人的应用正悄然兴起。开展数字图书馆线下实体空间智能化服务,也需要充分利用智慧服务机器人。智慧服务机器人将为图书馆智慧化转型带来新的机遇。智慧服务机器人的软件、硬件飞速发展,也势必会促使智慧图书馆迈上一个新的高度。智慧服务机器人可以帮助图书馆员完成很多工作,大数据使智慧服务机器人可以无障碍地与读者"沟通",实现与读者的交流、互动,为读者提供图书馆业务咨询、空间路线指引等服务。此外,人脸识别、5G 技术的加入,使得智慧服务机器人可以智能识别读者面部信息并获取读者在图书馆留下的痕迹,快速建立读者画像,精准地为读者提供智慧服务推荐及书目推荐等个性化服务。智慧服务机器人的使用,不仅增强图书馆线下服务的趣味性,提高线下服务的科技感,还可以提高读者的参与感,减轻图书馆员的工作量,提高工作效率,真正助力数字图书馆线下实体空间智能化服务管理和服务能力提升。

二、XR 互动体验区

线下实体空间服务相较于线上读者服务,可以与读者有更多的互动、交流,让读者有更好的参与感和获得感。移动智能设备的嵌入,可提高读者的参与度,其是数字图书馆智慧服务空间建设的基本做法。随着 XR(Extended Reality,扩展现实)技术的兴起,移动智能设备逐渐走进公众视野。XR 是指通过计算机、人工智能等技术以及可穿戴设备产生的一个真实与虚拟相结合的、可人机交互的环境,是 VR、AR、MR 的合称,将打破 VR、AR 和 MR 之间的界限,开启全新的移动智能体验模式,被称为未来虚拟现实交互的最终形态。在 XR 技术的支撑下,人物、道具与虚拟现实场景实现了完美互动和结合,通过 XR 技术任何知识、服务都将唾手可得。XR 技术可以为数字图书馆线下智慧服务空间提供丰富多彩的场景体验,通过 VR/AR 眼镜、手机 APP 和浏览器等终端方式,打破时空限制,为读者呈现更具真实感、体验感、互动感的交互,扩展读者的体验。

当前迅猛发展的 5G 成为发挥 XR 技术潜力的"催化剂","5G + XR"不仅能为图书馆带来新的发展机遇,还将带给人们一种全新的图书馆智慧服务空间体验方式。通过设置"5G + VR"游戏、VR 情景展示等"5G + XR"创新应用,为读者提供可操控的线下服务,让读者充分感受"5G + XR"带来的线上线下融合沉浸式文化体验,为图书馆智能化、智慧化升级注入新动力。此外,线下智慧服务空间突破传统业态限制,通过 XR 技术赋能,打通图书馆线上线下模式闭环,极大提高图书馆空间使用效率,并且通过 5G 降低网络延迟,保障 VR 视频播放的流畅性。随着 5G 规模化部署与应用创新落地不断推进,5G + XR 的模式正催生出大批新应用场景,这将为智慧服务空间的发展提供更多可能性。

三、多媒体数字阅读空间

图书馆线下实体空间不仅是现代科技发展成果与图书馆读者服务的完美融合,更是使读者进行图书阅读、感受中华优秀传统文化的服务空间。多媒体互动书墙,可将经典古籍"放"在墙上,读者可用手触摸屏幕中展示的书籍,从而阅读书籍。此外,多媒体互动书墙将二维码技术与书籍展示相结合,每本书在屏幕中显示时,对应展示二维码,读者扫码即可阅读完整的典籍内容。多媒体互动书墙以全新的阅读方式激发读者阅读兴趣,让读者通过互动感受到阅读的美好,为读者解锁全新的阅读体验,享受更加优质的图书阅览服务。

四、全景展厅

随着 5G 的普及,我国迎来超高清视频产业发展的黄金期。全景展厅通过巨幕播放超高清视频,读者在欣赏视频的过程中不需要任何设备,仅通过裸眼就能感受到逼真震撼的 3D 视觉效果。全景展厅在图书馆线下智慧服务空间中占地面积较大,可以带给读者最直观的视觉冲击,从而达到前所未有的心灵震撼。全景展厅采用 270°环绕 LED 三折屏幕,实现巨幕裸眼 VR 效果,读者置身于三面超高清大屏环绕的全景空间,能近距离观赏 3D 建模技术制作的 8K 超高清全景视频,可获得较强的沉浸感和真实的画面感。全景展厅为图书馆线下实体空间服务注入新的活力,可以让读者身临其境地体验传统文化和科技融合释放的无穷魅力。

五、影音视听空间

随着网络视听服务产业的快速发展,在线观看影视内容已成为我国民众主要的文化消费方式。当前,我国已形成了庞大的网络视听用户群体,据中国互联网络信息中心统计,截至 2022 年 6 月,我国网络视频用户规模达 9.95 亿,占网民整体的 94.6%[①]。与此同时,用户每日观看网络视频次数和时长不断增加,自媒体短视频、在线直播、微纪录片、知识科普类视频等越来越受民众青睐。视听产业的蓬勃兴起和受众习惯的养成深刻影响和推动了文化服务行业的变革与发展。

---

① 第 50 次《中国互联网络发展状况统计报告》[EB/OL].[2022 – 10 – 21].http://www.cnnic.net.cn/NMediaFile/2022/0916/MAIN16633123592521H1 J8O7CGR2.pdf.

影音视听资源借助声音和影像技术来增强文化的表现力,极大地提高文化内容的感染力和吸引力,能更好地提升感官体验并满足现代人群的文化娱乐需求。作为大众获取知识信息和社会教育的重要阵地,越来越多的公共图书馆开始重视利用和发掘馆藏音视频资源在改善用户体验和提升服务效益中的巨大价值,通过多种渠道和方式为读者提供更加丰富且富有特色的影视文化内容,不断满足民众日益增长的视听文化需求。

当前,以互联网、大数据、人工智能、新媒体等为代表的信息技术突飞猛进,推动着现代文化体系和运行机制的不断变革和发展,图书馆行业正在进入智能化、智慧化转型的新阶段。在此背景下,图书馆加快智慧图书馆战略布局,大量使用大数据分析、人工智能、可视化、多媒体等技术,通过融媒体和智能化手段创新视听服务模式,为用户构建功能丰富、动态交互、沉浸体验的视听服务和知识获取环境。系统平台的建设需针对多种终端类型设计界面及功能,应具有文化特色,采用可视化和交互技术提升用户体验和观感。资源导航和展示能体现出一定的知识组织架构和知识体系,便于内容发现。移动端以微信小程序为主,便于加载和使用。针对移动服务特点,除单独开发用户界面外,还应注重特色的交互式功能应用,如为每个影视资源和直播活动创建二维码,用户可以通过扫码在手机上观看视频或直播培训,并可以进行播放控制、点赞、分享等操作。在资源格式上,不仅可以提供多种视听格式文件的播放和控制,还支持 H5 动画、动态图片、VR、AR 等新型资源的展示与播放,使保存在图书馆里的珍本古籍、书画、文物"活"起来,使传统文化更加满足现代人的欣赏和审美,以更好地延续和传承下去。

第三节　业界服务

从整体情况来看,目前我国图书馆界对人工智能技术的应用探索大部分还处于各自为政、独立发展状态,相互之间鲜有沟通协调。不同级别、不同地方图书馆,特别是欠发达地区、基层图书馆受所在地区经济、社会发展及政策支持等因素的影响,新技术研究与应用相对滞后,需要全方面地带动和引领。国家级图书馆,省、自治区、直辖市的省级图书馆、地市级图书馆等在区域内发挥引领带动作用的图书馆在开展用户服务的同时,也需要注重业界服务与提升,充分发挥典型优势,为区域内图书馆的人工智能服务提供理论支持和实践指导,通过共建共享、合作共赢规模化引入智能技术,实现区域内各级图书馆设施和服务的智能化、服务方式的集成化,提升各级图书馆的人才队伍素质,推动区域内数字图书馆可持续、高质量发展。

一、提升设备与服务智能化水平

国家级图书馆,省、自治区、直辖市的省级图书馆、地市级图书馆等在区域内发挥引领带动作用的图书馆可以利用自身在中央转移支付经费、本地经费支持项目建设中的统筹监督和协调推进作用,牵头制定统一标准,指导各地制定政策规划和规章制度,推动成果共享,减少重复建设。推动本区域内图书馆扩大 5G 网络和 Wi-Fi 6 等技术应用,以便大幅度提高图书馆的信息传输效率。构建基于 RFID、物联网传感器应用、GPS 导航识别、iBeacon 精准定位、增强现实等技术应用的感知体系,推动各级图书馆设施设备的智慧化升级。支持图书馆线下实体文献的智能化自动编目、高密度自动存储及快速分拣、盘点与流通。推动各级图书馆在服务网点部署智能门禁、人脸识别、无感借还、近场通信、机器人导览、智能问答等智慧服务系统,布设智能座席、智慧书房等多媒体智能交互阅读场景。依托县级公共图书馆总分馆体系,支持和指导城乡基层综合文化中心结合自身情况,分阶段推进智能化设备配置,部署包括智能书柜、虚拟现实体验设备等在内的智能化、智慧化服务设施。

二、实现区域内服务集成

在基础设施和智能化设备基本配置到位后,可以应用物联网技术,利用位置地图等大数据资源和小型传感设备,推动实现区域内图书馆及其基层服务网点各类终端设备的智慧互联,提升基层网点设施设备的运行维护效率,同时采集、发布、关联区域内各级图书馆及相关服务机构的资源、服务、设施、设备等数据信息,实现信息发布、服务提供、管理决策等方面的馆际互联互通。

引进社会化物流,建立覆盖全域的文献智能化传递体系,实现区域内各级图书馆馆藏文献资源在本区域范围内,特别是乡镇、村等基层地区的高效便捷流转,打通图书馆基础性资源服务的"最后一公里"。

建立区域内各级各类图书馆讲座、展览、培训、阅读推广等服务活动合作机制,实现服务活动内容宣传推介、活动场地在线管理、专家资源等一站式共享,支持用户在线登记、注册、预约、交互、评论等功能。借助 5G、高保真全息影像摄录技术、零时差传输技术等,基层图书馆可以为用户提供现场直播、场景回放、虚拟现实体验等多种服务,让基层用户享受与活动现场等质等效的展览、讲座、演出等公共文化服务。

基于用户行为感知和流量监测,本区域内各级图书馆可广泛开展联合智能化参考咨询、智能决策分析与动态舆情监测、企业竞争情报分析、知识产权服务及网络智能问答等业务的建设与拓展。

三、引领人才队伍建设

印度图书馆学家阮冈纳赞曾说过:"最终决定一个图书馆的成败毁誉的是它的工作人员。"[1]无数事实证明, 在图书馆所有资源中, 馆员的作用占第一位, 图书馆的人事工作是图书馆事务中的重中之重。图书馆的人工智能服务要走可持续发展道路,需要建设一大批适应图书馆发展的人才队伍。

在大部分基层图书馆中,图书馆员的工作内容主要还是提供文献借阅、查

---

① 阮冈纳赞.图书馆学五定律[M].夏云,王先林,等译.北京:书目文献出版社,1988:33.

询引导等服务,其主要是充当图书、文献和信息的管理员。随着数字图书馆向智能化、智慧化转型,智能化技术、设备的利用将图书馆员从简单重复的传统业务活动中解放出来,图书馆员需要具备更先进的专业知识与实践技能,以适应图书馆新型的智能化服务。

国家级图书馆,省、自治区、直辖市的省级图书馆、地市级图书馆等在区域内发挥引领带动作用的图书馆应该通过培训、人才定向培养等形式,协助本区域内的各级图书馆逐步提升馆员素质,建设包括学科馆员、数据馆员、交流馆员、科研信息助理、智库专家、知识产权服务专家、情报分析专家等专业人才在内的新型人才队伍,促进业界智能化创新由"输血式"向"造血式"转变。

四、整合开展社会化合作

当今世界已进入信息化、数字化时代,推动文化事业发展必须依靠文化和科技的融合。因此,图书馆界应该借助各方面的力量,全方位开展社会化合作,积极探索新技术在图书馆领域的创新与应用,促进文化与科技融合向纵深发展。国家级图书馆,省、自治区、直辖市的省级图书馆、地市级图书馆等应当充分发挥整合优势,带动区域内各级图书馆共同引入社会合作力量。逐步建立和完善本区域图书馆在平台构建、资源建设、服务推广等方面的社会力量参与机制,推动具备资质、符合条件的文化企业、社会机构开展合作。帮助各级图书馆在整体工作机制基础上,根据本馆实际制定相关优惠政策,搭建社会力量参与平台、拓宽参与渠道、推广合作模式,鼓励并引导社会力量尤其是科技企业持续深入地参与图书馆技术创新与应用,激发优质数字资源新的活力。在技术创新与应用方面,帮助区域内各级图书馆通过特色资源和品牌形象吸引科技企业,发挥双方的核心竞争力和优势,实现在文化与科技领域持续深入的合作共赢。

第八章　基于移动互联网的数字图书馆智能化运行管理

　　未来图书馆将从资源的数字化服务转变为知识的智能化服务。在读者服务需求牵引下,图书馆的智能化运行管理在设计上不仅要满足当前图书馆在全媒体管理、全流程管理和全网域资源发现方面的基本需求,而且需要具备足够的灵活性、扩展性和个性化能力,能够支持未来图书馆大量已知和未知业务,帮助图书馆实现多样性和差异化发展,支持多租户功能、总分馆或者图书馆联盟建设等,促进与相关行业形成知识创新的生态环境,最终实现智能化、智慧化图书馆。

　　核心业务体系在设计中可以引入中台技术,落实"一平台、多场景、微应用"信息化核心理念,构建兼容、高可用、高性能的新一代图书馆核心业务体系,采用开放的微服务架构,支持配置各业务系统或者模块通过应用程序接口(API)集成进来,不仅涵盖采访、编目、流通、资源管理、用户管理、共享知识库等核心业务功能,满足当前复合型图书馆在全媒体管理、全流程管理和全域网资源发现能力方面的基本要求,也支持联合目录、馆际互借、数字仓储等跨平台的整合服务,而且具备足够的灵活性、扩展性和个性化能力,加强对知识关联、语义处理、大数据分析、可视化搜索等技术的应用,构建大数据分析体系、基于多终端的发布与服务体系,打通数字图书馆的唯一标识符、统一用户、版权管理等系统;并支持共享核心业务之外的其他功能以微应用的方式灵活构建,从而满足不同部门、不同机构个性化的业务需求,让技术、业务可以最大化地衔接,以释放最大的动能。未来数字图书馆智能化运行管理主要实施思路如下。

一、全媒体资源统一管理

目前图书馆自动化系统主要目的是管理纸质资源。随着数字图书馆的发展,图书馆的资源类型越来越多,大量的电子与数字资源的涌现对现有图书馆集成系统造成很大的冲击,且各类资源的管理较为封闭,不够开放,无法完全实现与其他系统的无缝对接。通过建设第三代图书馆服务平台,可以实现图书馆资源的统一管理和访问,包括图书馆纸质馆藏资源、通过渠道获得的数字资源(具有较好的元数据描述)和来自互联网的数据资源(数据格式不统一、缺少结构化的数据描述),支持所有格式的资源,并提供链接开放数据服务。

1. 全媒体资源的集中存储

随着信息技术的发展,国际图书馆领域正在发生剧烈变革,数据协同、数据模型、数据开放、关联数据质量评估、知识管理、图书馆系统等各方面都在为适应新环境下用户不断变化的需求而转型。图书馆目前虽然已经在数据关联开放领域展开探索,取得了阶段性成果,但还有待进一步优化升级。

全媒体资源存储框架包括中央共享区和机构区。中央共享区主要包含规范数据、书目数据及中央知识库。其中,中央知识库是针对电子资源的馆藏数据信息,为用户提供大量可共享的电子资源库元数据及电子资源列表(即电子资源馆藏元数据)。机构区包括各类资源的书目数据和馆藏数据,是机构用户和读者可直接进行管理和使用的资源信息。其中,书目数据可以支持机构用户自行编目,也支持从中央共享区复制到机构区的元数据,从而保证不同机构之间数据的共建、共享和同步更新。

2. 全媒体资源发布与服务

全媒体资源发布与服务在图书馆电子元数据和纸本元数据进行集中管理的情况下,实现元数据在不同系统之间的共用,构建一套集全馆资源发布、数据检索于一体的数字图书馆服务系统。数据发布应支持多终端多用户数据同时发布,各终端发布的数据进入数据中台统一管理。支持专题库发布字段的动态可配置添加,提供元数据入库、标引数据管理入库、对象数据管理入库、元数据与标引数据及对象数据挂接、数据维护等功能。

未来,数字图书馆可考虑在数据中台中提供对象数据管理服务,实现数字资源的对象数据管理和揭示,涉及中文图书、博士论文、民国文献、期刊、报纸、音频、视频、古籍、网络采集资源等全媒体数字资源;同时,汇聚全国公共图书馆自建数字资源,进行集中展示。对象数据的上传和访问支持互联网、专网等多种通道,支持多种传输协议,例如 FTP(File Transfer Protocol,文件传输协议)、HTTP(Hypertext Transfer Protocol,超文本传输协议)等。根据不同的数据要求,采用不同的传输协议和网络通道。建立数字资源的元数据汇聚中心库,对内实施数据接收与更新工作,并将这些元数据信息进行统一标准封装,对外提供统一的数据访问接口。同时,借助唯一标识符服务规范,实现对象数据的查询、解析、传递等功能。由于资源版权限制,用户获取对象数据前,需要先进行身份认证,身份认证后,可以获取满足权限的资源对象。

二、资源关联和知识组织

1. 建立资源的数据关联

大数据时代的到来使得知识关联的内涵发生了变化,图书馆对知识组织的需求向深层次、细粒度、多维度发展,催生了从数据中挖掘和发现知识的新需求。关联数据可以将图书馆的海量资源与外界资源进行有效连接,从而解决图书馆资源"数据孤岛"的问题。从用户角度来看,关联数据的最大好处是可以在帮助其汇集跨领域、跨学科知识的同时,分析用户的知识背景、使用习惯、兴趣和社会关系等,通过逻辑推理和语义扩展明确其学习需求,推荐用户所需和感兴趣的知识,为用户提供更加智能化、便捷化、个性化的知识服务。关联数据中丰富、互联的语义关系图书馆科技查新等参考咨询相关工作提供了更广泛的资源支持,关联数据的建设可进一步提升图书馆科技查新和科技咨询等科研服务的水平。

图书馆拥有丰富的特色资源,可以将馆藏的规范记录和古籍善本、民国文献等特色资源以及馆藏书目逐步发布成关联数据集,并提供开放数据服务、RDF(Resource Definitor Framework)导出服务和SPARQL(SPARQL Protocol and RDF Query Language)查询服务等标准数据服务。本着关联数据开放和共享的原则,鼓励和欢迎其他机构、平台遵循该接口规范,获取图书馆的关联数据或直接复用资源实体或概念URI(Uniform Resource Identifier,统一资源标识符)。

2. 探索知识组织和知识服务

在关联数据资源越来越丰富之后,在未来的发展中,可以基于元数据及语义聚合,开展知识元描述和知识挖掘,对知识资源的概念和概念之间的复杂关系进行描述,进一步探索开展知识网络、知识地图或知识图谱等多元的知识服务形式,以满足用户层次化的知识需求。

数字图书馆开展知识组织工作,可以从两方面进行探索。一方面,基于传统知识组织工具进行改造,发展知识组织体系。该方法可以基于目前图书馆已有的知识组织资源,结合国际知识组织的方法和模型,对本馆的知识组织资源进行改造和发展。另一方面,发展新的工具和方法。利用本体、语义标引等手段和成果,实现知识组织,进而构建一个有机的知识网络。

知识组织的方向可以规划为两类。一是专业化知识服务内容。图书馆从自身的知识优势出发,组织普及性、专业性、学科性、决策性的知识结构并提供面向不同需求用户的知识服务。二是以用户为中心的知识服务模式。在新技术和网络化社会里,用户获取知识的途径多种多样。图书馆应该在自己知识优势的加持下,多吸收用户的主动知识需求,与此同时还要利用大数据、人工智能等技术分析预测用户潜在的知识需求,进而进行有方向性、目标性的知识组织和知识服务。

三、资源的统一检索和发现

从面向服务的角度出发,在资源组织关联的基础上,打造一个支持多终端和各业务系统接口调用的全新的智能搜索平台,实现真正的跨馆藏,实现纸质资源和电子资源的统一检索和发现,使知识库与馆藏对象之间形成链接,从而实现对资源的进一步挖掘。智能搜索平台具备以下功能:

一是在全媒体资源统一管理的基础上,为用户提供类似一站式聚合搜索服务;可挂接图书馆中英文规范库,如主题规范、名称规范等,将规范库中信息作为同义词处理,可以扩大检索范围,有效提高查全率。结合叙词表关联数据的建设,在搜索应用中提供术语服务,提高数据整合效率和检索质量。还能够接收各类公共数字文化工程征集的各个地方图书馆的资源,并具备容纳其他文化行业机构各类资源的能力。

二是除了支持传统的文字搜索之外,可增加语音检索、语义检索功能,使用中文的自动分类和自动聚类等人工智能自动技术,并用中文内容分析技术及区域的智能自动识别技术,使用户通过输入口语化的问题表达,能够轻松获取准确的检索结果。注重用户的交互式搜索,通过与人多次对话问答的方式,确认用户真实检索需求,给出精准有意义的搜索结果。未来随着图像识别技术的成熟,也可以增加图片搜索功能,用户通过扫描书的封面图片进行图片识别搜索,即可快速查找并获取相关资源。

三是能够利用大数据技术对读者搜索行为数据进行充分的挖掘分析,针对用户提供个性化、知识化、智能化的知识推荐服务。可建立基于主题词和分类法的文献知识关系图谱,实现传统文献标引和情报检索理论在现代智能搜索引擎中关于资源关系揭示方面的创新性应用。

四、资源唯一标识管理

基于数字资源唯一标识符系统,提供数字图书馆全部资源的唯一定位,实现单个图书馆乃至全国公共图书馆对象数据的统一管理。对内保证数字资源生命周期的统一管理,包括资源生产、加工、组织、服务、保存等图书馆业务的连续性和数据的可追溯性;对外提供数字资源的唯一定位,通过统一的唯一标识符数据接口提供对外合作、对外资源共享、对外资源服务等数据的一致性和统一化管理。在此基础上提供针对海量的结构化数据和非结构化数据以及实时流数据的"采、存、管、用"的一体化解决方案,可以有效解决数据标准化支撑能力与数据及时性、完整性、准确性、一致性管控能力等方面的问题。

五、用户统一管理

实现全媒体应用系统用户的统一管理,包括身份认证、权限控制和单点登录机制。实现用户的在线注册、实名认证、登录、密码及信息修改、账号关联等全流程用户管理,并对请求登录或资源访问的用户的合法性、有效性进行统一认证,支持用户登录一次即可访问多个外部应用系统或数字资源,实现"一点登录,全网登录;一点退出,全网退出",进一步提高用户认证、登录、资源访问等的便捷性和稳定性。

提供通用的标准接口,通过接口调用实现单点登录、认证、数据同步等功能;实现与主流第三方认证平台、即时通信产品的集成,满足多样化的用户登录需求。

推进公共数字文化领域用户的统一管理和认证。通过分级分层架构,将目前分散在各类公共文化服务平台中的用户进行关联和汇聚,逐渐形成全面覆盖公共数字文化服务的用户库;为具有多个分馆角色的用户在跨分站进行资源互访时提供跨域认证服务,支持一馆读者自由地访问其他馆的数字资源。建立公共数字文化用户管理规范,针对公共数字文化领域用户种类繁多、标准不统一、用户信息无法打通的问题,进一步完善系统功能,打通用户管理渠道,为上层服务提供用户管理支撑,实现公共文化服务深度融合的目标。

六、大数据统计与分析

完善大数据体系建设工作,结合实际业务需求和适用场景,全方位采集图书馆运行管理和读者使用中的数据。利用各种分析手段,从多个维度(分时、分渠道、分用户、分地区等）出发，构建数据分析模型，对基础数据、资源数据、用户信息、行为数据和运行管理数据等进行分析与挖掘，并将分析结果应用于可视化展示、辅助决策支持、智能业务决策、精准化的读者服务等各个方面，持续提升图书馆的管理效能和服务水平。应用范围包括但不限于以下几个方面。

一是数字资源整合和开放。支持结构化数据与非结构化数据的统一管理，支持跨平台、异质文档的整合，进而开放集成移动互联网环境下的各类数字内容。

二是提供决策支持。对数字资源利用情况进行数据收集和分析。大数据统计与分析作为对资源内容和服务方式的效果反馈，为数字资源建设规划提供决策依据，优化资源结构，提升资源利用率。对各数字图书馆服务平台使用情况进行数据收集和分析，对系统功能、服务方式和服务范围等的便利性、科学性等进行评价，进而优化图书馆的业务流程，为图书馆发展规划、服务政策调整和优化提供决策支持。

三是实现个性化阅读推荐，更好提升用户体验。对读者行为信息包括在图书馆的借阅历史记录及线上阅读记录等进行分析与挖掘，了解读者对资源和服务的偏好及其变化规律，建立读者画像、划分读者群体、分析读者需求，实现个性化阅读推荐、移动阅读终端阅读首页的个性化定制，为每个读者提供不同的推荐书目，展现不同的阅读页面，实现深度个性化阅读定制，进而指导本馆提供个性化、特色化服务。

四是开展深层次的知识服务。利用大数据手段分析与挖掘各类资源间的关联，形成知识网络，为读者提供可视化的知识网络服务等。

七、统一的金融支付功能

为了进一步提高移动互联网环境下数字图书馆的服务质量和服务效率，未来在数字图书馆的核心业务体系框架内，应当建立数字图书馆金融支付的微服务应用。该系统应包括以下几个方面内容。

一是支持各种不同类型如微信、支付宝、银联、京东支付等多种渠道的第三方支付平台支付功能,其中必须支持已有的云网和 PayPal 支付平台,并为以后其他支付平台预留支持接口。系统采用"第三方支付"的方式,第三方支付平台对资金流做相应的调整,使第三方支付平台充当网上的银行中介,而最终实现用户与商家间的资金划转。网上支付平台要支持多个第三方支付接口的接入,并且可以支持随时变更第三方接口的使用范围。

二是作为一个内外联系的网关,为未来数字图书馆其他各应用系统特别是网上用户提供更便捷、更高效、更安全的支付体验服务。对数字图书馆各支付应用提供统一内部接口,各支付应用系统通过统一接口与支付平台进行连接,并由支付平台统一对用户和商品的交互数据进行管理。

三是具有完备的交易信息管理、统计及审计功能,并能够提供详细的财务报表。各应用系统管理员可以通过该平台进行各自部门的交易数据统计查询及详细交易数据查询,财务部门可以通过该平台进行所有部门的交易数据统计查询及详细交易数据查询。

八、基于云平台的多租户架构

为方便全国公共图书馆进行资源集中、资源分级管理和资源快速获取,全国公共图书馆可以统筹经费及业务工作,依托公有云面向全国公共图书馆提供业务支撑,面向全国读者提供可靠的云平台服务。

支持新一代图书馆服务平台的云计算环境构架,提供一个集大数据量运算和存储于一体的高性能计算机的集中地,这不仅能够提高图书馆本地计算能力,突破当前单机运行的性能局限,也可以和其他公共图书馆共享基础设施及服务,降低单个图书馆系统运行的硬件成本和相关运行成本,使不同的图书馆集中主要精力投入用户服务等核心业务,从而提升业务和服务的效率。

支持在 SaaS 云服务架构下多租户共享使用平台底层数据,实现多用户环境下的复用。通过以服务为导向的 SOA 架构、支持 SaaS 的云服务方式、多馆协同和灵活开放的互操作协议与接口,实现图书馆联盟之间的协同服务合作,提升图书馆软硬件平台的整体融合度和一体化程度,支持公共图书馆之间的资源共享。支持各级图书馆对本平台资源的调度,支持 PC 端、移动端等多终端资源的获取,为第三方平台标准化的元数据接口和对象数据调用接口,支持加入这个平台的公共图书馆开发自己的应用程序,最终形成一个强大的公共图书馆之间的协作基础平台,向其他公共图书馆提供综合性一体化服务,从各个方面强化图书馆行业的整体性和服务协作性。

第九章　基于移动互联网的数字图书馆人工智能服务标准

标准化有利于新技术、新方法的推广和普及,创造开放平等的产业环境、带来规模效应、提高工作效率并降低成本等①。近年来,我国高度重视标准化工作,2017 年,第十二届全国人民代表大会常务委员会第三十次会议修订了《中华人民共和国标准化法》。2021 年,中共中央、国务院印发的《国家标准化发展纲要》提出,"标准化在推进国家治理体系和治理能力现代化中发挥着基础性、引领性作用"②。这些都为我国的标准化工作提供了政策保障。一直以来,图书馆行业的标准化程度都相对较高,核心工作的业务标准始终与业务实践同步发展、相互促进,对图书馆事业发展起到了巨大的促进作用。特别是在以智能化、智慧化为特征的新一轮科技革命浪潮的推动下,图书馆应用人工智能等技术进行服务创新的需求和趋势日益凸显,先行探讨移动互联网环境下数字图书馆人工智能服务标准体系,有助于厘清数字图书馆人工智能服务创新思路,发挥标准在促进、引领和规范技术应用和新服务形态方面的独特作用。为此,本章在分析图书馆现有的标准体系特别是数字图书馆标准体系的基础上,借鉴人工智能、知识图谱、智慧城市等前沿领域的标准体系,提出移动互联网环境下数字图书馆人工智能服务标准体系框架。

---

① 刘炜,刘圣婴.智慧图书馆标准规范体系框架初探[J].图书馆建设,2018(4):91 – 95.

② 中共中央　国务院印发《国家标准化发展纲要》[EB/OL].[2022 – 10 – 22]. http://www.gov.cn/zhengce/2021 – 10/10/content_5641727.htm.

第一节　移动互联网环境下数字图书馆人工
智能服务标准体系结构

在数字图书馆建设与发展的大背景下,我国公共图书馆界在对公共数字文化领域国际标准、国家标准、行业标准和其他项目标准进行系统梳理的基础上,基本建立起包括资源建设、平台搭建、用户服务、监督管理、考核评价等在内的标准规范体系,对数字图书馆建设事业起到了良好的推动和保障作用。在移动互联网环境下,随着图书馆向智能化、智慧化转型发展,亟须在业务、数据、服务、技术和产品的建设、维护与管理过程中建立一套完善的标准规范体系,为图书馆高质量发展提供标准支撑。

信息技术的飞速发展使得其在图书馆工作和服务中发挥了不可替代的作用,并且随着智慧图书馆建设的不断深入,信息技术与图书馆联系愈加密切。在建立移动互联网环境下数字图书馆人工智能服务标准体系时,除了要考虑现有的标准体系以及我国的社会基础、职业基础和政策基础,还必须充分认识人工智能服务的独有特征,明确人工智能服务标准化的对象和范围。所以,在建立移动互联网环境下数字图书馆人工智能服务标准体系时,应当充分体现对智能技术应用的规范。此外,随着信息技术的不断迭代升级,移动互联网环境下数字图书馆人工智能服务研究也将是一个循序渐进且需要持续优化和迭代的过程,其标准制定也必将是一个在需求引导下的长期过程,要求满足长期、可持续发展的需要,并对规范和引导数字图书馆人工智能服务,乃至智慧图书馆的科学发展起到积极推动作用。

本书提出移动互联网环境下数字图书馆人工智能服务标准体系的基本结构,主要包括基础标准、关键技术标准、资源标准、服务标准、产品标准和管理标准,见图 9 - 1。其目的是统一各个概念,并明确研究范围。各标准之间相互

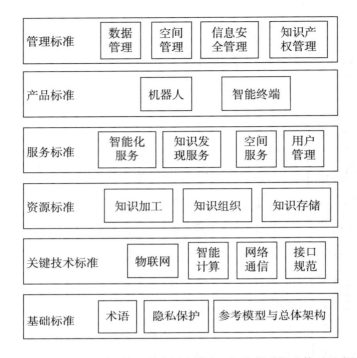

图 9−1 移动互联网环境下数字图书馆人工智能服务标准体系示意图

影响、相互制约。其中,基础标准位于标准体系最底层,由术语、隐私保护、参考模型与总体架构组成,主要用于规范图书馆人工智能服务中的术语、框架、分类等基础性要素,明确移动互联网环境下数字图书馆人工智能服务各个阶段、各个环节的基础性与共性要求,对关键技术标准等研制与应用落实起到支撑作用。关键技术标准位于标准体系结构图的中间层,主要针对图书馆服务与运行中引入的智能技术和设备,明确其功能及性能标准,确保其交互性、兼容性和开放性,主要用来让图书馆环境与信息技术环境更好地衔接和融合。资源标准基于现有的数字图书馆数字资源对象数据和元数据,重点围绕全新的知识信息资源制定一系列标准,主要包括知识资源加工、知识资源组织和知识资源存储标准。服务标准主要对图书馆各类服务的服务要素、服务形式、服务内容、服务效能等进行规范,重点包括智能化服务、知识发现服务、空间服务、用户管理等标准。产品标准包括机器人及其他智能终端的建设、服务和操作标准。管理标准主要负责规范和指导数据管理、空间管理、信息安全管理、知识产权管理等方面的具体落实。位于标准体系结构图顶层的资源标准、服务标准、产品标准和管理标准对于保障移动互联网环境下数字图书馆开展的各项人工智能服务顺利实施,具有直接的指导作用。

第二节　移动互联网环境下数字图书馆人工智能服务标准体系建设内容

结合上述结构框架,移动互联网环境下数字图书馆人工智能服务标准体系建设的重点内容主要包括以下几个方面。

一、基础标准

基础标准是移动互联网环境下数字图书馆人工智能服务的总体性、框架性、基础性要求,是图书馆在进行人工智能服务时需要遵循的基本原则,为其他标准的制定起到支撑作用,主要包括术语、隐私保护、参考模型与总体架构等标准。其中,术语标准用于规范相关术语定义;隐私保护用于规定用户隐私收集原则、方法;参考模型与总体架构标准用于规范移动互联网环境下数字图书馆人工智能服务的整体架构及各部分的逻辑关系和相互作用。

二、关键技术标准

信息技术贯穿了移动互联网环境下数字图书馆人工智能服务相关数据的采集、传输、存储、处理以及服务的全生命周期,对于数据的监测、管理等都具有重要影响。移动互联网环境下数字图书馆人工智能服务涉及的成熟技术较多,在数据采集阶段涉及的技术包括数字孪生、边缘计算、物联感知、生物识别等;数据传输环节可能采用第五代移动通信技术及区块链;数据存储环节需要应用大数据、云计算、区块链等技术手段;数据处理环节则会应用到云计算、人工智能等技术手段。在图书馆人工智能服务工作中也需要应用到自然语言处理、机器学习、可视化、人机交互等技术手段。在制定关键技术标准时,可以在现有关键技术标准的基础上,突出关键技术在移动互联网环境下数字图书馆人工智能服务中的个性化应用标准。具体包括以下四个方面:

1. 物联网技术标准

物联网技术高歌猛进,图书馆智能服务中的智能借还、智能导航、智能搬运与存储、智能场馆等均应用到了物联网技术。在应用物联网技术时,需要明确在不同场景内应用传感器技术、射频技术、蓝牙技术、虚拟现实等技术时的技术标准,以解决信息标识及解析、数据编码与交换等问题。

2. 智能计算技术标准

移动互联网环境下的数字图书馆人工智能服务将频繁应用到计算机视觉、语音识别、大数据、云计算、机器学习等智能计算技术,需要规范和指导数据处理、数据存储、数据共享、数据可视化等操作。

3. 网络通信技术标准

数据传输是贯穿图书馆人工智能服务全过程的任务,需要在保证网络高安全性的同时,规范数据传输协议,使数据完整、高效传输、分发和存储。

4. 接口标准

接口标准包括数据描述封装接口标准及智能应用接口标准,用于规定硬件之间、软硬件之间以及软件之间进行数据交换时的接口标准。

三、资源标准

资源建设是图书馆提供服务的基础,资源标准是围绕图书馆各类文献信息资源的采、编、藏等各个流程制定的相关标准①。移动互联网环境下数字图书馆人工智能服务的资源标准建设主要围绕知识资源的加工、组织和存储开展。

1. 知识加工标准

对资源进行深度知识化加工，是图书馆人工智能服务资源建设的重要方式，应当充分应用机器学习、自然语言处理等技术，制定文本及音视频等不同类型数字资源识别标准规范。与此同时，应当根据图书、期刊等加工对象的文献形态、内容结构和服务需求的不同，明确各类型数字资源自动化抽取规范，制定资源精细化标引指南。此外，还需要根据虚拟性、交互性、可操作性等要求，明确动态环境建模、实时动作捕捉等技术在场景化应用中的标准标准。

2. 知识组织标准

知识组织是对加工完成的知识资源进行揭示与服务的过程。图书馆应利用人工智能、知识图谱等技术，自动抽取并构建满足用户需要的知识结构及相关资源体系，规范关联数据建设，制定知识图谱建设指南，加强词表互操作标准规范应用，从而增强知识管理与知识服务支撑能力，实现对多源知识内容的开放采集聚合和统一加工揭示。

3. 知识存储标准

知识存储标准包括对存储架构、存储介质、存储设备及其管理等工作流程进行明确。除此之外，还应当加强知识内容保存策略、数据提交协议相关标准规范研制，为图书馆知识内容存储提供操作指南。

四、服务标准

服务标准主要包括智能化服务标准、知识发现服务标准、空间服务标准、用户管理标准等。

---

① 王秀香，李丹. 我国图书馆标准规范体系构建研究[J]. 图书馆，2017(9)：9－12.

1. 智能化服务标准

智能化服务是指图书馆面向用户提供的信息推送、智能借还、智能导航、个性化推荐及智能参考咨询等基础性智能服务,均需要制定相应服务标准。信息推送服务标准中应当包含环境感知服务标准。环境感知服务是指图书馆向用户主动提供适合当前环境的相关信息的服务,应能够实现对图书馆现有环境、人员、位置、图像、安全的感知、识别和记录。制定环境感知服务标准有助于提高图书馆服务的主动性、精准性,有助于提升用户体验。环境感知服务标准应主要包括两个方面:一是面向实体环境的感知服务标准;二是面向用户服务的感知服务标准。

2. 知识发现服务标准

知识发现服务是指根据不同用户的具体需求,精准发掘用户特征,进行知识资源关联分析,实现知识生产、传播、消费的全链条延伸拓展的服务,可以分别从服务类型、服务过程、服务效能等方面制定标准标准。

3. 空间服务标准

图书馆要实现文献信息存藏、提供查询借阅、开展社会教育等服务职能,都需要依托图书馆空间。只有对图书馆空间进行合理规划与建设,使图书馆空间成为功能全、效率高的环境,才能在有限的空间内进行业务工作的同时,为读者提供优质的服务。信息技术的应用将会在很大程度上改变甚至重塑人们所熟悉的传统图书馆空间,图书馆空间建设与转型发展是图书馆智能化、智慧化建设的重点内容之一。因此,移动互联网环境下数字图书馆人工智能服务标准体系建设应当包含与空间服务相关的内容,以便规范利用信息技术构建新型图书馆服务空间。在移动互联网环境下,图书馆空间有了新的场景和功能,如智能化业务操作空间、智慧阅读学习空间、交流共享空间等。空间的划分、建设与发展相关标准规范,既要考虑图书馆发展程度,修定已有标准,增加新型空间的规划,又要对图书馆如何建设新型空间进行规范或提供指引,制定新标准规范。

4.用户管理标准

用户管理需要拓展统一身份认证范围,支持账号密码、人脸识别、动态验证、刷卡认证、社交账号等多种认证方式。此外,还需要支持统一权限控制,建立统一的角色与权限体系,实现全平台访问权限的集中控制。制定用户管理生命周期标准、统一用户管理系统开发标准、统一身份认证标准、用户权限管理与控制标准,可对以上功能实现进行系统化的指引。

五、产品标准

产品标准主要包括机器人及其他智能终端设备的建设、服务和操作标准。

1.机器人应用标准

书库点检机器人和参考咨询机器人是目前常见的两类图书馆人工智能服务应用机器人,要从软件和硬件等角度对机器人应用标准进行规范,以便于明确机器人各项性能指标。

2.智能终端应用标准

为了有效保障阅读器、智能穿戴设备等智能终端设备在移动互联网环境下数字图书馆人工智能服务中发挥应有的作用,需要从安全性、互通性、耐久性等多个角度规范智能终端应用。

六、管理标准

制定业务管理标准的目的主要是保障图书馆能够安全、可靠地运行,实现科学、可持续发展。在全国图书馆标准化技术委员会制定的图书馆标准体系框架中,管理标准被划分为设施设备管理标准、业务管理标准、组织管理标准和环境管理标准四类[①]。结合移动互联网环境下数字图书馆人工智能服务的具体需求,本书将管理标准划分为数据管理、空间管理、信息安全管理、知识产

---

① 王秀香,李丹.我国图书馆标准规范体系构建研究[J].图书馆,2017(9):9-12.

权管理等标准。

1. 数据管理标准

大数据技术将数据与图书馆的资源建设、服务、管理融合得更加全面和深入，数据管理的标准化对图书馆建设具有重要意义。在移动互联网环境下，数字图书馆需要提出明确的数据治理目标，并据此构建完整的数据管理标准体系。数字图书馆人工智能服务过程主要涉及以下几个方面的数据处理工作：通过各类传感、监控设备以及大数据和云计算技术对数据进行采集和存储；利用机器学习、人工神经网络等技术对馆藏数据、用户行为数据等数据资源进行分析和挖掘；将数据资源应用到资源采购、空间优化、知识发现等①。与此相适应，图书馆需要制定和完善与上述工作相匹配的标准规范。

2. 空间管理标准

智能化、智慧化背景下的图书馆空间管理标准主要指智能场馆标准。智能场馆来源于智能楼宇或智慧建筑，即通过应用先进的通信网络技术、传感技术、自动控制技术等使建筑物内外的各项设备有条不紊、综合协调、科学合理地运行，从而达到安全、节能、环保等目的。智能场馆管理具体涉及智能能耗管理、智能安防管理、环境智能检测与管理等方面。移动互联网环境下数字图书馆的智能场馆需要为文献保护提供安全节能的场所，为用户阅读、学习、交流、创造等一系列活动营造适宜的氛围，为开展形式多样的个性化服务提供智能支持等。智能场馆标准标准需要根据上述功能需求进行总体设计和不断完善，并针对不同图书馆的规模、性质等实际情况进行细节调整。

3. 信息安全管理标准

人工智能技术的应用不仅为图书馆建设带来了便利，同时也引出了诸如网络通信安全、系统和软件安全以及数据安全等诸多安全问题，开展图书馆信

---

① 洪亮,周莉娜,陈珑绮.大数据驱动的图书馆智慧信息服务体系构建研究[J].图书与情报,2018(2):8-15.

息安全管理标准建设时,应当提高对上述安全问题的重视。

4. 知识产权管理标准

图书馆馆藏资源类型多元、来源多样,致使知识产权的管理问题异常复杂。图书馆在提供人工智能服务时,可能存在很多知识产权风险,如在通过数据收集、预处理、建模等环节向用户提供个性化服务时,在设备开发、系统平台建设、资源加工等过程中,都可能会面临大量知识产权问题。所以图书馆需要加强知识产权管理标准的建设,全面分析知识产权管理需求,建立覆盖数字图书馆人工智能服务全流程的知识产权管理标准体系。

第十章　基于移动互联网的图书馆人工智能
服务前景展望

"智能 + "已成为经济社会发展的核心。人类正迈向万物互联、万物智能的大智能时代。邬贺铨院士在《智能时代：大数据与智能革命重新定义未来》一书的序言中指出："大数据与机器智能相伴而生，促进物联网从感知到认知再到智能决策的升华，催生了智能化时代。这是一个计算无所不在、软件定义一切、数据驱动发展的新时代。"①

当众多读者使用智能手机登录图书馆网络之际，图书馆人已深刻认识到"人工智能 + 图书馆"是信息时代图书馆创新提升的一种新机遇。依托智能化移动互联网提供智能、便捷以及泛在的服务，已经成为图书馆未来发展的新趋势。人工智能在图书馆广泛应用的时代即将到来，图书馆的管理模式和服务形式将随之发生颠覆性变革。人工智能的自适应、自学习、自校正、自协调、自组织、自诊断及自修复的深度学习能力将为图书馆提供最强支撑力。人工智能时代，图书馆人即将逐步摆脱以往重复、繁杂的工作，并进入人机和谐共进的时代，图书馆将依托智能技术搭建图书馆管理和服务的智能化平台。实际上，早在 2010 年，清华大学图书馆已在其网站服务栏目中设置了智能聊天机器人，包括图书馆知识问答、查询馆藏图书、百度百科、自我学习训练等内容，将人工智能引入图书馆咨询服务系统，开创了在线参考虚拟实时咨询服务的新模式。目前，国内很多图书馆也迅速跟进，并推出了众多类似的服务。以上

---

① 吴军. 智能时代：大数据与智能革命重新定义未来［M］. 北京：中信出版集团，2016：1 – 10.

案例只是图书馆在人工智能时代的简单试水,未来的发展空间将无法估量。图书馆传统服务中那些重复性的事务如读者办证、文献编目、信息检索、读者咨询、图书搬运、图书借阅、数据记录等正是机器智能擅长的事情,因而其可以承担这些原本由图书馆员承担的工作。

　　移动互联网环境下,图书馆已经实现了人与服务的互联,在人工智能技术的助力下,未来图书馆的管理、平台、空间将实现人与智能机器的泛在化交互识别、实时数据处理、服务智能聚合以及用户个性化定制,图书馆的服务将更加趋向于智慧化、个性化和人性化,从而为读者提供更加快捷、多样、立体、及时的服务。未来,数字图书馆的人工智能服务将从图书馆"以人为本"的理念出发,站在图书馆的基础现状之上,借助先进的技术手段,在空间扩展、虚实相生、认知演化等方面引领创新途径,通过务实的服务来凝聚和激发智慧,形成典型的聚合性、颠覆性、创造性的综合体。其创新发展应当紧密围绕"感知需求、激活知识、融合技术、服务社会"的核心理念不断延伸其智慧服务的能力,用智慧的力量推进社会的发展。其宗旨是依靠众多信息系统的集成和信息内容的聚合,为用户提供智能化的服务,图书馆的服务时空将被无限放大。

　　在人工智能技术的助力下,未来的图书馆移动服务空间将成为物理空间、数字空间和社会空间三维空间的立体结合体。随着 5G、大数据、AI、区块链等技术的发展,图书馆将开启高度沉浸式、可定制的数字体验新时代,模糊物理世界和数字世界之间的界限,面向用户催生令人激动的新用例。移动互联网环境下的智慧图书馆体系建设,将融合 VR、AR、动作捕捉、5G/6G 等接入类技术,数字孪生、全息投影、物联网、工业互联网等映射类技术,云计算、边缘计算、量子计算、分布式计算等构建类技术,人工智能、智能机器人、区块链、大数据等应用类技术,以新一代的去中心化的 Web3.0 为网络基础,物理、人类、信息三元世界深度融合,支撑智慧图书馆建设中数字资源的立体呈现,利用知识组织、数据整合、知识挖掘、数据挖掘、智能搜索、产权保护等多种手段,实现服务内容的细粒度化、全媒体化和语义化,利用各类信息感知技术、增强现实技术、大数据、分布式计算、区块链等技术,大幅提升图书馆支撑体系的智能化水平。

对于图书馆人来说,在新一轮技术演进趋势下,应积极探索推进人工智能技术在图书馆智慧化发展中的应用,深入实施用户需求引导能力提升工程,增强用户体验效果,加快推动技术升级,努力营造人工智能语境下的智慧图书馆移动服务的发展氛围。

未来,数字图书馆将向着智能化、智慧化图书馆转型,智慧图书馆在人工智能技术加持下开展的移动服务将围绕以下几个方面进行创新性突破。

第一节　用户需求的全面感知

移动互联网环境下的用户属于现实空间,拥有真实身份,并可能在多个虚拟空间拥有不同的数字身份,兼具现实空间和虚拟空间所赋予的行为特征。用户以真实和数字两种身份,在现实和虚拟空间中将产生大量多模态信息资源,即除文字、图像、视频、音频等多媒体信息外,还包括角色、位置、时间、社交信息等多方面的信息。

移动互联网环境下用户的服务请求将呈现出复杂化、多元化、动态化、综合化的特点,将渐渐形成多源异构多模态数据的信息综合体。如在用户发送服务请求时,通常会蕴含着丰富的时空信息、结构信息以及社会关系等隐含信息,只有获取、过滤有效的用户信息并从这些数据中挖掘出高质量的有用数据,以刻画出用户服务需求与这些数据信息的彼此关联,才能实现用户意图的全方位获取,支撑对用户意图的精确理解。因此,以物理世界、虚拟世界、人类社会三元世界所构成的融合系统为研究对象,在准确把握数据类型、数据分布、呈现形式等数据特征的基础上,通过各种途径识别移动互联网环境下与用户服务需求相关的用户特征数据、情境数据、用户关系数据等多来源数据信息采集的关键链路和节点,构建与服务需求智能匹配和获取的关联接口,才能实现对与用户服务需求相关信息的有效捕获、萃取、组织、分析和语义融合,为实现移动互联网环境下全方位理解用户服务需求提供有力的数据支撑。

第二节　多模态数据的多源综合

信息是移动互联网环境的核心资源,其通过在物理、人类、虚拟世界中自由流动形成信息生态,促进虚拟与现实的融合。社会网、互联网、物联网是信息运动的主要媒介。移动互联网环境中的信息主要有两种来源:一是现实空间的输入,即现实空间中的知识以及信息通过数字化方式在虚拟空间中展现;二是虚拟空间的产出,即虚拟空间中的物体所产生的信息。现代信息技术环境下,信息生产将具备更高的自由度,借助人类和机器将高度协同互动,大量多维、多模态、多属性信息资源将井喷式涌现,以构成移动互联网环境下新的信息生态。因此,智慧图书馆的移动服务必须具备应对瞬时涌现的多源多模态信息处理的能力。移动互联网环境下的图书馆对多模态数据的多源综合处理是指利用融合技术对大量数据信息进行筛选、过滤,以去除内容信息的不确定性,通过多模态数据的融合算法实现内容和特征的聚类,将同一信息资源的不同维度、不同来源、不同层次的数据信息进行聚合,通过对多源数据信息和知识的重组和融汇形成符合用户需求的知识产品。

移动互联网环境下,大量多维、多模态、多属性信息资源的出现使得用户的资源利用方式逐步向多模态形式转变,驱动着智慧图书馆的移动服务向数据多元化、信息融合化发展。其实现基础是引入多源综合理念,借助大规模知识图谱、知识仓储以及关联信息挖掘等支撑技术,探索在不同的用户情境下,不同社会关系用户与不同粒度信息对象间的关联关系,构建面向同一用户不同角色真实需求的跨越载体单元和虚实场景,深入资源内容的数据对象及其关联关系模型和大规模的语义网络图,以实现对移动互联网环境下智慧图书馆所包含各类虚实数据对象间关联信息的有效组织与存储,为海量数据环境下消除语义歧义、满足不同用户的多情境动态信息需求提供支撑。

第三节 基于知识元的集成服务

移动互联网环境下,各类信息资源均以数字形态存在,依托网络环境传播,正在形成一种复杂交融的知识体系。人们处于知识交叉融汇,探索目标、探索环境不确定的虚实交互的新环境中。智慧图书馆是三元世界中的知识枢纽,承担着帮助用户快速发现目标知识对象及与其大量关联知识内容的任务。在知识的重组、构建与解构过程中,智慧图书馆应当不仅能够延伸用户的感官体验,让原来单模态的数字资源以更高维逼真的模式再现,同时也应通过知识单元之间的关联强化,实现基于虚实世界场景和角色的连通,提升数字资源关联的"可视性",真正带给用户沉浸式的知识体验。在整个过程中,知识标引的颗粒度和关联复杂度决定了用户体验的灵活性和多元性。

知识元源于数据元,是构造知识的最基本单位。移动互联网环境下,知识元的知识管理必然成为未来智慧图书馆发展的重要方向。基于知识元的描述与表现形式,使得智慧图书馆的移动服务系统可以深入文献内容之中,实现数据级的细粒度服务,可以有效提升移动互联网环境下数据信息的可集成性,为智慧图书馆实现高质量的知识发现服务提供可能。与以往传统基于粗粒度的资源组织与利用方式不同,通过不同层次、不同梯度的细粒度知识元映射,可以实现知识的有效切割、关联、重构;通过建立起基于知识元的多维度、多粒度的知识表征,可以帮助用户确认服务目标和探索方向的正确性,完成与服务目标相关知识点及其关联结构的有效梳理。当用户借助智慧图书馆移动服务系统进行知识的探索发现时,可以通过细粒度化的服务,向用户呈现不同维度、不同粒度的知识单元,以匹配用户的服务需求,提供全面、精确的服务结果信息,提高智慧图书馆移动服务的质量和效率,满足用户日益精确化的信息需求;通过呈现与目标知识元相关联的知识信息,构建与用户服务需求相关的完整知识系统,可以方便用户全方位把握该知识元的全貌和发展状态,拓宽用户服务需求的广度与深度,促进知识的增进与创新。因此,知识元作为知识系统的最小单位,对于移动互联网环境下的智慧图书馆服务系统实现基于数据信息的细粒度服务和移动互联网语境叙事有着重要意义。

第四节　数据服务的多场景融合

2021 年被称为元宇宙元年。基于"元宇宙"巨大的发展潜力,目前众多互联网大厂已经开始布局并且开展规模化投入。应该说,元宇宙是各种技术成熟到一定程度质变的产物,它的出现是信息化、数字化发展到一定程度的必然结果,也是人类解构、描述、认识物理世界的新型工具。元宇宙一方面逼真模拟了现实世界中的时空规定性,另一方面又超越、解放了现实世界中的边界约束性。相比于当下现实世界,元宇宙下的移动互联网用户在虚实融合的各种场景中将产生大量的信息生产和信息利用行为。由于信息交流具有高度的实时性,用户发布信息即可获得反馈,因此元宇宙场景知识图谱及事理图谱的节点(即实体)与边(即实体关系)的数量成倍增长。

将元宇宙中用户所处的"超现实"场景与现实空间进行融合即可产生大量的虚实重合场景。智慧图书馆的移动服务可针对用户所处的不同场景和事理节点,结合不同类别资源特别是文献等静态数字资源,通过扩展现实等技术让原有静态资源具备动态效果,由实及虚提供立体化的知识体验。此外,移动服务还可以帮助用户实现将不同来源的数字资源聚类在同一场景下进行统一叙事,即在语义互通互联的基础上实现场景的互通互联,将多种类型的信息交融取代简单图像和场景的叠加。通过空间映射让数字资源在更高维度进行整合,以增强用户体验的互动感,提升用户对信息的感知和利用能力。

第五节　广泛的行业融合发展

智慧图书馆的移动服务将作为社会信息媒介被融入知识服务的各个环节,应当建立贯通知识创作、发布、存储、传播、利用等全域链条的社会化合作机制,移动服务由单纯的信息存储者,变成知识社会信息产业链条中的创造者和推动者;作为开放的社会教育平台,凭借优秀的文化资源和技术优势,与科技馆、大专院校、出版社等机构开展合作,实现公共文化资源共享,提升社会教育效能;依托高新技术手段,发挥自身资源优势,多渠道寻求对外合作的可能性,拓宽服务空间,实现多行业渗透融合发展,将智慧图书馆的移动服务引入人们的日常生活。

智慧图书馆独特生态环境的打造离不开智慧化知识服务运营环境的构建。未来,智慧图书馆移动服务将形成一个多元参与、互利互赢的知识"集市",建立贯通知识创作、发布、存储、传播、利用等全域链条的社会化合作机制,支持各级图书馆及社会第三方平台开放接入,为知识生产者、知识服务者和知识消费者等不同角色的知识活动提供内容审核、资源加工、用户画像、活动推广、版权管理、空间运营、数据分析等一系列助力,为公民、法人和其他组织加入智慧知识服务网络提供全流程支持与服务。

总而言之,人工智能为移动互联网环境下的智慧图书馆建设提供了现实路径,进一步激活智慧图书馆信息资源开发与利用、新一代信息技术集成应用及智慧化服务的想象空间。其以虚实相容、跨领域协同的方式深刻改变了现有图书馆传统的运作模式。未来,移动互联网环境下的智慧图书馆需要探索在三元世界中的新型运作模式,广泛挖掘智慧图书馆不同类型用户的信息需求;建立以单个数字身份为基础的价值评价体系,提升与用户需求相匹配的全方位体验;建立移动互联网环境下智慧图书馆的信息监管机制,创造更加有序的信息生态空间,提升虚实融合环境中的信息组织能力;依托脑机接口、扩展现实等技术提升用户体验的沉浸感。从信息、技术、用户、管理等全方位多角度,实现用户角色的精准分析和定位,运用各种数字技术实现各类服务信息的精准投放,增强用户全方位感知能力。

在三元世界中应用数字孪生、区块链、人工智能、物联网等信息技术,可实现在数字世界里复刻现实世界的多维度场景以及跨时空的无缝穿越。移动互联网环境下的智慧图书馆将呈现数据融合化、虚实一体化的发展趋势。在数据融合化的发展趋势下,用户将依托社会网络完成日常常规行为,依托互联网完成信息处理和交流,依托物联网完成感官行为处理。智慧图书馆将通过对分布式计算、高性能计算、云计算、雾计算、边缘计算、量子计算等"计算"体系的构建,进一步提升自身的数据分析处理能力,完成数据信息到人类智慧的转化,实现数据赋能用户的目标。在虚实一体化的发展趋势下,通过脑机交互的支持,人类大脑将与数字世界完成即时双向信息交互,用户认知行为将产生重大变革。智慧图书馆的服务将更加细粒度化,将具象到每一个具体的空间和时间序列,依托每个时间和空间单元创造出内涵更加丰富的信息服务,满足用户无时无刻不在虚实相容环境中工作、生活的需求。

附录一　国内公共图书馆人工智能应用调查问卷

尊敬的图书馆同仁：

您好！智慧图书馆建设是我国"十四五"时期公共文化领域的重要任务，建立"全国智慧图书馆体系"将推动全国公共图书馆事业实现高质量转型发展。人工智能作为新一代信息技术手段，是智慧图书馆建设的重中之重。为全面了解我国公共图书馆在人工智能技术应用方面的整体情况、开展的先行探索和取得的积极成效，国家图书馆特编制"国内公共图书馆人工智能应用"调查问卷，了解贵单位人工智能的相关建设及应用情况。您的资料仅供研究参考，十分感谢您的支持与配合！

一、图书馆情况

1. 您所在图书馆全称：_____。

2. 您所在图书馆级别：(　　　)

　　A. 省级图书馆

　　B. 副省级图书馆

　　C. 地市级图书馆

　　D. 区县级图书馆

　　E. 其他(请填写：_____)

3. 您在贵单位人工智能应用工作中的角色是(　　　)

　　A. 项目建设

　　B. 技术运维

　　C. 业务使用

　　D. 其他(请填写：_____)

二、图书馆人工智能应用基本情况

4. 贵单位应用人工智能的主要驱动因素是(　　)(可多选)。

　　A. 手动/重复工作自动化

　　B. 改善用户体验

　　C. 降低成本

　　D. 丰富服务内容

　　E. 其他(请填写:＿＿＿＿＿＿＿＿＿＿＿＿＿＿＿＿＿＿)

5. 贵单位人工智能技术的应用现状(　　)从何时开始:＿＿＿＿＿＿＿年。

　　A. 广泛应用(近三年建设人工智能项目＞3 项)

　　B. 已应用

　　C. 规划中

　　D. 暂时没有考虑

6. 贵单位在实践中已应用了哪种人工智能技术?(　　)(可多选)。

　　A. 专家系统

　　B. 神经网络

　　C. 模式识别

　　D. 机器学习与深度学习

　　E. 自然语言处理

　　F. 生物识别

　　G. 云计算

　　H. 区块链

　　I. VR/AR 技术

　　J. 其他(请填写:＿＿＿＿＿＿＿＿＿＿＿＿＿＿＿＿＿＿)

　　K. 以上均没有

7. 贵单位的人工智能项目采用哪种开发模式?(　　)

　　A. 自主开发

B. 外包模式

C. 就战略框架协议与第三方机构合作开发

D. 其他(请填写:_____)

8. 贵单位已开展的人工智能项目经费投入是多少?(   )未来的项目经费预算是多少?(   )

A. 0—50 万元

B. 51 万—100 万元

C. 101 万—200 万元

D. 201 万—500 万元

E. 501 万元及以上

9. 贵单位开展人工智能项目的经费来源主要有哪些?(   )(可多选)。

A. 中央转移支付经费

B. 地方配套经费

C. 社会资本投入

D. 其他(请填写:_____)

• 请简要描述各来源经费的占比情况:

10. 贵单位及贵单位所属政府主管部门的相关计划规划和规章制度中是否有涉及人工智能的相关内容?(   )

A. 是

B. 否

• 如答案为"是",请提供规划和规章中有关具体内容:

三、设施与平台

11. 贵单位是否部署了 5G 或 Wi-Fi 6 等新型网络？

　　A. 是

　　B. 否

　　• 如答案为"是"，请简要说明新型网络具体应用的物理范围和应用场景：

12. 贵单位是否依托人工智能技术建立了应用于管理和服务的智能化平台？

　　A. 是

　　B. 否

　　• 如答案为"是"，请简要说明该智能化平台的名称及主要功能：

四、智能场馆与空间

13. 贵单位是否开展以下智能场馆建设？（　　　）（可多选）。

　　A. 智能监控/智能安防/智能门禁

　　B. 灯光/温度/湿度等物理环境智能调节

　　C. 人脸识别/指纹识别/语音识别等生物识别

　　D. 其他（请填写：＿＿＿＿＿＿＿＿＿＿＿＿＿＿＿＿＿＿＿＿）

　　E. 以上均没有

14. 贵单位是否开展以下生物识别技术应用？（　　　）（可多选）。

　　A. 建立读者生物信息库

　　B. 刷脸入馆

　　C. 刷脸借还书

　　D. 刷脸查询借阅信息

E. 大数据分析应用

F. 其他(请填写:＿＿＿＿＿＿＿＿＿＿＿＿＿＿＿＿＿＿)

G. 以上均没有

15. 贵单位生物信息采集有哪些渠道?(　　　)(可多选)。

A. 数据库采集

B. 现场采集

C. 移动端采集

D. 其他(请填写:＿＿＿＿＿＿＿＿＿＿＿＿＿＿＿＿)

E. 以上均没有

16. 贵单位开展了以下哪些智慧空间建设?(　　　)(可多选)。

A. 沉浸式阅读体验空间

B. AR/VR 阅读墙

C. 声音图书馆

D. 智慧书房

E. 打造云课堂实现各类线下活动远程现场实时展示、沉浸式体验和虚拟
互动

F. 其他(请填写:＿＿＿＿＿＿＿＿＿＿＿＿＿＿＿＿)

G. 以上均没有

五、资源建设

17. 贵单位在资源建设中是否开展了如下领域的实践?(　　　)(可多选)。

A. 资源知识化提取与挖掘

B. 知识关联与知识图谱

C. 数字人文

D. VR/AR 等新型数字资源建设

E. 其他(请填写:＿＿＿＿＿＿＿＿＿＿＿＿＿＿＿＿)

F. 以上均没有

18. 贵单位是否开展以下新型资源建设？（　　　）（可多选）。

    A. 原生数字资源

    B. 网络资源

    C. 口述历史

    D. 社交媒体资源

    E. 其他（请填写：_____）

    F. 以上均没有

六、智能化服务

19. 贵单位是否开展以下智能化服务？（　　　）（可多选）。

    A. 自助借还/自助预约

    B. 智能问答

    C. 智能定位导航

    D. 智能座席

    E. 机器人服务

    F. 智能检索/智能推荐/智能参考咨询/个性化知识推送

    G. 其他（请填写：_____）

    H. 以上均没有

20. 贵单位是否开展以下自助借还服务？（　　　）（可多选）。

    A. NFC 自助借还

    B. 扫码借阅

    C. 无感借阅

    D. 其他（请填写：_____）

    E. 以上均没有

21. 贵单位是否开展以下机器人服务？（　　　）（可多选）。

    A. 智能导览

    B. 智能参考咨询

C. 智能检索推荐

D. 其他（请填写：＿＿＿＿＿＿＿＿＿＿＿＿＿＿＿＿＿＿＿＿）

E. 以上均没有

22. 贵单位是否在以下渠道提供智能问答服务？（　　　）（可多选）。

A. 微信公众号

B. 微信小程序

C. 图书馆官网

D. 智能机器人

E. 智能语音咨询电话

F. 其他（请填写：＿＿＿＿＿＿＿＿＿＿＿＿＿＿＿＿＿＿＿＿）

G. 以上均没有

七、智能管理

23. 贵单位实现了以下哪些方面的智能化升级？（　　　）（可多选）。

A. 图书智能分拣/搬运/盘点/杀菌

B. 智能采购

C. 智能编目

D. 智能书架/智能书库

E. 机房智能管理

F. 其他（请填写：＿＿＿＿＿＿＿＿＿＿＿＿＿＿＿＿＿＿＿＿）

G. 以上均没有

24. 贵单位实现了对以下哪些数据的智能化管理？（　　　）（可多选）。

A. 设施/设备/系统数据

B. 资源数据

C. 用户数据

D. 服务数据

E. 业务数据

　　F. 其他（请填写：＿＿＿＿＿＿＿＿＿＿＿＿＿＿＿＿＿＿＿＿）

　　G. 以上均没有

25. 贵单位的数据智能管理主要服务于哪些方面？（　　　）（可多选）。

　　A. 用户精准画像

　　B. 智能辅助决策

　　C. 绩效评价

　　D. 其他（请填写：＿＿＿＿＿＿＿＿＿＿＿＿＿＿＿＿＿＿＿）

　　E. 以上均没有

八、人才培养和业务培训

26. 贵单位是否开展人工智能应用相关的人才培养和业务培训？（　　　）

　　A. 已开展

　　B. 计划开展

　　C. 暂时没有考虑

27. 贵单位开展的相关人才培养和业务培训主要涉及哪些内容？（　　　）（可多选）。

　　A. 系统平台

　　B. 资源建设

　　C. 服务推广

　　D. 标准规范

　　E. 其他（请填写：＿＿＿＿＿＿＿＿＿＿＿＿＿＿＿＿＿＿）

28. 贵单位开展的相关人才培养和业务培训的主要形式有哪些？（　　　）（可多选）。

　　A. 线上培训

　　B. 线下培训

　　C. 参观交流

　　D. 合作培训

E. 其他 (请填写 : _____)

九、标准规范

29. 贵单位制定了哪些与人工智能应用相关的标准规范? (   ) (可多选)。

    A. 基础标准

    B. 技术标准

    C. 资源标准

    D. 服务标准

    E. 业务标准

    F. 其他 (请填写 : _____)

    G. 以上均没有

十、研究跟踪

30. 贵单位是否开展人工智能应用相关的研究跟踪? (   )

    A. 已开展

    B. 计划开展

    C. 暂时没有考虑

31. 贵单位开展的研究跟踪主要集中在哪些方面? (   ) (可多选)。

    A. 关键技术应用与研发

    B. 服务应用

    C. 标准规范

    D. 营销推广

    E. 其他 (请填写 : _____)

32. 请简要描述贵单位开展人工智能应用研究跟踪的阶段性成果:

十一、图书馆人工智能应用评价

33. 您对贵单位人工智能技术的应用效果的总体评价是(　　)。

　　A. 处于业界领先水平

　　B. 处于业界平均水平

　　C. 有待改进(请说明待改进之处：_____)

34. 请简要介绍一项贵单位最具代表性的人工智能应用项目(包括项目起始时间、主要内容、应用范围及场景等)。

35. 您认为贵单位应用人工智能技术的主要困境有哪些? (　　)(可多选)。

　　A. 经费不足

　　B. 人员不足

　　C. 经验不足

　　D. 技术应用不足

　　E. 缺乏系统规划

　　F. 缺乏带动与引领

　　G. 其他(请填写：_____)

36. 贵单位对于在图书馆开展人工智能技术应用有何需求和建议?

附录二 公共数字文化资源移动终端元数据规范
第 1 部分:图像资源

1 范围

本文件规定了公共数字文化资源建设、服务和管理中的移动终端图像资源元数据要求。

本文件适用于公共数字文化中移动终端发布的图像资源元数据的通用性元素设计。

2 规范性引用文件

下列文件中的内容通过文中的规范性引用而构成本文件必不可少的条款。其中,注日期的引用文件,仅该日期对应的版本适用于本文件;不注日期的引用文件,其最新版本(包括所有的修改单)适用于本文件。

GB/T 2659.1—2022 世界各国和地区及其行政区划名称代码 第 1 部分:国家和地区代码

GB/T 4880.2—2000 语种名称代码 第 2 部分:3 字母代码

GB/T 7408.1—2023 数据元和交换格式 信息交换 日期和时间表示法

GB/T 18391.3—2009 信息技术 元数据注册系统(MDR) 第 3 部分:注册系统元模型与基本属性

GB/T 25100—2010 信息与文献都柏林核心元数据元素集

GB/T 36369—2018 信息与文献 数字对象唯一标识符系统

WH/T 51—2012 图像元数据规范

WH/T 52—2012 管理元数据规范

ISO 2108:2017　信息与文献——国际标准书号[Information and documen-tation—International Standard Book Number (ISBN)]

RFC 3986 统一资源标识符(URI):通用语法[Uniform Resource Identifier (URI):Generic Syntax]

RFC 5646 语言识别标签(Tags for Identifying Languages)

3　术语和定义

下列术语和定义适用于本文件。

3.1　DCMI 都柏林核心元数据计划　DCMI-Dublin Core Metadata Initiative

都柏林核心元数据元素集的维护机构。

[来源:GB/T 25100—2010,定义 3.1]

3.2　图像资源　image resources

除了文本以外其他静态的、二维的、可视化的表现方式。

注:如图片、照片、幻灯片等。

[来源:WH/T 51—2012,定义 3.2]

3.3　元数据　metadata

定义和描述其他数据的数据。

[来源:GB/T 18391.3—2009,定义 3.2.18]

3.4　元素　element

数字资源元数据的基本语义单位,描述数字资源元数据框架内的基本实体。

注:元素用于表示数据对象的关键信息,多个元数据元素的集合称为元数据元素集。

[来源:WH/T 51—2012,定义 3.5]

3.5　修饰词　qualifier

当元素(3.4)无法满足资源对象的精确描述需要时进一步扩展出的术语。

[来源:WH/T 51—2012,定义 3.6]

3.6 元素修饰词 element refinement

对元素的语义进行修饰,提高元素的专指性和精确性。

[来源:WH/T 51—2012,定义3.7]

3.7 编码体系修饰词 encoding scheme

用来帮助解析某个术语值的上下文信息或解析规则。

注:编码体系修饰词的形式包括受控词表、规范表或者解析规则。

[来源:WH/T 51—2012,定义3.8]

3.8 规范文档 authority file

说明著录元素(3.4)内容时依据的各种规范。

[来源:WH/T 51—2012,定义3.9]

3.9 复用 reuse

在元数据(3.3)应用过程中,对于其他元数据标准中已经有明确定义并适用于本应用领域的元素的直接使用,并在使用时明确标明其地址。

[来源:WH/T 51—2012,定义3.10]

4 缩略语

下列缩略语适用于本文件。

CT:汉语主题词表(Chinese Thesaurus)

CCT:中国分类主题词表(Classified Chinese Thesaurus)

CLC:中国图书馆分类法(Chinese Library Classification)

LCSH:美国国会图书馆主题词表(Library of Congress Subject Headings)

IMT:互联网媒体类型(Internet Media Type)

URI:统一资源标识符(Uniform Resource Identifier)

DOI:数字对象唯一标识符(Digital Object Identifier)

ISBN:国际标准书号(International Standard Book Number)

TGN:地理名词叙词表(Thesaurus of Geographical Names)

URL:统一资源定位符(Uniform Resource Locator)

5　元素集及扩展规则

5.1　元素集

附表 2－1 给出了移动终端图像资源元数据及修饰词。其中,系列图像元数据元素 23 个,个体图像元数据元素 4 个。

附表 2－1　移动终端图像资源元数据元素及修饰词列表

类型	序号	元素	元素修饰词	编码体系修饰词	复用
系列图像元数据元素	1	图像资源 ID			
	2	题名			GB/T 25100—2010
			交替题名		dcterms：alternative
	3	创建者			GB/T 25100—2010
			责任方式		mods：role
	4	主题			GB/T 25100—2010
				CT	
				CCT	
				CLC	
				LCSH	
	5	描述			GB/T 25100—2010
			摘要		dcterms：abstract
			目次		dcterms：tableOfContents
			风格		WH/T 51—2012
	6	出版者			GB/T 25100—2010
			出版地		WH/T 51—2012
	7	其他责任者			GB/T 25100—2010
			责任方式		mods：role
	8	日期			GB/T 25100—2010
			创建日期		dcterms：created
			发布日期		dcterms：issued
			版权日期		dcterms：dateCopyrighted
				GB/T 7408.1—2023	
				Period	

续表

类型	序号	元素	元素修饰词	编码体系修饰词	复用
	9	类型			GB/T 25100—2010
				DCMIType	
	10	格式		IMT	GB/T 25100—2010
			大小		dcterms：extent
			媒体		dcterms：medium
			色彩位深		
			色域		
			图像宽度		
			图像高度		
			图像分辨率		
			图像获取信息		
	11	标识符			GB/T 25100—2010
				URI	
				DOI	
				ISBN	
	12	来源			GB/T 25100—2010
				URI	
				DOI	
				ISBN	
	13	语种			GB/T 25100—2010
				RFC 5646	
				GB/T 4880.2—2000	
	14	关联			GB/T 25100—2010
				URI	
				DOI	
				ISBN	

续表

类型	序号	元素	元素修饰词	编码体系修饰词	复用
	15	时空范围			GB/T 25100—2010
			空间范围		dcterms：spatial
			时间范围		dcterms：temporal
				GB/T 740801—2023	
				Period	
				TGN	
				Point	
				GB/T 2659.1—2022	
				GeoNames	
	16	权限			GB/T 25100—2010
			版权拥有者		dcterms：rightsHolder
			授权用户类型		WH/T 52—2012
			授权用途		
	17	受众			WH/T 51—2012
	18	馆藏信息			mods：location
	19	背景			WH/T 51—2012
	20	收藏历史			WH/T 51—2012
			题跋印记		WH/T 51—2012
	21	终端设备	终端类型		
			终端服务类型		
			终端操作系统		
	22	二维码			GB/T 12905—2019
	23	用户交互			
个体图像元数据元素	1	每帧图像 ID			
	2	每帧题名			GB/T 25100—2010
			交替题名		dcterms：alternative
	3	每帧描述			GB/T 25100—2010
			摘要		dcterms：abstract
			目次		dcterms：tableOfContents
			风格		WH/T 51—2012
	4	每帧图像地址			

5.2 扩展规则

5.2.1 在现行元数据标准中,如果没有恰当的元素可供复用,允许自行扩展元素并归类为本地元素集。

5.2.2 自行扩展的元素不能和已有的元素有任何语义上的重复。

5.2.3 扩展的修饰词遵循向上兼容原则,即修饰词在语义上不能超出被修饰词(元素)的语义。

5.2.4 新增元素和修饰词应优先采用 DCMI 中的元素和修饰词,或是现有其他元数据标准中的元素和修饰词。

5.2.5 新增元素如果复用来自其他元数据标准的元素或修饰词,说明来源,使用时严格遵循其语义。

6 元素集及元素定义说明

元素集及元素定义遵循以下通用性规则:

(1)本文件定义的所有元素与顺序无关。同一元素(如 creator)多次出现,其排序可能是有意义的,但不能保证排序会在任何系统中保存下来。

(2)为规范元数据标准中元素及修饰词等术语的定义,本文件所有元素术语的定义借鉴 DCMI 术语的定义方法以及 GB/T 18391.3—2009 标准。根据实际使用情况,按附表 2-2 中给出的 15 个方面进行概略定义。

(3)在本文件中,当名称为两个或两个以上英文单词时,要求单词间没有空格、下画线等特殊字符,第一个单词首字母小写、其他单词首字母大写。当名称只有一个单词时,该单词首字母小写。

(4)本文件中的标签只是元素名的一个语义属性,在具体的应用领域,为突出资源的个性和元数据的专指性,更好地体现该元素在具体应用中的语义,允许赋予其适合的标签,但语义上与原始定义不允许有冲突、不允许扩大原始的语义。

(5)为了便于理解与使用,每一元素后增加一些示例,说明其具体用法,但元素的使用不限于示例所举。

（6）本文件所有元素/修饰词均为非限制性的,如果在特定的项目或应用中使用,可进行必要的扩展,并增加使用说明。本文件中的元素描述及示例中有可能涉及扩展描述。

附表2-2 移动终端图像资源元数据术语定义属性表

序号	属性名	属性定义	约束
1	名称(Name)	赋予术语的唯一标记	必备
2	出处(Defined by)	一般给出定义术语(特别是给出术语"名称"与"统一资源标识符")的来源名称及来源的 URI。如无来源名称与 URI,也可以是定义术语或维护术语的机构名称。或者也可以是书目引文,指向定义该术语的文献	必备
3	标签(Label)	描述术语的可读标签,一般为中文,可随资源不同选择不同的描述术语	必备
4	定义(Definition)	对术语概念与内涵的说明	必备
5	注释(Comments)	关于术语或其应用的其他说明,如特殊的用法等	可选
6	术语类型(Type of Term)	术语的类型。其值为:元素、元素修饰词和编码体系修饰词	必备
7	限定(Refines)	在定义元素修饰词时,在此明确指出该术语修饰的元素。一般给出所修饰元素的名称,但允许按中文习惯引用其标签,推荐同时给出 URI	有则必备
8	元素修饰词(Refined by)	在定义元素时,在此项中给出限定此元素的元素修饰词。一般给出元素修饰词的名称,但允许按中文习惯引用其标签,推荐同时给出 URI	有则必备
9	编码体系应用于(Encoding Scheme for)	在定义编码体系修饰词时,在此给出该术语修饰的元素。一般给出所修饰元素的名称,但允许按中文习惯引用其标签,推荐同时给出 URI	有则必备

续表

序号	属性名	属性定义	约束
10	编码体系修饰词 （Encoding Scheme）	在定义元素时，如果元素有编码体系修饰词，在此给出编码体系修饰词，一般给出术语的名称，推荐同时给出 URI	有则必备
11	数据类型（Datatype）	术语允许取值的数据类型	可选
12	版本（Version）	产生该术语的元数据规范版本	可选
13	语言（Language）	用来说明术语的语言	可选
14	频次范围（Occurrence）	术语使用的频次范围。采用区间的表示方法：[min，max]，同时包括对必备性和最大使用频次的定义。min = 0 表示可选；min = 1 表示必须；max = 10 表示最大使用频率为 10 次；max = + ∞ 表示最大使用频次没有限制	可选
15	元素必备性（Required）	说明是否必须包含某一个元素	可选

注：为了便于广泛使用，元数据定义尽量宽泛；上述 15 个属性中可以固定取值的属性有：

（1）版本：1.0。

（2）语言：缺省为简体中文。

（3）频次范围：一般不限，为[0，+ ∞），在制订著录规则时宜给出实际的范围。

7 图像资源元数据元素集

7.1 系列图像元数据元素

7.1.1 图像资源 ID

名称：imageID

出处：国家图书馆

标签：图像资源 ID

定义：标记图像资源的唯一 ID 号，ID 号通常为顺序流水号。

数据类型：字符型

注释:赋予不同题名的图像资源 ID,资源 ID 号不得重复。同一题名的图像包括多张,使用同一个图像资源 ID。

术语类型:元素

元素必备性:必备

示例:

图像资源 ID:M430072018_000001

7.1.2　题名

名称:title

出处:GB/T 25100—2010

标签:题名

定义:赋予图像资源的名称。

数据类型:字符型

注释:一般是图像资源上显著出现的作为图像资源正式名称的词、词组、符号等,可以由若干部分组成,如:图像资源的主要名称与其他说明该名称的文字。

术语类型:元素

元素必备性:必备

元素修饰词:alternative

示例:

题名:格萨尔王

7.1.3　创建者

名称:creator

出处:GB/T 25100—2010

标签:创建者

定义:创建图像资源的主要责任者。

数据类型:字符型

注释:对图像资源内容的创作负有主要责任的实体,包括个人与团体。通常用创建者的名称来标识这一条目。宜为创建者名称建立规范文档。元数据应用单位可以根据具体需求,自行规定责任者名称的规范书写形式,也可以按照以下形式进行规范书写:创建者名在姓前时,根据其语言习惯,采用"姓,#名"的形式;生卒年用",#"与姓名分隔,其他修饰成分置于圆括号"( )"内。若圆括号中修饰成分包含原文姓与名,中文译名可以只著录姓。标点符号宜用半角。元数据应用单位可以根据具体需要确定著录的创建者数目上限;未著录于本元素的创建者可著录于"描述"元素。

术语类型:元素

元素必备性:有则必备

元素修饰词:role

示例:

创建者:(意)达·芬奇,# 1452—1519(Leonardo, da Vinci)

7.1.4 主题

名称:subject

出处:GB/T 25100—2010

标签:主题

定义:图像资源内容的主题描述。

数据类型:字符型

注释:描述图像资源内容的受控或非受控的词汇。一般采用关键词、关键词短语或分类号来描述。描述主题时,宜使用编码体系修饰词,或根据具体需求自行选择其他受控词表。描述图像资源的时间或空间主题宜采用"coverage"元素。

术语类型:元素

元素必备性:可选

编码体系修饰词:CT;CCT;CLC;LCSH

示例:

主题:风光摄影(编码体系 = CCT)

7.1.5　描述

名称:description

出处:GB/T 25100—2010

标签:描述

定义:图像资源内容的说明解释。

数据类型:字符型

注释:描述可以包括但不限于以下内容:文摘、目录、图形图像表示或者一个关于图像资源内容的文本描述。凡不能在其他专门的元素或修饰词项反映的有关资料内容的说明[如关于作品所属丛编(系列)]均可采用本元素。涉及摘要、目次、风格的说明宜用相应的元素修饰词限定。

术语类型:元素

元素必备性:可选

元素修饰词:abstract;tableOfContents;style

示例:

描述:徐悲鸿于 1939 年在尼克坦泰戈尔书斋留影。右至左:谭云山、徐悲鸿、泰戈尔。

7.1.6　出版者

名称:publisher

出处:GB/T 25100—2010

标签:出版者

定义:使图像资源可以获得和利用的责任实体。

数据类型:字符型

注释:指图像资源的出版者或颁布者,包括个人与团体。由个人或团体的名称来表示。

术语类型：元素

元素必备性：有则必备

元素修饰词：place

示例：

出版者：上海人民美术出版社

7.1.7 其他责任者

名称：contributor

出处：GB/T 25100—2010

标签：其他责任者

定义：对图像资源作出贡献的其他责任实体。

数据类型：字符型

注释：包括个人与团体。通常用责任者的名称来标识这一条目。宜为责任者名称建立规范文档。元数据应用单位可以根据具体需求，自行规定责任者名称的规范书写形式，也可以按照以下形式进行规范书写：创建者名在姓前时，根据其语言习惯，采用"姓，#名"的形式；生卒年用"，#"与姓名分隔，其他修饰成分置于圆括号"（　）"内。若圆括号中修饰成分包含原文姓与名，中文译名可以只著录姓。标点符号宜用半角。元数据应用单位可以根据具体需要确定著录的责任者数目上限；未著录于本元素的责任者可著录于"描述"元素。

术语类型：元素

元素必备性：有则必备

元素修饰词：role

示例：

其他责任者：（清）郑板桥，#1693—1765

7.1.8 日期

名称：date

出处：GB/T 25100—2010

标签:日期

定义:与图像资源生命周期中的一个事件相关的时刻或一段时间。

数据类型:日期型

注释:日期可以用来表达任何级别粒度的时间信息。宜采用一个编码体系,例如 ISO 8601:2019［W3CDTF］规范。具体的创建、发布、可获取日期宜采用专门的修饰词。公历日期和时间以及时间间隔的表示法,宜遵循 G/T 7408.1—2023 要求。

术语类型:元素

元素必备性:可选

元素修饰词:created;issued;dateCopyrighted

编码体系修饰词:Period;GB/T 7408—2005

示例:

日期:创建日期:1939(编码体系＝GB/T 7408—2005)

7.1.9　类型

名称:type

出处:GB/T 25100—2010

标签:类型

定义:图像资源的特征或类型。

数据类型:字符型

注释:类型包括描述图像资源内容的一般范畴、功能、种属或聚类层次的术语。本元数据规范中,宜将类型缺省取值为"图像资料"。也可根据具体应用采用其他编码体系修饰词,例如,DCMI 类型词表［DCMITYPE］。

术语类型:元素

元素必备性:必备

编码体系修饰词:DCMIType

示例:

类型:图像资料

7.1.10　格式

名称:format

出处:GB/T 25100—2010

标签:格式

定义:图像资源的文件格式、物理媒体或尺寸规格。

数据类型:字符型

注释:格式可以包括图像资源的媒体类型或图像资源的大小,格式元素可以用来标识展示或操作图像资源所需的软硬件或其他相应设备。宜采用受控词表,例如互联网媒体类型[MIME]定义的计算机媒体格式。有关图像资源格式中的具体信息如大小、媒体、色彩位深等可用专门的修饰词表达。

术语类型:元素

元素必备性:必备

元素修饰词:extent;medium;colorDepth;colorSpace;imageWidth;image-Height;imageResolution;captureInfo

编码体系修饰词:IMT

示例:

格式:image/tiff(编码体系 = IMT)

7.1.11　标识符

名称:identifier

出处:GB/T 25100—2010

标签:标识符

定义:在特定上下文环境中,给予图像资源的一个明确的标识。

数据类型:字符型

注释:一般采用字符串或数字代码。宜采用符合正式标识体系的字符串进行标识。正式的标识体系包括但不限于 URI(包括 URL)、DOI 和 ISBN 等。

术语类型:元素

元素必备性:必备

编码体系修饰词:URI;DOI;ISBN

示例:

标识符:978 - 7 - 88515 - 444 - 8(编码体系 = ISBN)

7.1.12　来源

名称:source

出处:GB/T 25100—2010

标签:来源

定义:与当前图像资源来源有关的资源。

数据类型:字符型

注释:当前图像资源可能部分或全部源自来源元素所标识的资源。宜采用符合正式标识体系的字符串进行标识。具体应用时,宜将数字化资源的非数字原件著录于此。

术语类型:元素

元素必备性:可选

编码体系修饰词:URI;DOI;ISBN

示例:

来源:http://www.xinhuanet.com/society/diaocha01.htm(编码体系 = URI)

注:所描述的图像资源来源于"国家法定节假日调整方案调查",这里是调查的 URI。

7.1.13　语种

名称:language

出处:GB/T 25100—2010

标签:语种

定义:描述图像资源内容的语种。

数据类型:字符型

注释:表达图像资源内容的语言。宜采用规范的语种代码进行标识,例如 GB/T 4880.2—2000。

术语类型:元素

元素必备性:可选

编码体系修饰词:RFC 5646;GB/T 4880.2—2000

示例:

语种:chi(编码体系 = GB/T 4880.2—2000)

7.1.14 关联

名称:relation

出处:GB/T 25100—2010

标签:关联

定义:相关资源。

数据类型:字符型

注释:指明与本图像资源存在某种关系(包括原版本与其他版本、包含与包含于、原格式与其他格式)的其他资源。宜采用符合正式标识体系的字符进行标识。

术语类型:元素

元素必备性:有则必备

编码体系修饰词:URI;DOI;ISBN

示例:

关联:7 - 88000 - 781 - 4(编码体系 = ISBN)

7.1.15 时空范围

名称:coverage

出处:GB/T 25100—2010

标签:时空范围

定义:图像资源所涉及的空间或时间主题,即资源所适用的空间或资源所辖的范围。

数据类型:字符型

注释:图像资源所涉及的空间主题或所适用的空间范围,可以是一个地名或地理坐标,时间范围可以是一个时间间隔、日期或日期范围。所辖范围可以是图像资源所适用的行政实体或地理区域。宜采用受控词表,如 DCMI Period、DCMI Point、TGN、GB/T 2659.1—2022 等,并尽可能地使用由数字表示的坐标或日期范围来描述地名与时间段。在需要对时间、空间区别表达时,宜采用相应的修饰词。

术语类型:元素

元素必备性:可选

元素修饰词:spatial;temporal

编码体系修饰词:GB/T 7408.1—2023;Period;TGN;Point;GB/T 2659.1—2022;GeoNames

示例:

时空范围:时间范围:name = 抗日战争时期;start:1931;end:1945(编码体系 = Period)

7.1.16　权限

名称:rights

出处:GB/T 25100—2010

标签:权限

定义:图像资源本身的所有者权利信息以及被赋予的权限信息。

数据类型:字符型

注释:权限信息通常指与图像资源相关的各种产权声明,包括知识产权及其他相关权利。记录图像资源的权限管理说明或提供相关信息的机构,如涉及版权拥有者、授权用户类型时,宜使用相应的元素修饰词。

术语类型:元素

元素必备性:有则必备

元素修饰词:rightsHolder;authorizedUserType;authorizedUse

示例:

权限:上海交通大学图书馆。仅限于 CMNet 注册成员

7.1.17 受众

名称:audience

出处:WH/T 51—2012

标签:受众

定义:利用图像资源的各类实体。

数据类型:字符型

注释:受众可由创建者、出版者或第三方确定。

术语类型:元素

元素必备性:可选

示例:

受众:科研机构人员

7.1.18 馆藏信息

名称:location

出处:MODS

标签:馆藏信息

定义:图像资源的馆藏情况。

数据类型:字符型

注释:包含物理馆藏、在线阅读地址。

术语类型:元素

元素必备性:有则必备

示例:

馆藏信息:俄罗斯国家图书馆；TK1

7.1.19　背景

名称:background

出处:WH/T 51—2012

标签:背景

定义:与图像资源内容有关的背景资料。

数据类型:字符型

注释:包括图像资源的创建地点以及有关责任者或其他相关人物的资料等,不属于图像资源本身的内容,但与其内容有关的信息。

术语类型:元素

元素必备性:可选

示例:

背景:摄于:上海江湾

7.1.20　收藏历史

名称:provenance

出处:WH/T 51—2012

标签:收藏历史

定义:图像资源集合的所有权和保管方面的任何变更的陈述。

数据类型:字符型

注释:包括图像资源的流传历史、收藏沿革以及相关的内容,如题跋印记等。

术语类型:元素

元素必备性:可选

元素修饰词:inscriptionAndSeal

示例:

收藏历史:20 世纪 20 年代末前：孔氏（北京）；20 世纪 20 年代末：北京

故宫博物院；20 世纪 30 年代初：Sir Percival David ［1892—1964］collection（英国伦敦）；1977—现在：大都会艺术博物馆（美国纽约）。

7.1.21　终端设备

名称：terminalDevice

出处：国家图书馆

标签：终端设备

定义：图像资源可以展示的终端设备信息。

数据类型：字符型

注释：包括终端类型、终端服务类型及终端操作系统等内容。

术语类型：元素

元素必备性：可选

元素修饰词：terminalType；terminalServiceType；terminalOS

示例：

终端设备：终端服务类型：APP 应用程序

7.1.22　二维码

名称：twoDimensionalBarCode

出处：GB/T 12905—2019

标签：二维码

定义：图像资源的二维码信息。

数据类型：字符型

注释：二维码内容可以包括图像题名、链接地址等内容。二维码码制有很多种，常见的为 QR Code，在实际应用中可以根据需要选择合适的码制。

术语类型：元素

元素必备性：可选

7.1.23　用户交互

名称：userInteraction

出处:国家图书馆

标签:用户交互

定义:用户访问图像资源涉及的交互信息。

数据类型:字符型

注释:主要包括用户对图像资源点击、转发、收藏、累计浏览的数量、用户阅读时长分布(活跃时间);手势交互。

术语类型:元素

元素必备性:可选

示例:

用户交互:图像转发次数:30万次

7.2 个体图像元数据元素

7.2.1 每帧图像 ID

名称:localID

出处:国家图书馆

标签:每帧图像 ID

定义:图像资源每帧的 ID,以图像 ID 或 ID 的流水号表述。

数据类型:字符型

注释:图像文件对应的编号,以图像资源 ID 及 ID 流水号表述。

术语类型:元素

元素必备性:必备

示例1:

图像资源 ID:M430072018_000012,只有一帧。

每帧图像 ID:M430072018_000012

示例2:

图像资源 ID:M430072018_000012,分为两帧。

每帧图像 ID:M430072018_000012_1、M430072018_000012_2

7.2.2　每帧题名

名称：title

出处：GB/T 25100—2010

标签：每帧题名

定义：根据图像为一帧或者多帧，题名为图像的名称或每帧图像的名称。

数据类型：字符型 GB/T 25100—2010

注释：图像资源的名称，一般指图像资源正式公开的名称，也包括编目员自拟的名称。

术语类型：元素

元素必备性：必备

元素修饰词：alternative

示例：

每帧题名：赵翔生自绘像(一)

赵翔生自绘像(二)

7.2.3　每帧描述

名称：description

出处：GB/T 25100—2010

标签：每帧描述

定义：同一图像资源 ID 下，每帧图像的内容描述。

数据类型：字符型

注释：同一个图像资源 ID 的图像，分为 N 帧，每帧内容的描述。

术语类型：元素

元素必备性：可选

元素修饰词：abstract；tableOfContents；style

示例：

图像资源 ID：M430072018_000012，图像元数据题名：老照片

分为两帧:赵翔生自绘像(1)、赵翔生自绘像(2)

每帧描述:

赵翔生自绘像(1):正面照。

赵翔生自绘像(2):侧面照。

7.2.4　每帧图像地址

名称:filePath

出处:国家图书馆

标签:每帧图像地址

定义:文件路径为一帧或者多帧图像分别对应的图像文件路径。

数据类型:字符型

注释:每帧图像的存储路径,需要精确到每一帧图像文件。可根据应用特点及实际情况,自主限定图像的存储路径是相对路径还是绝对路径。

术语类型:元素

元素必备性:必备

示例:

图像资源 ID:M430072018_000012,分为两帧。

每帧图像地址:\图像文件\M430072018_000012_1.jpg

http://my.nlc.cn/allSearch/searchDetail?searchType＝34&showType＝1&indexName＝data_418&fid＝4103010380

\图像文件\M430072018_000012_2.jpg

http://m.nlc.cn/allSearch/searchDetail?searchType＝34&showType＝1&indexName＝data_418&fid＝4103230112

7.3　元素修饰词

7.3.1　交替题名

名称:alternative

出处:http://purl.org/dc/terms/

标签:交替题名

定义:任何可替换图像资源正式名称的其他名称。

数据类型:字符型

注释:包括与正式题名不同的其他语种的题名、正式题名为全称时的简

称等。

术语类型:元素修饰词

元素必备性:有则必备

限定:title

示例:

交替题名:Drawing water with bamboo tubes

注:题名:用竹筒汲水

7.3.2 责任方式

名称:role

出处:MODS

标签:责任方式

定义:责任者创作图像资源内容或对该内容作出贡献的方式。

数据类型:字符型

注释:用词或词组表示,如绘画(绘)、摄制(摄)。

术语类型:元素修饰词

元素必备性:有则必备

限定:creator;contributor

示例:

责任方式:设计

7.3.3 摘要

名称:abstract

出处:http://purl.org/dc/terms/

标签:摘要

定义:图像资源内容的说明。

数据类型:字符型

注释:用自由行文的形式简要描述图像资源的内容。

术语类型:元素修饰词

元素必备性:必备

限定:description

示例:

摘要:这是中唐时期的菩萨造像,头束高发髻,秀目微睁,表情端庄 ……

7.3.4　目次

名称:tableOfContents

出处:http://purl. org/dc/terms/

标签:目次

定义:图像资源内容的子单元列表。

数据类型:字符型

术语类型:元素修饰词

元素必备性:有则必备

限定:description

示例:

目次:福建舰队;马江之役

7.3.5　风格

名称:style

出处:WH/T 51—2012

标签:风格

定义:图像资源内容所体现的创作风格。

数据类型:字符型

注释:包括艺术流派、学派、文化分期等。

术语类型:元素修饰词

元素必备性:可选

限定:description

示例:

风格:立体派

7.3.6　出版地

名称:place

出处:WH/T 51—2012

标签:出版地

定义:出版者的所在地。

数据类型:字符型

注释:一般指图像资源出版者或颁布者所在的城市。国外城市同时写明国名;如不能确定城市,也可用其所在的国家。

术语类型:元素修饰词

元素必备性:有则必备

限定:publisher

示例:

出版地:上海

7.3.7　创建日期

名称:created

出处:http://purl.org/dc/terms/

标签:创建日期

定义:图像资源创建的日期。

数据类型:日期型

注释:一般指图像资源的制作(如绘制、摄制)日期。

术语类型:元素修饰词

元素必备性:有则必备

限定:date

编码体系修饰词:Period;GB/T 7408.1—2023

示例:

创建日期:1939(编码体系 = GB/T 7408.1—2023)

7.3.8 发布日期

名称:issued

出处:http://purl.org/dc/terms/

标签:发布日期

定义:图像资源正式发布(例如出版)的日期。

数据类型:日期型

注释:包括图像资源的出版日期或以其他形式公布于众以供利用的日期。

术语类型:元素修饰词

元素必备性:有则必备

限定:date

编码体系修饰词:Period;GB/T 7408.1—2023

示例:

发布日期:1998 - 11 - 17(编码体系 = GB/T 7408.1—2023)

7.3.9 版权日期

名称:dateCopyrighted

出处:http://purl.org/dc/terms/

标签:版权日期

定义:图像资源将在这段时间内可以获得或曾经可以获得(通常是一个时间区间)。

数据类型:日期型

注释:一般是一个时间段。

术语类型:元素修饰词

元素必备性:有则必备

限定:date

编码体系修饰词:Period;GB/T 7408.1—2023

示例:

版权日期:20200101/20201231(编码体系=GB/T 7408.1—2023)

7.3.10　大小

名称:extent

出处:http://purl.org/dc/terms/

标签:大小

定义:图像资源的规格大小。

数据类型:字符型

注释:一般指图像资源在物理上的大小或图像的幅数、帧数等。对于非数字图像资源,著录内容包括图像资源的实际物理尺寸与图像的幅数、帧数、尺寸。对于数字化图像资源,可著录其存储容量。

术语类型:元素修饰词

元素必备性:有则必备

限定:format

示例1:

大小:22 mm×15 mm

示例2:

大小:20.85 KB

7.3.11　媒体

名称:media

出处:http://purl.org/dc/terms/

标签:媒体

定义:图像资源的物质载体或组成材料。

数据类型:字符型

术语类型:元素修饰词

元素必备性:有则必备

限定:format

示例:

媒体:绢

7.3.12　色彩位深

名称:colorDepth

出处:国家图书馆

标签:色彩位深

定义:图像采样时所获得的最多颜色种类及灰度等级。用每个像素点颜色的数据位表示。

数据类型:字符型

术语类型:元素修饰词

元素必备性:有则必备

限定:format

示例:

色彩位深:24 位

7.3.13　色域

名称:colorSpace

出处:国家图书馆

标签:色域

定义:图像资源的色彩空间。

数据类型:字符型

术语类型:元素修饰词

元素必备性:有则必备

限定:format

示例:

色域:P3

7.3.14 图像宽度

名称:imageWidth

出处:国家图书馆

标签:图像宽度

定义:描述图像的宽度。

数据类型:字符型

注释:描述图像宽度是多少像素。

术语类型:元素修饰词

元素必备性:有则必备

限定:format

示例:

图像宽度:300px

7.3.15 图像高度

名称:imageHeight

出处:国家图书馆

标签:图像高度

定义:描述图像的高度。

数据类型:字符型

注释:描述图像高度是多少像素。

术语类型:元素修饰词

元素必备性:有则必备

限定:format

示例:

图像高度:400px

7.3.16　图像分辨率

名称:imageResolution

出处:国家图书馆

标签:图像分辨率

定义:图像中存储的信息量。

数据类型:字符型

术语类型:元素修饰词

元素必备性:有则必备

限定:format

示例:

分辨率:300dpi

7.3.17　图像获取信息

名称:captureInfo

出处:国家图书馆

标签:图像获取信息

定义:图像获取情况的相关信息。

数据类型:字符型

注释:描述图像获取情况的相关信息,如扫描仪获取、数码相机获取、制图软件绘制等。

术语类型:元素修饰词

元素必备性:有则必备

限定:format

示例：

图像获取信息：扫描仪获取。扫描仪型号为 HP Scanjet G4010。

7.3.18　空间范围

名称：spatial

出处：http://purl.org/dc/terms/

标签：空间范围

定义：图像资源知识内容涉及的空间特征。

数据类型：字符型

注释：地点的表达宜采用受控的词汇。

术语类型：元素修饰词

元素必备性：有则必备

限定：coverage

编码体系修饰词：Point；GB/T 2659.1—2022；TGN；GeoNames

示例：

空间范围：name = Perth，W.A.；east = 115.85717；north = −31.95301（编码体系 = Point）

7.3.19　时间范围

名称：temporal

出处：http://purl.org/dc/terms/

标签：时间范围

定义：图像资源知识内容涉及的时间特征。

数据类型：字符型

注释：时间的表达宜采用受控的词汇。

术语类型：元素修饰词

元素必备性：有则必备

限定：coverage

编码体系修饰词:Period;GB/T 7408.1—2023

示例:

时间范围:name = 抗日战争时期;start:1931;end:1945(编码体系 = Period)

7.3.20 版权拥有者

名称:rightsHolder

出处:http://purl.org/dc/terms/

标签:版权拥有者

定义:对图像资源拥有所有权或者管理权的个人或组织。

数据类型:字符型

术语类型:元素修饰词

元素必备性:有则必备

限定:rights

示例:

版权拥有者:国家图书馆

7.3.21 授权用户类型

名称:authorizedUserType

出处:WH/T 52—2012

标签:授权用户类型

定义:被授予图像资源相应权利的用户的类型。

数据类型:字符型

注释:说明哪些类型的用户被授予相应的权利,如教授、研究员、博士研究生,或注册用户、非注册用户等。

术语类型:元素修饰词

元素必备性:有则必备

限定:rights

示例：

授权用户类型：上海交通大学图书馆。仅限于 CMNet 注册成员。

7.3.22　授权用途

名称：authorizedUse

出处：国家图书馆

标签：授权用途

定义：被授予图像资源的相应权利内容。

数据类型：字符型

注释：说明授予用户使用图像资源的哪些权利，如浏览、复制、下载等。

术语类型：元素修饰词

元素必备性：有则必备

限定：rights

示例：

授权用途：APP 端可提供下载后离线阅读

7.3.23　题跋印记

名称：inscriptionAndSeal

出处：WH/T 51—2012

标签：题跋印记

定义：图像资源上的题识文字以及钤印等。

数据类型：字符型

术语类型：元素修饰词

元素必备性：有则必备

限定：provenance

示例：

题跋印记：佛光普照

7.3.24 终端类型

名称:terminalType

出处:国家图书馆

标签:终端类型

定义:图像资源可以或者适合展示的终端类型,如手机、平板电脑、PDA、手持阅读器等各种移动终端。

数据类型:字符型

术语类型:元素修饰词

元素必备性:有则必备

限定:terminalDevice

示例:

终端类型:手持阅读器

7.3.25 终端服务类型

名称:terminalServiceType

出处:国家图书馆

标签:终端服务类型

定义:图像资源可以或者适合展示的终端服务类型,如 WAP 网站、APP 应用程序、微信小程序等各种移动服务形式。

数据类型:字符型

术语类型:元素修饰词

元素必备性:有则必备

限定:terminalDevice

示例:

终端服务类型:APP 应用程序

7.3.26 终端操作系统

名称:terminalOS

出处：国家图书馆

标签：终端操作系统

定义：适合展示图像资源的终端操作系统等。

数据类型：字符型

术语类型：元素修饰词

元素必备性：有则必备

限定：terminalDevice

示例：

终端操作系统：Android

7.4 编码体系修饰词

7.4.1 汉语主题词表

名称：CT

出处：中国科学技术情报研究所，北京图书馆. 汉语主题词表. 北京：科学技术文献出版社，1979.

标签：汉语主题词表

定义：汉语主题词表。

术语类型：编码体系修饰词

元素必备性：可选

编码体系应用于：subject

示例：

主题：佛像

编码体系修饰词：CT

7.4.2 中国分类主题词表

名称：CCT

出处：国家图书馆《中国图书馆分类法》编辑委员会. 中国分类主题词表. 3版. 北京：国家图书馆出版社，2017.

标签:中国分类主题词表

定义:中国分类主题词表。

术语类型:编码体系修饰词

元素必备性:可选

编码体系应用于:subject

示例:

主题:工笔花鸟画

编码体系修饰词:CCT

7.4.3　中国图书馆分类法

名称:CLC

出处:国家图书馆《中国图书馆分类法》编辑委员会. 中国图书馆分类法.

5 版. 北京:国家图书馆出版社,2010.

标签:中国图书馆分类法

定义:中国图书馆分类法。

术语类型:编码体系修饰词

元素必备性:可选

编码体系应用于:subject

示例:

主题:B94

编码体系修饰词:CLC

7.4.4　美国国会图书馆主题词表

名称:LCSH

出处:https://id. loc. gov/authorities/subjects. html

标签:美国国会图书馆主题词表

定义:美国国会图书馆主题词表(标题表)。

术语类型:编码体系修饰词

元素必备性:可选

编码体系应用于:subject

示例:

主题:Amish

编码体系修饰词:LCSH

7.4.5 日期和时间表示法

名称:GB/T 7408.1—2023

出处:GB/T 7408.1—2023 数据元和交换格式 信息交换 日期和时间表示法

标签:日期和时间表示法

定义:GB/T 7408.1—2023 标准中在信息交换中所涉及的日期和时间表示法。

术语类型:编码体系修饰词

元素必备性:可选

编码体系应用于:date;created;issued;dateCopyrighted;temporal

示例:

创建日期:2011 – 08 – 20

编码体系修饰词:GB/T 7408.1—2023

7.4.6 都柏林核心元数据计划时期

名称:Period

出处:http://purl.org/dc/terms/

标签:都柏林核心元数据计划时期

定义:表示时间间隔的一种方法。

术语类型:编码体系修饰词

元素必备性:可选

编码体系应用于:date;created;issued;dateCopyrighted;temporal

示例:

时间范围:name = 抗日战争时期; start: 1931; end: 1945

编码体系修饰词:Period

7.4.7　都柏林核心元数据计划类型词表

名称:DCMIType

出处:http://purl.org/dc/terms/

标签:都柏林核心元数据计划类型词表

定义:用来对资源内容的属性或种类进行分类的类型列表。

术语类型:编码体系修饰词

元素必备性:可选

编码体系应用于:type

示例:

类型:StillImage

编码体系修饰词:DCMIType

7.4.8　互联网媒体类型

名称:IMT

出处:http://purl.org/dc/terms/

标签:互联网媒体类型

定义:由互联网编号分配机构(Internet Assigned Numbers Authority,IANA)规定的互联网资源媒体类型。

术语类型:编码体系修饰词

元素必备性:可选

编码体系应用于:format

示例:

媒体:image/tiff

编码体系修饰词:IMT

7.4.9 统一资源标识符

名称:URI

出处:http://www.ietf.org/rfc/rfc3986.txt

标签:统一资源标识符

定义:统一资源标识符(Uniform Resource Identifiers,URI)。

术语类型:编码体系修饰词

元素必备性:可选

编码体系应用于:identifier;source;relation

示例:

标识符:http://space.tv.cctv.com/video/VIDE1260015602137884

编码体系修饰词:URI

7.4.10 数字对象唯一标识符

名称:DOI

出处:GB/T 36369—2018

标签:数字对象唯一标识符

定义:对象的数字化标识符(Digital Object Identifier,DOI)。

术语类型:编码体系修饰词

元素必备性:可选

编码体系应用于:identifier;source;relation

示例:

标识符:10.3207/2959859860

编码体系修饰词:DOI

7.4.11 国际标准书号

名称:ISBN

出处:http://www.isbn.org/standare/home/isbn/international/index.asp

标签:国际标准书号

定义:国际标准书号(International Standard Book Number,ISBN),是国际上通用的出版物标识编号。

术语类型:编码体系修饰词

元素必备性:可选

编码体系应用于:identifier;source;relation

示例:

标识符:7 - 88000 - 781 - 4

编码体系修饰词:ISBN

7.4.12　语言识别标签

名称:RFC 5646

出处:https://www.rfc - editor.org/rfc/rfc5646.txt

标签:语言识别标签

定义:根据语言识别标签(RFC 5646)确定的语种识别标签集合。

术语类型:编码体系修饰词

元素必备性:可选

编码体系应用于:language

示例:

语种:en

编码体系修饰词:RFC 5646

7.4.13　语种名称代码 第 2 部分:3 字母代码

名称:GB/T 4880.2—2000

出处:GB/T 4880.2—2000 语种名称代码 第 2 部分:3 字母代码

标签:语种名称代码 第 2 部分:3 字母代码

定义:GB/T 4880.2—2000 标准中的 3 字母语种识别代码。

术语类型:编码体系修饰词

元素必备性:可选

编码体系应用于：language

示例：

语种：chi

编码体系修饰词：GB/T 4880.2—2000

7.4.14 地理名词叙词表

名称：TGN

出处：http://www.getty.edu/research/tools/vocabulary/tgn/index.html

标签：地理名词叙词表

定义：地理名词叙词表（Thesaurus of Geographic Names）。

术语类型：编码体系修饰词

元素必备性：可选

编码体系应用于：spatial

示例：

空间范围：Nanjing（inhabited place）（World，Asia，China，Jiangsu）[7001892]

编码体系修饰词：TGN

7.4.15 都柏林核心元数据计划地点

名称：Point

出处：http://purl.org/dc/terms/

标签：都柏林核心元数据计划地点

定义：DCMI 地理位置，用地理坐标值来指明地点。

术语类型：编码体系修饰词

元素必备性：可选

编码体系应用于：spatial

示例：

name = Perth，W.A.；east = 115.85717；north = −31.95301

编码体系修饰词：Point

7.4.16　世界各国和地区名称代码

名称:GB/T 2659.1—2022

出处:GB/T 2659.1—2022 世界各国和地区及其行政区划名称代码

标签:世界各国和地区名称代码

定义:GB/T 4880.2—2000 标准中的国家和地区代码。

术语类型:编码体系修饰词

元素必备性:可选

编码体系应用于:spatial

示例:

空间范围:110000

编码体系修饰词:GB/T 2659.1—2022

7.4.17　地理名称

名称:GeoNames

出处:http://www.geonames.org/

标签:地理名称

定义:地理信息数据集。

术语类型:编码体系修饰词

元素必备性:可选

编码体系应用于:spatial

示例:

空间范围:

geo:long"108.93";

geo:lat"34.27"

编码体系修饰词:GeoNames

附 件

（资料性）

移动终端图像资源数据内容样例

附表 2 - 3　移动终端独立图像资源元数据

元素	元素修饰词	编码体系修饰词	示例
imageID （图像资源 ID）			411999305765
title（题名）			周幽王墓
	交替题名		
creator（创建者）			邓之诚
	role（责任方式）		摄
subject（主题）		CLC	J424
subject（主题）		CLC	K928.7
subject（主题）		CT	风光摄影
subject（主题）		CT	名胜古迹
description（描述）			照片右上角题"周幽王墓"
date（日期）	created（创建日期）	GB/T 7408.1—2023	1928
	issued（发布日期）	GB/T 7408.1—2023	2021
type（类型）			照片
		DCMIType	StillImage
format（格式）		IMT	image/tiff
	extent（大小）		10KB
	extent（大小）		10cm × 14cm
	colorDepth（色彩位深）		8bit
	imageResolution （图像分辨率）		600 dpi

续表

元素	元素修饰词	编码体系修饰词	示例
identifier （标识符）		URI	http://read. nlc. cn/allSea rch/searchDetail? searchTy pe = 36&showType = 3&in dexName = data_410&fid = 6959_009
		DOI	108. ndlc. 2. 11000090310 10001/T5F14. 361821
language（语种）		GB/T 4880.2—2000	chi
relation（关联）		本地记录标识号	011133836
coverage （时空范围）	spatial （空间范围）	GB/T 2659.1—2022	CHN
	temporal （时间范围）	GB/T 7408.1—2023	1928
rights（权限）	rightsHolder （版权拥有者）		国家图书馆
	authorizedUserType （授权用户类型）		注册用户
	authorizedUse （授权用途）		在线浏览
audience（受众）			对近代史感兴趣的普通读者
location （馆藏信息）			中国国家图书馆。索取号 6959_009
background （背景）			邓之诚 1928 年初从山西进入陕西,在陕西花费两个月左右时间在各地拍摄

续表

元素	元素修饰词	编码体系修饰词	示例
provenance（收藏历史）	inscriptionAndSeal（题跋印记）		题"周幽王墓"
terminalDevice（终端设备）	terminalType（终端类型）		手机、平板电脑、PDA、手持阅读器等各种移动终端
	terminalServiceType（终端服务类型）		WAP 网站
	terminalOS（终端操作系统）		iOS、Android
twoDimensionalBarCode（二维码）			
userInteraction（用户交互）			截至 2022 - 09 - 22 10:00:00，累计浏览数量:8200 次

参考文献

[1] 国家市场监督管理总局,中国国家标准化管理委员会. 条码术语:GB/T 12905—2019[S].北京:中国标准出版社,2019.

[2] Information technology-Automatic identification and data capture techniques-Data Matrix bar code symbology specification[S/OL].[2024 - 08 - 08].https://www.iso.org/obp/ui#iso:std:iso-iec:16022:ed-3:v1:en.

[3] W3C. Mobile Resources Lists[EB/OL].[2021 - 09 - 04].https://www.w3.org/WAI/GL/mobile - a11y - tf/wiki/Mobile_Resources#Mobile_Accessibility_Platform_Features.

[4] W3C. User Interaction[EB/OL].[2021 - 09 - 04].https://www.w3.org/2018/12/web-roadmaps/mobile/userinput.html.

[5] W3C. User Agent Accessibility Guidelines（UAAG）2.0[EB/OL].[2021 - 09 - 04].https://www.w3.org/TR/UAAG20/.

附录三　公共数字文化资源移动终端元数据规范
第 2 部分:音频资源

1　范围

本文件规定了公共数字文化资源建设、服务和管理中的移动终端音频资源的元数据要求。

本文件适用于公共数字文化中移动终端发布的音频资源元数据的通用性元素设计。

2　规范性引用文件

下列文件中的内容通过文中的规范性引用而构成本文件必不可少的条款。其中,注日期的引用文件,仅该日期对应的版本适用于本文件;不注日期的引用文件,其最新版本(包括所有的修改单)适用于本文件。

GB/T 2659.1—2022　世界各国和地区及其行政区划名称代码　第 1 部分:国家和地区代码

GB/T 4880.2—2000　语种名称代码 第 2 部分:3 字母代码

GB/T 7408.1—2023　数据元和交换格式 信息交换 日期和时间表示法

GB/T 18391.3—2009　信息技术 元数据注册系统(MDR) 第 3 部分:注册系统元模型与基本属性

GB/T 25100—2010　信息与文献 都柏林核心元数据元素集

GB/T 36369—2018　信息与文献 数字对象唯一标识符系统

WH/T 52—2012　管理元数据规范

WH/T 62—2014　音频资源元数据规范

ISO 2108:2017　信息与文献——国际标准书号[Information and documen-tation—International Standard Book Number（ISBN）]

ISO 3901:2001　信息与文献——国际标准音像制品编码[Information and documentation — International Standard Recording Code（ISRC）]

RFC 3986　统一资源标识符（URI）:通用语法[Uniform Resource Identifier（URI）: Generic Syntax]

RFC 5646　语言识别标签（Tags for Identifying Languages）

3　术语和定义

下列术语和定义适用于本文件。

3.1　DCMI 都柏林核心元数据计划　DCMI-Dublin Core Metadata Initiative

都柏林核心元数据元素集的维护机构。

[来源:GB/T 25100—2010,定义 3.1]

3.2　音频资源　audio resources

用于存储载有声音的媒体,所记录的音频需用特定的回放设备(如:唱机、录音机、CD 播放器或 MP3 播放器等)播放。

注:音频资源既包括用数字信号存储的音频资源,也包括用模拟信号存储的音频资源。

[来源:WH/T 62—2014,定义 3.2]

3.3　元数据　metadata

定义和描述其他数据的数据。

[来源:GB/T 18391.3—2009,定义 3.2.18]

3.4　元素　element

元数据集合中用于定义和描述数据的基本单元,由一组属性描述、定义、标识,并允许值限定。

注:元素用于表示数据对象的关键信息,多个元数据元素的集合称为元数据元素集。

[来源:WH/T 62—2014,定义 3.4]

3.5 修饰词 qualifier

当元素(3.4)无法满足资源对象的精确描述需要时进一步扩展出的术语。

［来源:WH/T 62—2014,定义 3.5］

3.6 元素修饰词 element refinement

对元素的语义进行修饰,提高元素的专指性和精确性。

［来源:WH/T 62—2014,定义 3.6］

3.7 编码体系修饰词 encoding scheme

用来帮助解析某个术语值的上下文信息或解析规则。

注:编码体系修饰词的形式包括受控词表、规范表或者解析规则。

［来源:WH/T 62—2014,定义 3.7］

3.8 规范文档 authority file

说明著录元素(3.4)内容时依据的各种规范。

［来源:WH/T 62—2014,定义 3.8］

3.9 复用 reuse

在元数据(3.3)应用过程中,对于其他元数据标准中已经有明确定义并适用于本应用领域的元素的直接使用,并在使用时明确标明其地址。

［来源:WH/T 62—2014,定义 3.9］

4 缩略语

下列缩略语适用于本文件。

CT:汉语主题词表(Chinese Thesaurus)

CCT:中国分类主题词表(Classified Chinese Thesaurus)

CLC:中国图书馆分类法(Chinese Library Classification)

LCSH:美国国会图书馆主题词表(Library of Congress Subject Headings)

IMT:互联网媒体类型(Internet Media Type)

URI:统一资源标识符(Uniform Resource Identifier)

DOI:数字对象唯一标识符(Digital Object Identifier)

ISRC:国际标准音像制品编码(International Standard Recording Code)

ISBN:国际标准书号(International Standard Book Number)

TGN:地理名词叙词表(Thesaurus of Geographical Names)

URL:统一资源定位符(Uniform Resource Locator)

5 元素集及扩展规则

5.1 元素集

附表 3 – 1 给出了移动终端音频资源元数据及修饰词。其中,系列音频资源元数据元素 23 个,个体音频资源元数据元素 5 个。

附表 3 – 1 移动终端音频资源元数据元素及修饰词列表

类型	序号	元素	元素修饰词	编码体系修饰词	复用
系列音频资源元数据元素	1	音频资源 ID			
	2	题名			GB/T 25100—2010
			交替题名		dcterms:alternative
	3	创建者			GB/T 25100—2010
			责任方式		mods:role
	4	主题			GB/T 25100—2010
				CT	
				CCT	
				CLC	
				LCSH	
	5	描述			GB/T 25100—2010
			摘要		dcterms:abstract
			目次		dcterms:tableOfContents
	6	出版者			GB/T 25100—2010
	7	其他责任者			GB/T 25100—2010
			责任方式		mods:role

续表

类型	序号	元素	元素修饰词	编码体系修饰词	复用
	8	日期			GB/T 25100—2010
			创建日期		dcterms：created
			发布日期		dcterms：issued
			版权日期		dcterms：dateCopyrighted
				GB/T 7408.1—2023	
				Period	
	9	类型		DCMIType	GB/T 25100—2010
	10	格式		IMT	GB/T 25100—2010
			大小		WH/T 62—2014
			时长		WH/T 62—2014
			声道格式		WH/T 62—2014
			音频编码格式		WH/T 62—2014
			音频数据码率		WH/T 62—2014
			音频采样频率		WH/T 62—2014
			音频位深度		WH/T 62—2014
			媒体		WH/T 62—2014
	11	标识符			GB/T 25100—2010
				URI	
				DOI	
				ISRC	
				ISBN	
	12	封面图			
	13	来源			GB/T 25100—2010
				URI	
				DOI	
				ISRC	
				ISBN	

续表

类型	序号	元素	元素修饰词	编码体系修饰词	复用
	14	语种			GB/T 25100—2010
				GB/T 4880.2—2000	
				RFC 5646	
	15	关联			GB/T 25100—2010
				URI	
				DOI	
				ISRC	
				ISBN	
	16	时空范围			GB/T 25100—2010
			空间范围		dcterms：spatial
			时间范围		dcterms：temporal
				Point	
				GB/T 2659.1—2022	
				TGN	
				Period	
				GB/T 7408.1—2023	
				GeoNames	
	17	权限			GB/T 25100—2010
			版权拥有者		dcterms：rightsHolder
			授权用户类型		WH/T 52—2012
			授权用途		
	18	受众			WH/T 62—2014
	19	版本			WH/T 62—2014
	20	馆藏信息			mods：location
	21	终端设备	终端类型		
			终端服务类型		
			终端操作系统		
	22	二维码			GB/T 12905—2019
	23	用户交互			

续表

类型	序号	元素	元素修饰词	编码体系修饰词	复用
个体音频资源元数据元素	1	分集音频 ID			
	2	分集序号			
	3	分集题名			GB/T 25100—2010
			交替题名		dcterms：alternative
	4	分集描述			GB/T 25100—2010
			摘要		dcterms：abstract
			目次		dcterms：tableOfContents
	5	分集音频地址			

5.2　扩展规则

5.2.1　在现行元数据标准中,如果没有恰当的元素可供复用,允许自行扩展元素并归类为本地元素集。

5.2.2　自行扩展的元素不能和已有的元素有任何语义上的重复。

5.2.3　扩展的修饰词应遵循向上兼容原则,即修饰词在语义上不能超出被修饰词(元素)的语义。

5.2.4　新增元素和修饰词应优先采用 DCMI 中的元素和修饰词,或者是现有其他元数据标准中的元素和修饰词。

5.2.5　新增元素如果复用来自其他元数据标准的元素或修饰词,应说明来源,使用时严格遵循其语义。

6　元素集及元素定义说明

元素集及元素定义遵循以下通用性规则:

(1)本文件定义的所有元素与顺序无关。同一元素(如 creator)多次出现,其排序可能是有意义的,但不能保证排序会在任何系统中保存下来。

(2)为规范元数据标准中元素及修饰词等术语的定义,本文件所有元素术语的定义借鉴 DCMI 术语的定义方法以及 GB/T 18391.3—2009 标准。根据实际使用情况,按附表 3－2 中给出的 15 个方面进行概略定义。

(3)在本文件中,当名称为两个或两个以上英文单词时,要求单词间没有空格、下画线等特殊字符,第一个单词首字母小写、其他单词首字母大写。当名称只有一个单词时,该单词首字母小写。

(4)本文件中的标签只是元素名的一个语义属性,在具体的应用领域,为突出资源的个性和元数据的专指性,更好地体现该元素在具体应用中的语义,允许赋予其适合的标签,但语义上与原始定义不允许有冲突、不允许扩大原始的语义。

(5)为了便于理解与使用,每一元素后增加一些示例,说明其具体用法,但元素的使用不限于示例所举。

(6)本文件所有元素/修饰词均为非限制性的,如果在特定的项目或应用中使用,可进行必要的扩展,并增加使用说明。本文件中的元素描述及示例中有可能涉及扩展描述。

附表 3－2　移动终端音频资源元数据术语定义属性表

序号	属性名	属性定义	约束
1	名称(Name)	赋予术语的唯一标记	必备
2	出处(Defined by)	一般给出定义术语(特别是给出术语"名称"与"统一资源标识符")的来源名称及来源的 URI。如无来源名称与 URI,也可以是定义术语或维护术语的机构名称。或者也可以是书目引文,指向定义该术语的文献	必备
3	标签(Label)	描述术语的可读标签,一般为中文,可随资源不同选择不同的描述术语	必备
4	定义(Definition)	对术语概念与内涵的说明	必备
5	注释(Comments)	关于术语或其应用的其他说明,如特殊的用法等	可选

续表

序号	属性名	属性定义	约束
6	术语类型 （Type of Term）	术语的类型。其值为:元素、元素修饰词和编码体系修饰词	必备
7	限定（Refines）	在定义元素修饰词时,在此明确指出该术语修饰的元素。一般给出所修饰元素的名称,但允许按中文习惯引用其标签,推荐同时给出 URI	有则必备
8	元素修饰词 （Refined by）	在定义元素时,在此项中给出限定此元素的元素修饰词。一般给出元素修饰词的名称,但允许按中文习惯引用其标签,推荐同时给出 URI	有则必备
9	编码体系应用于 （Encoding Scheme for）	在定义编码体系修饰词时,在此给出该术语修饰的元素。一般给出所修饰元素的名称,但允许按中文习惯引用其标签,推荐同时给出 URI	有则必备
10	编码体系修饰词 （Encoding Scheme）	在定义元素时,如果元素有编码体系修饰词,在此给出编码体系修饰词,一般给出术语的名称,推荐同时给出 URI	有则必备
11	数据类型（Datatype）	术语允许取值的数据类型	可选
12	版本（Version）	产生该术语的元数据规范版本	可选
13	语言（Language）	说明术语的语言	可选
14	频次范围（Occurrence）	术语使用的频次范围。采用区间的表示方法:[min,max],同时包括了对必备性和最大使用频率的定义。如:min = 0 表示可选;min = 1 表示必备;max = 10 表示最大使用频率为 10 次;max = +∞ 表示最大使用频率没有限制	可选
15	元素必备性（Required）	说明是否必须包含某一个元素	可选

注:为了便于广泛使用,元数据定义尽量宽泛;上述 15 个属性中可以固定取值的属性有:

（1）版本:1.0。

（2）语言:缺省为简体中文。

（3）频次范围:一般不限,为[0,＋∞),在制订著录规则时宜给出实际的范围。

7　音频资源元数据元素集

7.1　系列音频元数据元素

7.1.1　音频资源 ID

名称:audioID

出处:国家图书馆

标签:音频资源 ID

定义:标记音频资源的唯一 ID 号,ID 号通常为顺序流水号。

数据类型:字符型

注释:必须保证其唯一性,可以自定义规则,宜由字母或者数字组成,可以添加下画线分隔符。同一题名的音频包括多个分集,使用同一个音频资源 ID。

术语类型:元素

元素必备性:必备

示例:

音频资源 ID:A2016_000503

7.1.2　题名

名称:title

出处:GB/T 25100—2010

标签:题名

定义:赋予音频资源的名称。

数据类型:字符型

注释:音频资源的名称,一般指音频资源正式公开的名称,也包括编目员自拟的名称。

术语类型:元素

元素必备性:必备

元素修饰词:alternative

示例:

题名:红楼梦

7.1.3　创建者

名称:creator

出处:GB/T 25100—2010

标签:创建者

定义:创建音频资源的主要责任者。

数据类型:字符型

注释:创建者的实体包括个人、组织或某项服务。通常用创建者的名称来标识这一条目。宜为创建者名称建立规范档。元数据应用单位可以根据具体需求,自行规定责任者名称的规范书写形式,也可以按照以下形式进行规范书写:创建者名在姓前时,根据其语言习惯,采用"姓,#名"的形式;生卒年用",#"与姓名分隔,其他修饰成分置于圆括号"(　)"内。若圆括号中修饰成分包含原文姓与名,中文译名可以只著录姓。标点符号宜用半角。元数据应用单位可以根据具体需要确定著录的创建者数目上限;未著录于本元素的创建者可著录于"描述"元素。

术语类型:元素

元素必备性:有则必备

元素修饰词:role

示例:

创建者:(波)肖邦,# 1810—1849. 10(Chopin, Frederic Francois)

7.1.4　主题

名称:subject

出处:GB/T 25100—2010

标签：主题

定义：音频资源内容的主题描述。

数据类型：字符型

注释：用受控词汇或非受控词汇标引音频资源的主题。一般采用关键词、规范化的主题词或分类号来描述。

术语类型：元素

元素必备性：可选

编码体系修饰词：CT；CCT；CLC；LCSH

示例：

主题：京剧音乐（编码体系＝CT）

7.1.5　描述

名称：description

出处：GB/T 25100—2010

标签：描述

定义：音频资源内容的说明解释。

数据类型：字符型

术语类型：元素

元素必备性：可选

元素修饰词：abstract；tableOfContents

示例：

描述：根据同名小说改编。

7.1.6　出版者

名称：publisher

出处：GB/T 25100—2010

标签：出版者

定义：使音频资源可以获得和利用的责任实体。

数据类型：字符型

注释：出版者包括个人、组织或某项服务。通常用出版者的名称来标识这一元素。

术语类型：元素

元素必备性：有则必备

示例：

出版者：中信出版社

7.1.7　其他责任者

名称：contributor

出处：GB/T 25100—2010

标签：其他责任者

定义：对音频资源作出贡献的其他责任实体。

数据类型：字符型

注释：其他责任者的实体包括个人、组织或某项服务。通常用其他责任者的名称来标识这一条目。可以用来表示音频资源的主讲人。元数据应用单位可以根据具体需求，自行规定责任者名称的规范书写形式，也可以按照以下形式进行规范书写：创建者名在姓前时，根据其语言习惯，采用"姓,#名"的形式；生卒年用",#"与姓名分隔，其他修饰成分置于圆括号"（　）"内。若圆括号中修饰成分包含原文姓与名，中文译名可以只著录姓。标点符号宜用半角。元数据应用单位可以根据具体需要确定著录的创建者数目上限；未著录于本元素的创建者可著录于"描述"元素。

术语类型：元素

元素必备性：有则必备

示例：

其他责任者：张立

7.1.8 日期

名称:date

出处:GB/T 25100—2010

标签:日期

定义:与音频资源生命周期中的一个事件相关的时刻或一段时间。

数据类型:日期型

注释:日期可以用来表达任何级别粒度的时间信息。宜采用一个编码体系,例如 ISO 8601.1—2019[W3CDTF]规范。具体的创建、发布、可获取日期宜采用专门的修饰词。公历日期和时间以及时间间隔的表示法,宜遵循 GB/T 7408—2005 要求。

术语类型:元素

元素必备性:可选

元素修饰词:created;issued;dateCopyrighted

编码体系修饰词:Period;GB/T 7408—2005

示例:

创建日期:2020-09-24(编码体系=GB/T 7408.1—2023)

7.1.9 类型

名称:type

出处:GB/T 25100—2010

标签:类型

定义:音频资源的特征或类型。

数据类型:字符型

注释:类型包括描述资源内容的一般范畴、功能、种属或聚类层次的术语。本标准中,宜将类型缺省取值为"音频资源"。也可根据具体应用采用其他编码体系修饰词,例如:DCMI 类型词表[DCMITYPE]。

术语类型:元素

元素必备性:必备

编码体系修饰词:DCMIType

示例:

类型:音频资源

7.1.10　格式

名称:format

出处:GB/T 25100—2010

标签:格式

定义:音频资源的文件格式、物理媒体或尺寸规格。

数据类型:字符型

注释:一般而言,格式可能包括资源的媒体类型或资源的大小,格式元素可以用来决定展示或操作资源所需的软硬件或其他相应设备,其中资源的大小又包括资源所占的存储空间或资源的持续时间(如播放时间)。宜采用来自受控词表中的值,比如 Internet 媒体类型[MIME]定义的计算机媒体格式。有关音频资源格式中的具体信息如大小、媒体等可用专门的修饰词表达。

术语类型:元素

元素必备性:必备

元素修饰词:extent;duration;audioChannelFormat;audioCodingFormat;audioDataRate;audioSamplingFrequency;audioBitDepth;medium

编码体系修饰词:IMT

示例:

格式:audio/aac(编码体系 = IMT)

7.1.11　标识符

名称:identifier

出处:GB/T 25100—2010

标签:标识符

定义:在特定上下文环境中,给予音频资源的一个明确的标识。

数据类型:字符型

注释:宜采用符合正式标识体系的字符串进行标识。正式的标识体系包括但不限于 URI、DOI、ISRC、ISBN 等。

术语类型:元素

元素必备性:必备

编码体系修饰词:URI;DOI;ISRC;ISBN

示例:

标识符:CN − Z35 − 21 − 00316(编码体系 = ISRC)

7.1.12　封面图

名称:coverImage

出处:国家图书馆

标签:封面图

定义:音频资源封面的存储路径。

数据类型:字符型

注释:音频封面图的存储路径,需要精确到每一张图片。

术语类型:元素

元素必备性:有则必备

示例:

封面图:/cover/000001.img

7.1.13　来源

名称:source

出处:GB/T 25100—2010

标签:来源

定义:与当前音频资源来源有关的资源。

数据类型:字符型

注释:当前资源可能部分或全部源自来源元素所标识的资源。宜采用符合正式标识体系的字符串进行标识。具体应用时,宜将数字化资源的非数字原件著录于此。

术语类型:元素

元素必备性:可选

编码体系修饰词:URI;DOI;ISRC;ISBN

示例:

来源:987 - 7 - 8889 - 479 - 2(编码体系 = ISBN)

7.1.14　语种

名称:language

出处:GB/T 25100—2010

标签:语种

定义:描述音频资源内容的语种。

数据类型:字符型

注释:表达音频资源内容的语言。宜采用规范的语种代码进行标识,例如GB/T 4880.2—2000。

术语类型:元素

元素必备性:可选

编码体系修饰词:GB/T 4880.2—2000;RFC 5646

示例:

语种:eng(编码体系 = GB/T 4880.2—2000)

7.1.15　关联

名称:relation

出处:GB/T 25100—2010

标签:关联

定义:相关资源。

数据类型:字符型

注释:指明与本音频资源存在某种关系(包括原版本与其他版本、包含与包含于、原格式与其他格式)的其他资源。宜采用符合正式标识体系的字符串进行标识。

术语类型:元素

元素必备性:有则必备

编码体系修饰词:URI;DOI;ISRC;ISBN

示例:

ISBN:7 - 88000 - 781 - 4(编码体系 = ISBN)

7.1.16 时空范围

名称:coverage

出处:GB/T 25100—2010

标签:时空范围

定义:音频资源所涉及的空间或时间主题,即资源所适用的空间或资源所辖的范围。

数据类型:字符型

注释:音频资源所涉及的空间主题或所适用的空间范围,可以是一个地名或地理坐标,时间范围可以是一个时间间隔、日期或日期范围。所辖范围可以是音频资源所适用的行政实体或地理区域。宜采用受控词表,如 DCMI Period、DCMI Point、TGN、GB/T 2659.1—2022 等,并尽可能地使用由数字表示的坐标或日期范围来描述地名与时间段。在需要对时间、空间区别表达时,宜采用相应的修饰词。

术语类型:元素

元素必备性:可选

元素修饰词:spatial;temporal

编码体系修饰词:GB/T 7408.2—2023;Period;TGN;Point;GB/T 2659.1—

2022;GeoNames

示例:

时空范围:时间范围:name = The Great Depression;start = 1929;end = 1939（编码体系 = Period）

7.1.17　权限

名称:rights

出处:GB/T 25100—2010

标签:权限

定义:音频资源本身的所有者权利信息以及被赋予的权限信息。

数据类型:字符型

注释:权限信息通常指与音频资源相关的各种产权声明,包括知识产权及其他相关权利。记录音频资源的权限管理说明或提供相关信息的机构,如涉及版权拥有者、授权用户类型时,宜使用相应的元素修饰词。

术语类型:元素

元素必备性:有则必备

元素修饰词:rightsHolder;authorizedUserType;authorizedUse

示例:

权限:陕西省图书馆。仅限于 CMNet 注册成员

7.1.18　受众

名称:audience

出处:WH/T 62—2014

标签:受众

定义:利用音频资源的各类实体。

数据类型:字符型

注释:受众可由创建者、出版者或第三方确定。

术语类型:元素

元素必备性：可选

示例：

受众：青少年

7.1.19　版本

名称：edition

出处：WH/T 62—2014

标签：版本

定义：指明音频资源的版本信息。

数据类型：字符型

注释：某一种音频资源因演唱、演奏、编辑、制作形式的不同而产生的另一种音频资源，但不包括格式的差别。

术语类型：元素

元素必备性：有则必备

示例：

版本：素材版

7.1.20　馆藏信息

名称：location

出处：MODS

标签：馆藏信息

定义：音频资源的馆藏情况。

数据类型：字符型

注释：包含物理馆藏、在线阅读地址。

术语类型：元素

元素必备性：有则必备

示例：

馆藏信息：国家图书馆

7.1.21 终端设备

名称:terminalDevice

出处:国家图书馆

标签:终端设备

定义:音频资源可以展示的终端设备信息。

数据类型:字符型

注释:包括终端类型、终端服务类型以及终端操作系统等内容。

术语类型:元素

元素必备性:可选

元素修饰词:terminalType;terminalServiceType;terminalOS

示例:

终端设备:终端操作系统:Android

7.1.22 二维码

名称:twoDimensionalBarCode

出处:GB/T 12905—2019

标签:二维码

定义:音频资源的二维码信息。

数据类型:字符型

注释:二维码可以包括音频题名、链接地址等内容。二维码码制有很多种,常见的为 QR Code,在实际应用中可以根据需要选择合适的码制。

元素必备性:可选

7.1.23 用户交互

名称:userInteraction

出处:国家图书馆

标签:用户交互

定义:用户访问音频资源涉及的交互信息。

数据类型:字符型

注释:主要包括用户对音频资源点击、转发、收藏、累计浏览的数量、用户阅读时长分布(活跃时间);手势交互。

术语类型:元素

元素必备性:可选

示例:

用户交互:音频转发次数:30 万次

7.2 个体音频元数据元素

7.2.1 分集音频 ID

名称:localID

出处:国家图书馆

标签:分集音频 ID

定义:音频资源的分集 ID,以音频 ID 或 ID 的流水号表述。

数据类型:字符型

注释:必须保证其唯一性,可以自定义规则,宜由字母或者数字组成,可以添加下画线分隔符。

术语类型:元素

元素必备性:必备

示例:

分集音频 ID:A2016_000503

7.2.2 分集序号

名称:episodeSequenceNumber

出处:国家图书馆

标签:分集序号

定义:音频资源目录次序。

数据类型:字符型

注释:标识系列音频资源所包含分集的次序。

术语类型:元素

元素必备性:必备

示例:

分集序号:3

7.2.3 分集题名

名称:title

出处:GB/T 25100—2010

标签:分集题名

定义:系列音频资源分集的名称。

数据类型:字符型

注释:标识系列音频资源的分集名称。

术语类型:元素

元素必备性:必备

元素修饰词:alternative

示例:

分集题名:《弟子规》释义

7.2.4 分集描述

名称:description

出处:GB/T 25100—2010

标签:分集描述

定义:分集音频资源的内容描述。

数据类型:字符型

注释:分集音频资源内容的摘要等信息。

术语类型:元素

元素必备性:可选

元素修饰词：abstract；tableOfContents

示例：

分集描述：孔子讲孝敬父母的四个要点

7.2.5　分集音频地址

名称：filePath

出处：国家图书馆

标签：分集音频地址

定义：分集音频资源内容在服务器的存储位置。

数据类型：字符型

注释：音频资源一般存在服务器中，形成一个 URL 地址，通过该地址可以找到音频资源对应的对象数据，一般一个分集对应一个音频文件。

术语类型：元素修饰词

元素必备性：必备

示例：

分集音频地址：book/baijiaxing/1. mp3

http://m. ndlib. cn/03/html/readerAudio. html? type ＝4&resourceId ＝219517&resType ＝1&chapterId ＝456196

7.3　元素修饰词

7.3.1　交替题名

名称：alternative

出处：http://purl. org/dc/terms/

标签：交替题名

定义：任何可替换音频资源正式名称的其他名称。

数据类型：字符型

注释：包括与正式题名不同的其他语种的题名、正式题名为全称时的简称等。

术语类型:元素修饰词

元素必备性:有则必备

限定:title

示例:

交替题名:血色湘西片尾曲

注:题名:高山有好水

7.3.2　责任方式

名称:role

出处:MODS

标签:责任方式

定义:创作音频资源内容或对该内容作出贡献的方式。

数据类型:字符型

术语类型:元素修饰词

元素必备性:有则必备

限定:creator;contributor

示例:

责任方式:演唱

7.3.3　摘要

名称:abstract

出处:http://purl. org/dc/terms/

标签:摘要

定义:音频资源内容的说明。

数据类型:字符型

注释:对音频资源进行简要说明。

术语类型:元素修饰词

元素必备性:必备

限定:description

示例:

摘要:讲述了中国文明历史。

7.3.4　目次

名称:tableOfContents

出处:http://purl.org/dc/terms/

标签:目次

定义:音频资源的子单元列表。

术语类型:元素修饰词

元素必备性:有则必备

限定:description

示例:

目次:1.天文;2.地舆;3.岁时;4.文臣;5.武职

7.3.5　创建日期

名称:created

出处:http://purl.org/dc/terms/

标签:创建日期

定义:音频资源创建的日期。

数据类型:日期型

注释:一般指音频资源的制作、录制完成日期。

术语类型:元素修饰词

元素必备性:有则必备

限定:date

编码体系修饰词:Period;GB/T 7408.1—2023

示例:

创建日期:2021－08－20(编码体系＝GB/T 7408.1—2023)

7.3.6　发布日期

名称:issued

出处:http://purl.org/dc/terms/

标签:发布日期

定义:音频资源正式发布的日期。

数据类型:日期型

注释:供数字化的网络音频资源使用。

术语类型:元素修饰词

元素必备性:有则必备

限定:date

编码体系修饰词:Period;GB/T 7408.1—2023

示例

发布日期:2021 - 10 - 16(编码体系 = GB/T 7408.1—2023)

7.3.7　版权日期

名称:dateCopyrighted

出处:http://purl.org/dc/terms/

标签:版权日期

定义:音频资源将在这段时间内可以获得或曾经可以获得(通常是一个时间区间)。

数据类型:日期型

注释:一般是一个时间段。

术语类型:元素修饰词

元素必备性:有则必备

限定:date

编码体系修饰词:Period;GB/T 7408.1—2023

示例：

版权日期：20200101/20201231（编码体系＝GB/T 7408.1—2023）

7.3.8 大小

名称：extent

出处：WH/T 62—2014

标签：大小

定义：音频资源的文件大小。

数据类型：字符型

注释：音频资源的大小。

术语类型：元素修饰词

元素必备性：有则必备

限定：format

示例：

大小：4.3MB

7.3.9 时长

名称：duration

出处：WH/T 62—2014

标签：时长

定义：音频资源的时长。

数据类型：字符型

注释：音频资源内容的持续时间，宜采用 hh:mm:ss 格式。

术语类型：元素修饰词

元素必备性：有则必备

限定：format

示例：

时长：01:45:12

7.3.10　声道格式

名称：audioChannelFormat

出处：WH/T 62—2014

标签：声道格式

定义：描述音频资源声音通道之间的关系。

数据类型：字符型

术语类型：元素修饰词

元素必备性：可选

限定：format

示例：

声道格式：立体声

7.3.11　音频编码格式

名称：audioCodingFormat

出处：WH/T 62—2014

标签：音频编码格式

定义：数字音频采样序列的编码格式。

数据类型：字符型

注释：常见音频编码格式有 pcm,mp3,aac,flac 等。

术语类型：元素修饰词

元素必备性：可选

限定：format

示例：

音频编码格式：mp3

7.3.12　音频数据码率

名称：audioDataRate

出处：WH/T 62—2014

标签:音频数据码率

定义:音频数据码流的每秒传输比特值。

数据类型:字符型

术语类型:元素修饰词

元素必备性:可选

限定:format

示例:

音频数据码率:512kb/s

7.3.13　音频采样频率

名称:audioSamplingFrequency

出处:WH/T 62—2014

标签:音频采样频率

定义:在音频资源数字化时的音频采样频率(或称取样率)。

数据类型:字符型

术语类型:元素修饰词

元素必备性:可选

限定:format

示例:

音频采样频率:48kHz

7.3.14　音频位深度

名称:audioBitDepth

出处:WH/T 62—2014

标签:音频位深度

定义:在音频资源数字化时,样本音频信息使用的比特数,也称为声音样本量的量化深度。

数据类型:字符型

术语类型:元素修饰词

元素必备性:可选

限定:format

示例:

音频位深度:8bit

7.3.15　空间范围

名称:spatial

出处:http://purl. org/dc/terms/

标签:空间范围

定义:音频资源知识内容涉及的空间特征。

数据类型:字符型

术语类型:元素修饰词

注释:时间的表达宜采用受控的词汇。

元素必备性:有则必备

限定:coverage

编码体系修饰词:Point;GB/T 2659.1—2022;TGN;GeoNames

示例:

空间范围:name = Perth,W. A. ;east = 115.85717;north = − 31.95301(编码体系 = Point)

7.3.16　时间范围

名称:temporal

出处:http://purl. org/dc/terms/

标签:时间范围

定义:音频资源知识内容涉及的时间特征。

数据类型:字符型

术语类型:元素修饰词

元素必备性:有则必备

限定:coverage

编码体系修饰词:Period;GB/T 7408.1—2023

示例:

时间范围:name = The Great Depression；start = 1929；end = 1939（编码体系 = Period）

7.3.17　媒体

名称:medium

出处:WH/T 62—2014

标签:媒体

定义:音频资源的物质载体或组成材料。

数据类型:字符型

术语类型:元素修饰词

元素必备性:有则必备

限定:format

示例:

媒体:CD

7.3.18　版权拥有者

名称:rightsHolder

出处:http://purl.org/dc/terms/

标签:版权拥有者

定义:对音频资源拥有所有权或者管理权的个人或组织。

数据类型:字符型

术语类型:元素修饰词

元素必备性:有则必备

限定:rights

示例:

版权拥有者:中央人民广播电台

7.3.19　授权用户类型

名称:authorizedUserType

出处:WH/T 52—2012

标签:授权用户类型

定义:被授予音频资源相应权利的用户的类型。

数据类型:字符型

注释:说明哪些类型的用户被予以相应的权利,如教授、研究员、博士研究生,或注册用户、非注册用户等。

术语类型:元素修饰词

元素必备性:有则必备

限定:rights

示例:

授权用户类型:注册用户

7.3.20　授权用途

名称:authorizedUse

出处:国家图书馆

标签:授权用途

定义:被授予音频资源的相应权利内容。

数据类型:字符型

注释:说明授予用户使用音频资源的哪些权利,如浏览、复制、下载等。

术语类型:元素修饰词

元素必备性:有则必备

限定:rights

示例:

授权用途:APP 端可提供下载后离线阅读

7.3.21 终端类型

名称:terminalType

出处:国家图书馆

标签:终端类型

定义:音频资源可以或者适合展示的终端类型,如手机、平板电脑、PDA、手持阅读器等各种移动终端。

数据类型:字符型

术语类型:元素修饰词

元素必备性:有则必备

限定:terminalDevice

示例:

终端类型:手持阅读器

7.3.22 终端操作系统

名称:terminalOS

出处:国家图书馆

标签:终端操作系统

定义:适合播放音频资源的终端操作系统。

数据类型:字符型

术语类型:元素修饰词

元素必备性:有则必备

限定:terminalDevice

示例:

终端操作系统:Android

7.4　编码体系修饰词

7.4.1　汉语主题词表

名称:CT

出处:中国科学技术情报研究所,北京图书馆. 汉语主题词表. 北京:科学技术文献出版社,1979.

标签:汉语主题词表

定义:汉语主题词表。

术语类型:编码体系修饰词

元素必备性:可选

编码体系应用于:subject

示例:

主题:交际舞舞曲

编码体系修饰词:CT

7.4.2　中国分类主题词表

名称:CCT

出处:国家图书馆《中国图书馆分类法》编辑委员会. 中国分类主题词表. 3 版. 北京:国家图书馆出版社,2017.

标签:中国分类主题词表

定义:中国分类主题词表。

术语类型:编码体系修饰词

元素必备性:可选

编码体系应用于:subject

示例:

主题:相声—作品集—中国—当代

编码体系修饰词:CCT

7.4.3　中国图书馆分类法

名称:CLC

出处:国家图书馆《中国图书馆分类法》编辑委员会. 中国图书馆分类法. 5 版. 北京:国家图书馆出版社,2010.

标签:中国图书馆分类法

定义:中国图书馆分类法。

术语类型:编码体系修饰词

元素必备性:可选

编码体系应用于:subject

示例:

主题:J647.43

编码体系修饰词:CLC

7.4.4　美国国会图书馆主题词表

名称:LCSH

出处:https://id.loc.gov/authorities/subjects.html

标签:美国国会图书馆主题词表

定义:美国国会图书馆主题词表。

术语类型:编码体系修饰词

元素必备性:可选

编码体系应用于:subject

示例:

主题:Clarinet and piano music

编码体系修饰词:LCSH

7.4.5　日期和时间表示法

名称:GB/T 7408.1—2023

出处:GB/T 7408.1—2023 数据元和交换格式 信息交换 日期和时间表

示法

标签:日期和时间表示法

定义:GB/T 7408.1—2023 标准中在信息交换中所涉及的日期和时间表示法。

术语类型:编码体系修饰词

元素必备性:可选

编码体系应用于:date;created;issued;dateCopyrighted;temporal

示例:

创建日期:2011 – 08 – 20

编码体系修饰词:GB/T 7408.1—2023

7.4.6　都柏林核心元数据计划时期

名称:Period

出处:http://purl.org/dc/terms/

标签:都柏林核心元数据计划时期

定义:表示时间间隔的一种方法。

术语类型:编码体系修饰词

元素必备性:可选

编码体系应用于:date;created;issued;dateCopyrighted;temporal

示例:

时间范围:name = 抗日战争时期;start:1931;end:1945

编码体系修饰词:Period

7.4.7　都柏林核心元数据计划类型词表

名称:DCMIType

出处:http://purl.org/dc/terms/

标签:都柏林核心元数据计划类型词表

定义:用来对资源内容的性质或种类进行分类的类型词汇列表。

术语类型:编码体系修饰词

元素必备性:可选

编码体系应用于:type

示例:

类型:Sound

编码体系修饰词:DCMIType

7.4.8 互联网媒体类型

名称:IMT

出处:http://purl.org/dc/terms/

标签:互联网媒体类型

定义:资源的互联网媒体类型。

术语类型:编码体系修饰词

元素必备性:可选

编码体系应用于:format

示例:

媒体:audio/aac

编码体系修饰词:IMT

7.4.9 统一资源标识符

名称:URI

出处:http://www.ietf.org/rfc/rfc3986.txt

标签:统一资源标识符

定义:统一资源标识符(Uniform Resource Identifiers,URI)。

术语类型:编码体系修饰词

元素必备性:可选

编码体系应用于:identifier;source;relation

示例:

标识符:http://space.tv.cctv.com/video/VIDE1260015602137884

编码体系修饰词:URI

7.4.10　数字对象唯一标识符

名称:DOI

出处:GB/T 36369—2018

标签:数字对象唯一标识符

定义:对象的数字化标识符(Digital Object Identifier,DOI)。

术语类型:编码体系修饰词

元素必备性:可选

编码体系应用于:identifier;source;relation

示例:

标识符:10.3207/2959859860

编码体系修饰词:DOI

7.4.11　国际标准音像制品编码

名称:ISRC

出处:http://www.iso.org/iso/catalogue_detail? csnumber=23401

标签:国际标准音像制品编码

定义:国际标准音像制品编码(International Standard Recording Code, ISRC)是正式出版发行的国际通用的音像制品的代码。

术语类型:编码体系修饰词

元素必备性:可选

编码体系应用于:identifier;source;relation

示例:

标识符:CN － C19 － 21 － 00018

编码体系修饰词:ISRC

7.4.12 国际标准书号

名称:ISBN

出处:http://www.isbn.org/standare/home/isbn/international/index.asp

标签:国际标准书号

定义:国际标准书号(International Standard Book Number,ISBN),是国际上通用的出版物标识编号。

术语类型:编码体系修饰词

元素必备性:可选

编码体系应用于:identifier;source;relation

示例:

标识符:978 - 7 - 5064 - 2595 - 7

编码体系修饰词:ISBN

7.4.13 语言识别标签

名称:RFC 5646

出处:https://www.rfc-editor.org/rfc/rfc5646.txt

标签:语言识别标签

定义:根据 RFC 5646 确定的语种识别标签集合。

术语类型:编码体系修饰词

元素必备性:可选

编码体系应用于:language

示例:

语种:en

编码体系修饰词:RFC 5646

7.4.14 语种名称代码 第 2 部分:3 字母代码

名称:GB/T 4880.2—2000

出处:GB/T 4880.2—2000 语种名称代码 第 2 部分:3 字母代码

标签:语种名称代码 第 2 部分:3 字母代码

定义:GB/T 4880.2—2000 标准中的 3 字母语种识别代码。

术语类型:编码体系修饰词

元素必备性:可选

编码体系应用于:language

示例:

语种:chi

编码体系修饰词:GB/T 4880.2—2000

7.4.15　地理名词叙词表

名称:TGN

出处:http://www.getty.edu/research/tools/vocabulary/tgn/index.html

标签:地理名词叙词表

定义:地理名称叙词表(Thesaurus of Geographic Names)。

术语类型:编码体系修饰词

元素必备性:可选

编码体系应用于:spatial

示例:

空间范围:Nanjing (inhabited place) (World, Asia, China, Jiangsu)〔7001892〕

编码体系修饰词:TGN

7.4.16　都柏林核心元数据计划地点

名称:Point

出处:http://purl.org/dc/terms/

标签:都柏林核心元数据计划地点

定义:DCMI 地理位置,用地理坐标值来指明地点。

术语类型:编码体系修饰词

元素必备性:可选

编码体系应用于:spatial

示例:

空间范围:name = Perth,W. A. ; east = 115. 85717;north = − 31. 95301

编码体系修饰词:Point

7.4.17 世界各国和地区名称代码

名称:GB/T 2659. 1—2022

出处:GB/T 2659. 1—2022 世界各国和地区名称代码

标签:世界各国和地区名称代码

定义:GB/T 2659. 1—2022 标准中的国家和地区代码。

术语类型:编码体系修饰词

元素必备性:可选

编码体系应用于:spatial

示例:

空间范围:110000

编码体系修饰词:GB/T 2659. 1—2022

7.4.18 地理名称

名称:GeoNames

出处:http://www. geonames. org/

标签:地理名称

定义:地理信息数据集。

术语类型:编码体系修饰词

元素必备性:可选

编码体系应用于:spatial

示例:

空间范围:

空间范围：

geo:long"108.93"；

geo:lat"34.27"

编码体系修饰词:GeoNames

附　件

（资料性）

移动终端音频资源数据内容样例

附表 3 - 3　移动终端系列音频资源元数据

元素	元素修饰词	编码体系修饰词	示例
audioID （音频资源 ID）			M330042020_000035
title（题名）			红楼梦
creator（创建者）			曹雪芹
	role（责任方式）		著
subject（主题）		CLC	I242.47
description （描述）	abstract（摘要）		中国古代章回体长篇小说,中国古典四大名著之一
publisher（出版者）			中国戏剧出版社
date（日期）	created（创建日期）	GB/T 7408.1—2023	2020 - 11 - 09
	issued（发布日期）	GB/T 7408.1—2023	2021 - 09 - 14
type（类型）			音频
		DCMIType	Sound
format（格式）		IMT	audio/aac
	extent（大小）		17.5G
	duration （时长）		82:00:00
identifier （标识符）		URI	http://m. ndlib. cn/03/html/ detailListen. html? resType = 1&resourceId = 480775
coverImage（封面图）			cover/hongloumeng. jpg

续表

元素	元素修饰词	编码体系修饰词	示例
language(语种)		GB/T 4880.2—2000	chi
coverage （时空范围）	spatial （空间范围）	GB/T 2659.1—2022	CHN
relation(关联)		分集音频 ID	M330042020_000035_1
rights(权限)	rightsHolder （版权拥有者）		国家图书馆
	authorizedUserType （授权用户类型）		注册用户
	authorizedUse （授权用途）		移动端注册后在线播放
audience(受众)			一般大众
location(馆藏信息)			国家图书馆
terminalDevice （终端设备）	terminalType （终端类型）		手机、平板电脑、PDA、手持阅读器等各种移动终端
	terminalServiceType （终端服务类型）		WAP 网站、APP 应用程序、微信小程序等各种移动服务形式
	terminalOS （终端操作系统）		iOS、Android
twoDimensionalBarCode(二维码)			
userInteraction （用户交互）			截至 2022 - 09 - 22 10:00:00,累计浏览数量:1200次

附表 3 - 4　移动终端个体音频资源元数据

元素	元素修饰词	编码体系修饰词	示例
localID （分集音频 ID）			M330042020_000035_1
episodeSequenceNumber （分集序号 ）			1
title（分集题名）			甄士隐梦幻识通灵贾雨村风尘怀闺秀
filePath（分集音频地址）			book/hongloumeng/hongloumeng_1. mp3

参考文献

［1］国家市场监督管理总局,中国国家标准化管理委员会. 条码术语:GB/T 12905—2019［S］. 北京:中国标准出版社,2019.

［2］Information technology-Automatic identification and data capture techniques-Data Matrix bar code symbology specification［S/OL］.［2024 - 08 - 08］. https://www. iso. org/obp/ui#iso: std:iso-iec:16022:ed-3:v1:en.

［3］W3C. Mobile Resources Lists［EB/OL］.［2021 - 09 - 04］. https://www. w3. org/WAI/GL/ mobile - a11y - tf/wiki/Mobile_Resources#Mobile_Accessibility_Platform_Features.

［4］W3C. User Interaction［EB/OL］.［2021 - 09 - 04］. https://www. w3. org/2018/12/web-roadmaps/mobile/userinput. html.

［5］W3C. User Agent Accessibility Guidelines（UAAG）2. 0［EB/OL］.［2021 - 09 - 04］. https://www. w3. org/TR/UAAG20/.

附录四 公共数字文化资源移动终端元数据规范 第3部分:视频资源

1 范围

本文件规定了公共数字文化资源建设、服务和管理中的移动终端视频资源的元数据要求。

本文件适用于公共数字文化中移动终端发布的视频资源元数据的通用性元素设计。

2 规范性引用文件

下列文件中的内容通过文中的规范性引用而构成本文件必不可少的条款。其中,注日期的引用文件,仅该日期对应的版本适用于本文件;不注日期的引用文件,其最新版本(包括所有的修改单)适用于本文件。

GB/T 2659.1—2022 世界各国和地区及其行政区划名称代码 第1部分:国家和地区代码

GB/T 4880.2—2000 语种名称代码 第2部分:3字母代码

GB/T 7408.1—2023 数据元和交换格式 信息交换 日期和时间表示法

GB/T 18391.3—2009 信息技术元数据注册系统(MDR)第3部分:注册系统元模型与基本属性

GB/T 25100—2010 信息与文献 都柏林核心元数据元素集

GB/T 36369—2018 信息与文献 数字对象唯一标识符系统

WH/T 52—2012 管理元数据规范

WH/T 63—2014 视频资源元数据规范

ISO 2108:2017　信息与文献——国际标准书号［Information and documen-tation—International Standard Book Number（ISBN）］

ISO 3901:2001 信息与文献——国际标准音像制品编码［Information and documentation — International Standard Recording Code（ISRC）］

RFC 3986 统一资源标识符（URI）:通用语法［Uniform Resource Identifier（URI）: Generic Syntax］

RFC 5646 语言识别标签（Tags for Identifying Languages）

3　术语和定义

下列术语和定义适用于本文件。

3.1　DCMI 都柏林核心元数据计划　DCMI-Dublin Core Metadata Initiative

都柏林核心元数据元素集的维护机构。

［来源:GB/T 25100—2010,定义 3.1］

3.2　视频资源　video resources

用于存储活动或静止图像的媒体,所记录的视频需用特定的回放设备(如:录像带播放器、DVD 播放机等)播放。

注:视频资源既包括用数字信号存储的视频资源,也包括用模拟信号存储的视频资源。

［来源:WH/T 63—2014,定义 3.2］

3.3　元数据　metadata

定义和描述其他数据的数据。

［来源:GB/T 18391.3—2009,定义 3.2.18］

3.4　元素　element

元数据集合中用于定义和描述数据的基本单元,由一组属性描述、定义、标识,并允许值限定。

注:元素用于表示数据对象的关键信息,多个元数据元素的集合称为元数据元素集。

［来源:WH/T 63—2014,定义 3.4］

3.5　修饰词　qualifier

当元素(3.4)无法满足资源对象的精确描述需要时进一步扩展出的术语。

[来源:WH/T 63—2014,定义3.5]

3.6　元素修饰词　element refinement

对元素的语义进行修饰,提高元素的专指性和精确性。

[来源:WH/T 63—2014,定义3.6]

3.7　编码体系修饰词　encoding scheme

用来帮助解析某个术语值的上下文信息或解析规则。

注:编码体系修饰词的形式包括受控词表、规范表或者解析规则。

[来源:WH/T 63—2014,定义3.7]

3.8　规范文档　authority file

说明著录元素(3.4)内容时依据的各种规范。

[来源:WH/T 63—2014,定义3.8]

3.9　复用　reuse

在元数据(3.3)应用过程中,对于其他元数据标准中已经有明确定义并适用于本应用领域的元素的直接使用,并在使用时明确标明其地址。

[来源:WH/T 63—2014,定义3.9]

4　缩略语

下列缩略语适用于本文件。

CT:汉语主题词表(Chinese Thesaurus)

CCT:中国分类主题词表(Classified Chinese Thesaurus)

CLC:中国图书馆分类法(Chinese Library Classification)

LCSH:美国国会图书馆主题词表(Library of Congress Subject Headings)

IMT:互联网媒体类型(Internet Media Type)

URI:统一资源标识符(Uniform Resource Identifier)

DOI:数字对象唯一标识符(Digital Object Unique Identifier)

ISRC：国际标准音像制品编码（International Standard Recording Code）

ISBN：国际标准书号（International Standard Book Number）

TGN：地理名词叙词表（Thesaurus of Geographical Names）

URL：统一资源定位符（Uniform Resource Locator）

5 元素集及扩展规则

5.1 元素集

将附表 4 - 1 给出了移动终端视频资源元数据及修饰词。其中，系列视频元数据元素 23 个，个体视频元数据元素 5 个。

附表 4 - 1 移动终端视频资源元数据元素及修饰词列表

类型	序号	元素	元素修饰词	编码体系修饰词	复用
系列视频元数据元素	1	视频资源			
	2	题名			GB/T 25100—2010
			交替题名		dcterms：alternative
	3	创建者			GB/T 25100—2010
			责任方式		mods：role
	4	主题			GB/T 25100—2010
				CT	
				CCT	
				CLC	
				LCSH	
	5	描述			GB/T 25100—2010
			摘要		dcterms：abstract
			目次		dcterms：tableOfContents
	6	出版者			GB/T 25100—2010
	7	其他责任者			GB/T 25100—2010
			责任方式		mods：role

续表

类型	序号	元素	元素修饰词	编码体系修饰词	复用
	8	日期			GB/T 25100—2010
			创建日期		dcterms：created
			发布日期		dcterms：issued
			版权日期		dcterms：dateCopyrighted
				GB/T 7408.1—2023	
				Period	
	9	类型			GB/T 25100—2010
				DCMIType	
	10	格式		IMT	GB/T 25100—2010
			大小		WH/T 63—2014
			时长		WH/T 63—2014
			画面宽高比		WH/T 63—2014
			分辨率		WH/T 63—2014
			音频编码格式		WH/T 63—2014
			音频数据码率		WH/T 63—2014
			视频编码格式		WH/T 63—2014
			视频数据码率		WH/T 63—2014
			媒体		WH/T 63—2014
	11	标识符			GB/T 25100—2010
				URI	
				DOI	
				ISRC	
				ISBN	
	12	封面图			
	13	来源			GB/T 25100—2010
				URI	
				DOI	
				ISRC	
				ISBN	

续表

类型	序号	元素	元素修饰词	编码体系修饰词	复用
系列图像元数据元素	14	语种			GB/T 25100—2010
			声道语种		
			字幕语种		
				RFC 5646	
				GB/T 4880.2—2000	
	15	关联			GB/T 25100—2010
				URI	
				DOI	
				ISRC	
				ISBN	
	16	时空范围			GB/T 25100—2010
			空间范围		dcterms:spatial
			时间范围		dcterms:temporal
				GB/T 7408.1—2023	
				Period	
				TGN	
				Point	
				GB/T 2659.1—2022	
				GeoNames	
	17	权限			GB/T 25100—2010
			版权拥有者		dcterms:rightsHolder
			授权用户类型		WH/T 52—2012
			授权用途		
	18	受众			WH/T 63—2014
	19	版本			WH/T 63—2014
	20	馆藏信息			mods:location
	21	终端设备	终端类型		
			终端服务类型		
			终端操作系统		

续表

类型	序号	元素	元素修饰词	编码体系修饰词	复用
	22	二维码			GB/T 12905—2019
	23	用户交互			
个体视频元数据元素	1	分集视频			
	2	分集题名			GB/T 25100—2010
			交替题名		dcterms:alternative
	3	分集描述			GB/T 25100—2010
			摘要		dcterms:abstract
			目次		dcterms:tableOfContents
	4	分集封面地址			
	5	分集文件地址			

5.2　扩展规则

5.2.1　在现行元数据标准中,如果没有恰当的元素可供复用,允许自行扩展元素并归类为本地元素集。

5.2.2　自行扩展的元素不能和已有的元素有任何语义上的重复。

5.2.3　扩展的修饰词应遵循向上兼容原则,即修饰词在语义上不能超出被修饰词(元素)的语义。

5.2.4　新增元素和修饰词应优先采用 DCMI 中的元素和修饰词,或是现有其他元数据标准中的元素和修饰词。

5.2.5　新增元素如果复用来自其他元数据标准的元素或修饰词,应说明来源,使用时严格遵循其语义。

6　元素集及元素定义说明

元素集及元素定义遵循以下通用性规则:

(1)本文件定义的所有元素与顺序无关。同一元素(如 creator)多次出现,其排序可能是有意义的,但不能保证排序会在任何系统中保存下来。

(2)为规范元数据标准中元素及修饰词等术语的定义,本文件所有元素术语的定义借鉴 DCMI 术语的定义方法以及 GB/T 18391.3—2009 标准。根据实际使用情况,按附表4－2中给出的 15 个方面进行概略定义。

(3)在本文件中,当名称为两个或两个以上英文单词时,要求单词间没有空格、下画线等特殊字符,第一个单词首字母小写、其他单词首字母大写。当名称只有一个单词时,该单词首字母小写。

(4)本文件中的标签只是元素名的一个语义属性,在具体的应用领域,为突出资源的个性和元数据的专指性,更好地体现该元素在具体应用中的语义,允许赋予其适合的标签,但语义上与原始定义不允许有冲突、不允许扩大原始的语义。

(5)为了便于理解与使用,每一元素后增加一些示例,说明其具体用法,但元素的使用不限于示例所举。

(6)本文件所有元素/修饰词均为非限制性的,如果在特定的项目或应用中使用,可进行必要的扩展,并增加使用说明。本文件中的元素描述及示例中有可能涉及扩展描述。

附表4－2　移动终端视频资源元数据术语定义属性表

序号	属性名	属性说明	约束
1	名称(Name)	赋予术语的唯一标记	必备
2	出处(Defined by)	一般给出定义术语(特别是给出术语"名称"与"标识符")的来源名称及来源的 URI。如无来源名称与 URI,也可以是定义术语或维护术语的机构名称。或者也可以是书目引文,指向定义该术语的文献	必备
3	标签(Label)	描述术语的可读标签,一般为中文,可随资源不同选择不同的描述术语	必备

序号	属性名	属性说明	约束
4	定义(Definition)	对术语概念与内涵的说明	必备
5	注释(Comments)	关于术语或其应用的其他说明,如特殊的用法等	可选
6	术语类型 (Type of Term)	术语的类型。其值为:元素、元素修饰词和编码体系修饰词	必备
7	限定(Refines)	在定义元素修饰词时,在此明确指出该术语修饰的元素。一般给出所修饰元素的名称,但允许按中文习惯引用其标签,推荐同时给出 URI	有则 必备
8	元素修饰词 (Refined by)	在定义元素时,在此项中给出限定此元素的元素修饰词。一般给出元素修饰词的名称,但允许按中文习惯引用其标签,推荐同时给出 URI	有则 必备
9	编码体系应用于 (Encoding Scheme for)	在定义编码体系修饰词时,在此给出该术语修饰的元素。一般给出所修饰元素的名称,但允许按中文习惯引用其标签,推荐同时给出 URI	有则 必备
10	编码体系修饰词 (Encoding Scheme)	在定义元素时,如果元素有编码体系修饰词,在此给出编码体系修饰词,一般给出术语的名称,推荐同时给出 URI	有则 必备
11	数据类型(Data Type)	术语允许取值的数据类型	可选
12	版本(Version)	产生该术语的元数据规范版本	可选
13	语言(Language)	用来说明术语的语言	可选
14	频次范围(Occurrence)	术语使用的频次范围。采用区间的表示方法:[min，max],同时包括了对必备性和最大使用频次的定义。min = 0 表示可选;min = 1 表示必备;max = 10 表示最大使用频率为 10 次;max = + ∞ 表示最大使用频次没有限制	可选
15	元素必备性(Required)	说明是否必须包含某一个元素	可选

注：为了便于广泛使用，元数据定义尽量宽泛；上述 15 个属性中可以固定取值的属性有：

（1）版本：1.0。

（2）语言：缺省为简体中文。

（3）频次范围：一般不限，为[0，+∞)，在制订著录规则时宜给出实际的范围。

7 视频资源元数据元素集

7.1 系列视频元数据元素

7.1.1 视频资源 ID

名称：videoID

出处：国家图书馆

标签：视频资源 ID

定义：标记视频资源的唯一 ID 号，ID 号通常为顺序流水号。

数据类型：字符型

注释：赋予不同题名的视频资源的 ID，资源 ID 号不得重复。同一题名的视频分多个章节，使用同一个视频资源 ID。

术语类型：元素

元素必备性：必备

示例：

视频资源 ID：M430072018_000001

7.1.2 题名

名称：title

出处：GB/T 25100—2010

标签：题名

定义：赋予视频资源的名称。

数据类型：字符型

注释：视频资源的名称，一般指视频资源正式公开的名称，也包括编目员自拟的名称。

术语类型:元素

元素必备性:必备

元素修饰词:alternative

示例:

题名:南征北战

7.1.3　创建者

名称:creator

出处:GB/T 25100—2010

标签:创建者

定义:创建视频资源的主要责任者。

数据类型:字符型

注释:创建者的实体包括个人、组织或某项服务。通常用创建者的名称来标识这一条目。宜为创建者名称建立规范文档。元数据应用单位可以根据具体需求,自行规定责任者名称的规范书写形式,也可以按照以下形式进行规范书写:创建者名在姓前时,根据其语言习惯,采用"姓,#名"的形式;生卒年用",#"与姓名分隔,其他修饰成分置于圆括号"(　　)"内。若圆括号中修饰成分包含原文姓与名,中文译名可以只著录姓。标点符号宜用半角。元数据应用单位可以根据具体需要确定著录的创建者数目上限;未著录于本元素的创建者可著录于"描述"元素。

术语类型:元素

元素必备性:有则必备

元素修饰词:role

示例:

创建者:曹雪芹

7.1.4　主题

名称:subject

出处：GB/T 25100—2010

标签：主题

定义：视频资源内容的主题描述。

数据类型：字符型

注释：用受控词汇或非受控词汇标引视频资源的主题。一般采用关键词、规范化的主题词或分类号来描述。

术语类型：元素

元素必备性：可选

编码体系修饰词：CT；CCT；CLC；LCSH

示例：

主题：地方剧艺术；越剧；

7.1.5　描述

名称：description

出处：GB/T 25100—2010

标签：描述

定义：视频资源内容的说明解释。

数据类型：字符型

术语类型：元素

元素必备性：可选

元素修饰词：abstract；tableOfContents

示例：

描述：预防高血糖的原则与高血糖的治疗原则相同，要注意健康的生活方式，维持合理的体重，定期进行血糖的监测，在糖尿病前期可以考虑使用二甲双胍或阿卡波糖治疗。本片讲述了"高血糖"的科学防治的相关知识。

7.1.6　出版者

名称：publisher

出处:GB/T 25100—2010

标签:出版者

定义:使视频资源可以获得和利用的责任实体。

数据类型:字符型

注释:出版者包括个人、组织或某项服务。通常用出版者的名称来标识这一元素。

术语类型:元素

元素必备性:有则必备

示例:

出版者:北京文化艺术音像出版社

7.1.7　其他责任者

名称:contributor

出处:GB/T 25100—2010

标签:其他责任者

定义:对视频资源作出贡献的其他责任实体。

数据类型:字符型

注释:其他责任者的实体包括个人、组织或某项服务。通常用其他责任者的名称来标识这一条目。宜为其他责任者名称建立规范文档。元数据应用单位可以根据具体需求,自行规定责任者名称的规范书写形式,也可以按照以下形式进行规范书写:创建者名在姓前时,根据其语言习惯,采用“姓,#名”的形式;生卒年用“,#”与姓名分隔,其他修饰成分置于圆括号“(　)”内。若圆括号中修饰成分包含原文姓与名,中文译名可以只著录姓。标点符号宜用半角。元数据应用单位可以根据具体需要确定著录的创建者数目上限;未著录于本元素的创建者可著录于“描述”元素。

术语类型:元素

元素必备性:有则必备

元素修饰词:role

示例:

其他责任者:梁涛

7.1.8　日期

名称:date

出处:GB/T 25100—2010

标签:日期

定义:与视频资源生命周期中的一个事件相关的时刻或一段时间。

数据类型:日期型

注释:日期可以用来表达任何级别粒度的时间信息。宜采用一个编码体系,例如 ISO 8601.1—2019［W3CDTF］规范。具体的创建、发布、可获取日期宜采用专门的修饰词。公历日期和时间以及时间间隔的表示法,宜遵循 GB/T 7408.1—2023 要求。

术语类型:元素

元素必备性:可选

元素修饰词：created；issued；datecopyrighted

编码体系修饰词:Period;GB/T 7408.1—2023

示例:

创建日期:2019 - 08 - 10(编码体系 = GB/T 7408.1—2023)

7.1.9　类型

名称:type

出处:GB/T 25100—2010

标签:类型

定义:视频资源的特征或类型。

数据类型:字符型

注释:类型包括描述资源内容的一般范畴、功能、种属或聚类层次的术语。

本标准中,宜将类型缺省取值为"视频资源"。也可根据具体应用采用其他编码体系修饰词,例如:DCMI 类型词表[DCMITYPE]。

术语类型:元素

元素必备性:必备

编码体系修饰词:DCMIType

示例:

类型:视频资源

7.1.10　格式

名称:format

出处:GB/T 25100—2010

标签:格式

定义:视频资源的文件格式、物理媒体或尺寸规格。

数据类型:字符型

注释:一般而言,格式可能包括资源的媒体类型或资源的大小,格式元素可以用来决定展示或操作资源所需的软硬件或其他相应设备,其中资源的大小又包括资源所占的存储空间或资源的持续时间(如播放时间)。宜采用来自受控词表中的值,比如 Internet 媒体类型[MIME]定义的计算机媒体格式。有关视频资源格式中的具体信息如大小、媒体、分辨率等可用专门的修饰词表达。

术语类型:元素

元素修饰词:extent; duration; aspectRatio; resolution; audioCodingFormat; audioDataRate; videoCodingFormat; videoBitRate; medium

编码体系修饰词:IMT

元素必备性:必备

示例:

格式:video/mp4(编码体系 = IMT)

7.1.11 标识符

名称:identifier

出处:GB/T 25100—2010

标签:标识符

定义:在特定上下文环境中,给予视频资源的一个明确的标识。

数据类型:字符型

注释:宜采用符合正式标识体系的字符串进行标识。正式的标识体系包括但不限于 URI、DOI、ISRC、ISBN 等。

术语类型:元素

元素必备性:必备

编码体系修饰词:URI;DOI;ISRC;ISBN

示例:

标识符:CN – F18 – 05 – 309 – 0(编码体系 = ISRC)

7.1.12 封面图

名称:coverImage

出处:国家图书馆

标签:封面图

定义:视频资源封面的存储路径。

数据类型:字符型

注释:视频封面图的存储地址,需要精确到每一张图片。

术语类型:元素

元素必备性:有则必备

示例:

封面地址:视频\cover\高血糖科学防治健康.jpg

视频\cover\M430072018_000001.jpg

7.1.13 来源

名称:source

出处:GB/T 25100—2010

标签:来源

定义:与当前视频资源来源有关的资源。

数据类型:字符型

注释:当前资源可能部分或全部源自来源元素所标识的资源。宜采用符合正式标识体系的字符串进行标识。具体应用时,宜将数字化资源的非数字原件著录于此。

术语类型:元素

元素必备性:可选

编码体系修饰词:URI;DOI;ISBN;ISRC

示例:

来源:CN – A60 – 02 – 307 – 01(编码体系 = ISRC)

7.1.14 语种

名称:language

出处:GB/T 25100—2010

标签:语种

定义:描述视频资源内容的语种。

数据类型:字符型

注释:表达视频资源内容的语言。宜采用规范的语种代码进行标识,例如 GB/T 4880.2—2000。

术语类型:元素

元素必备性:可选

元素修饰词:audioChannelLanguage;subtitleLanguage

编码体系修饰词:RFC 5646;GB/T 4880.2 —2000

示例：

语种：chi（编码体系＝GB/T 4880.2—2000）

7.1.15 关联

名称：relation

出处：GB/T 25100—2010

标签：关联

定义：相关资源。

数据类型：字符型

注释：指明与本视频资源存在某种关系（包括原版本与其他版本、包含与包含于、原格式与其他格式）的其他资源。宜采用符合正式标识体系的字符串进行标识。

术语类型：元素

元素必备性：有则必备

编码体系修饰词：URI；DOI；ISRC；ISBN

示例：

关联：7 – 88000 – 781 – 4（编码体系＝ISBN）

7.1.16 时空范围

名称：coverage

出处：GB/T 25100—2010

标签：时空范围

定义：视频资源所涉及的空间或时间主题，即资源所适用的空间或资源所辖的范围。

数据类型：字符型

注释：视频资源所涉及的空间主题或所适用的空间范围，可以是一个地名或地理坐标，时间范围可以是一个时间间隔、日期或日期范围。所辖范围可以是视频资源所适用的行政实体或地理区域。宜采用受控词表，如 DCMI

Period、DCMI Point、TGN、GB/T 2659.1—2022 等,并尽可能使用由数字表示的坐标或日期范围来描述地名与时间段。在需要对时间、空间区别表达时,宜采用相应的修饰词。

　　术语类型:元素

　　元素必备性:可选

　　元素修饰词:spatial;temporal

　　编码体系修饰词:GB/T 7408.1—2023;Period;TGN;Point;GB/T 2659.1—2022;GeoNames

　　示例:

　　时空范围:时间范围:name = 抗日战争时期;start:1931;end:1945(编码体系 = Period)

7.1.17　权限

　　名称:rights

　　出处:GB/T 25100—2010

　　标签:权限

　　定义:视频资源本身的所有者权利信息以及被赋予的权限信息。

　　数据类型:字符型

　　注释:权限信息通常指与视频资源相关的各种产权声明,包括知识产权及其他相关权利。记录视频资源的权限管理说明或提供相关信息的机构,如涉及版权拥有者、授权用户类型时,宜使用相应的元素修饰词。

　　术语类型:元素

　　元素必备性:有则必备

　　元素修饰词:rightsHolder;authorizedUserType;authorizedUse

　　示例:

　　权限:上海交通大学图书馆。仅限于 CMNet 注册成员

7.1.18 受众

名称：audience

出处：WH/T 63—2014

标签：受众

定义：利用视频资源的各类实体。

数据类型：字符型

注释：受众可由创建者、出版者或第三方确定。

术语类型：元素

元素必备性：可选

示例：

受众：青少年

7.1.19 版本

名称：edition

出处：WH/T 63—2014

标签：版本

定义：指明视频资源的版本信息。

数据类型：字符型

注释：某一种视频资源因表演、编辑、制作形式的不同而产生的另一种视频资源，但不包括格式的差别。

术语类型：元素

元素必备性：有则必备

示例：

版本：精编版

7.1.20 馆藏信息

名称：location

出处：MODS

标签 : 馆藏信息

定义 : 视频资源的馆藏情况。

数据类型 : 字符型

注释 : 包含物理馆藏、在线阅读地址。

术语类型 : 元素

元素必备性 : 有则必备

示例 :

馆藏信息 : 国家图书馆

7.1.21　终端设备

名称 : terminalDevice

出处 : 国家图书馆

标签 : 终端设备

定义 : 视频资源可以展示的终端设备信息。

数据类型 : 字符型

注释 : 包括终端类型、终端服务类型、终端操作系统等内容。

术语类型 : 元素

元素必备性 : 可选

元素修饰词 : terminalType ; terminalServiceType ; terminalOS

示例 :

终端设备 : 终端操作系统 : Android

7.1.22　二维码

名称 : twoDimensionalBarCode

出处 : GB/T 12905—2019

标签 : 二维码

定义 : 视频资源的二维码信息。

数据类型 : 字符型

注释:二维码可以包括视频题名、链接地址等内容。二维码码制有很多种,常见的为 QR Code,在实际应用中可以根据需要选择合适的码制。

术语类型:元素

元素必备性:可选

7.1.23 用户交互

名称:userInteraction

出处:国家图书馆

标签:用户交互

定义:用户访问视频资源涉及的交互信息。

数据类型:字符型

注释:主要包括用户对视频资源点击、转发、收藏、累计浏览数量、用户阅读时长分布(活跃时间);手势交互。

术语类型:元素

元素必备性:可选

示例:

用户交互:视频转发次数:30 万次

7.2 个体视频元数据元素

7.2.1 分集视频 ID

名称:localID

出处:国家图书馆

标签:分集视频 ID

定义:视频资源的分集 ID,以视频 ID 或 ID 的流水号表述。

数据类型:字符型

注释:视频分集文件对应的编号,以视频资源 ID 及 ID 流水号表述。

术语类型:元素

元素必备性:必备

示例:

视频资源 ID:M430072018_000012,只有一集。

分集视频 ID:M430072018_000012

视频资源 ID:M430072018_000012,分为两集。

分集视频 ID:M430072018_000012_1、M430072018_000012_2

7.2.2　分集题名

名称:title

出处:GB/T 25100—2010

标签:分集题名

定义:根据视频为一集或者多集,题名为视频的名称或每集视频的名称。

数据类型:字符型

注释:视频资源的名称,一般指视频资源正式公开的名称,也包括编目员自拟的名称。

术语类型:元素

元素必备性:必备

元素修饰词:alternative

示例:

分集题名:大师与传统(上)

大师与传统(下)

7.2.3　分集描述

名称:description

出处:GB/T 25100—2010

标签:分集描述

定义:同一视频资源 ID 下,每集视频的内容描述。

数据类型:字符型

注释:分集视频资源的内容描述。

术语类型：元素

元素必备性：可选

元素修饰词：abstract；tableOfContents

示例：

视频资源 ID：M430072018_000012，视频元数据题名：徐晓东：走进孩子内心世界

分为两集：徐晓东：走进孩子内心世界（1）、徐晓东：走进孩子内心世界（2）

分集描述：

徐晓东：走进孩子内心世界（1）：家庭教育无小事，生活无处不教育。家长朋友们，当您口口声声地表示，自己所做的一切都是为了孩子，您是否意识到，您其实不是爱孩子，而是在爱自己？ 这不是故弄玄虚，也不是哗众取宠。

徐晓东：走进孩子内心世界（2）：父母对孩子的爱，比山高，比海深。但是，孩子是否能够感受到您的那份爱？ 您是否自认为是关爱孩子，结果却是好心办坏事？ 更多精彩故事，揭示更多教育孩子的真理。

7.2.4 分集封面地址

名称：coverPath

出处：国家图书馆

标签：分集封面地址

定义：封面地址为一集或者多集视频分别对应的封面地址。

数据类型：字符型

注释：视频为一集或者分为多集，每集视频分别对应封面的存储地址，精确到每一张图片。

术语类型：元素

元素必备性：有则必备

示例：

视频资源 ID：M430072018_000013，只有一集。

分集封面地址：\视频封面图\M430072018_000013.jpg

视频资源 ID：M430072018_000012，分为两集

分集封面地址：\视频封面图\M430072018_000012_1.jpg

\视频封面图\M430072018_000012_2.jpg

7.2.5　分集文件地址

名称：filePath

出处：国家图书馆

标签：分集文件地址

定义：分集文件地址为一集或者多集视频分别对应的视频文件地址。

数据类型：字符型

注释：每集视频的存储地址，需要精确到每一个视频文件。

术语类型：元素

元素必备性：必备

示例：

视频资源 ID：M430072018_000013，只有一集。

分集文件地址：\视频文件\M430072018_000013.mp4

http：//m.ndlib.cn/03/html/detailVideo.html？resType＝1&resourceId＝219624

视频资源 ID：M430072018_000012，分为两集。

分集文件地址：\视频文件\M430072018_000012_1.mp4

\视频文件\M430072018_000012_2.mp4

http：//m.ndlib.cn/03/html/readerAudio.html?type＝4&resourceId＝447115
&resType＝1&chapterId＝8261935

7.3　元素修饰词

7.3.1　交替题名

名称：alternative

出处：http://purl.org/dc/terms/

标签：交替题名

定义：任何可替换视频资源正式名称的其他名称。

数据类型：字符型

注释：包括与正式题名不同的其他语种的题名、正式题名为全称时的简称等。

术语类型：元素修饰词

元素必备性：有则必备

限定：title

示例：

交替题名：庐剧传统连续剧

注：题名：乌江渡

7.3.2　责任方式

名称：role

出处：MODS

标签：责任方式

定义：责任者创作视频资源内容或对该内容作出贡献的方式。

数据类型：字符型

注释：用词或词组表示，如表演（演）、摄制（摄）。

术语类型：元素修饰词

元素必备性：有则必备

限定：creator；contributor

示例：

责任方式：主演

7.3.3　摘要

名称：abstract

出处：http://purl.org/dc/terms/

标签:摘要

定义:视频资源内容的说明。

术语类型:元素修饰词

元素必备性:必备

限定:description

示例:

摘要:"看见中国"系列纪录片注重在宏大的背景下,以客观的态度,重点以小视角关注身边普通小人物的小生活,题材、事件涉及社会生活的多方领域和多个层面,应用大众影视语言,承接地气且富有情节的真实故事,真实地记录和叙述当下中国普通百姓的生活故事、成长变化、情绪烦恼和理想追求,通过纪录片人的追问和思考,揭示当下寻常中国人的生态、心态和情态,带您一起看见中国今天正在发生的变化,以及孕育中的中国明天。

7.3.4　目次

名称:tableOfContents

出处:http://purl. org/dc/terms/

标签:目次

定义:视频资源组成单元的列表。

术语类型:元素修饰词

元素必备性:有则必备

限定:description

示例:

目次:1.《春秋》内容精要;2. 孔子与《春秋》;3.《春秋》三传

7.3.5　创建日期

名称:created

出处:http://purl. org/dc/terms/

标签:创建日期

定义:视频资源创建的日期。

数据类型:日期型

注释:一般指视频资源的制作、拍摄完成日期。

术语类型:元素修饰词

元素必备性:有则必备

限定:date

编码体系修饰词:Period;GB/T 7408.1—2023

示例:

创建日期:2011 – 08 – 20(编码体系 = GB/T 7408.1—2023)

7.3.6　发布日期

名称:issued

出处:http://purl.org/dc/terms/

标签:发布日期

定义:视频资源正式发布的日期。

数据类型:日期型

注释:供数字化的网络视频资源使用。

术语类型:元素修饰词

元素必备性:有则必备

限定:date

编码体系修饰词:Period;GB/T 7408.1—2023

示例:

发布日期:2011 – 10 – 16(编码体系 = GB/T 7408.1—2023)

7.3.7　版权日期

名称:dateCopyrighted

出处:http://purl.org/dc/terms/

标签:版权日期

定义:视频资源将在这段时间内可以获得或曾经可以获得(通常是一个时间区间)。

数据类型:日期型

注释:一般是一个时间段。

术语类型:元素修饰词

元素必备性:有则必备

限定:date

编码体系修饰词:Period;GB/T 7408.1—2023

示例:

版权日期:20200101/20201231(编码体系 = GB/T 7408.1—2023)

7.3.8 大小

名称:extent

出处:WH/T 63—2014

标签:大小

定义:视频资源的大小。

数据类型:字符型

术语类型:元素修饰词

元素必备性:有则必备

限定:format

示例:

大小:10MB

7.3.9 时长

名称:duration

出处:WH/T 63 – 2014

标签:时长

定义:播放视频资源正式有效内容的实际时间长度。

数据类型:字符型

注释:宜采用的时长格式应符合 GB/T 7408.1—2023 规范,并使用 hh:mm:ss 的格式著录。

术语类型:元素修饰词

元素必备性:有则必备

限定:format

示例:

时长:04:50:00

7.3.10 画面宽高比

名称:aspectRatio

出处:WH/T 63—2014

标签:画面宽高比

定义:视频资源显示画面的宽度与高度之比。

数据类型:字符型

术语类型:元素修饰词

元素必备性:可选

限定:format

示例:

画面宽高比:4:3

7.3.11 分辨率

名称:resolution

出处:WH/T 63—2014

标签:分辨率

定义:反映显示器件、光学器件等的精细程度和分辨能力。

数据类型:字符型

术语类型:元素修饰词

元素必备性:可选

限定:format

示例:

分辨率:320×240

7.3.12　音频编码格式

名称:audioCodingFormat

出处:WH/T 63—2014

标签:音频编码格式

定义:数字音频采样序列的编码格式。

数据类型:字符型

注释:仅供数字视频资源使用,元素修饰词的取值宜采用 PCM、MPEG1 Layer1、MPEG1 Layer2、MPEG1 Layer3、MPEG2 Layer1、MPEG2 Layer2、MPEG2 Layer3、OGG、MPC。

术语类型:元素修饰词

元素必备性:可选

限定:format

示例:

音频编码格式:MPEG1 Layer3

7.3.13　音频数据码率

名称:audioDataRate

出处:WH/T 63—2014

标签:音频数据码率

定义:音频数据码流的每秒传输比特值。

数据类型:字符型

注释:供数字视频资源使用。

术语类型:元素修饰词

元素必备性：可选

限定：format

示例：

音频数据码率：128 kb/s

7.3.14 视频编码格式

名称：videoCodingFormat

出处：WH/T 63—2014

标签：视频编码格式

定义：视频数字化的编码方式。

数据类型：字符型

注释：供数字视频资源使用。

术语类型：元素修饰词

元素必备性：可选

限定：format

示例：

视频编码格式：RV40

7.3.15 媒体

名称：medium

出处：WH/T 63—2014

标签：媒体

定义：视频资源的物理载体或组成材料。

数据类型：字符型

术语类型：元素修饰词

元素必备性：有则必备

限定：format

示例:

媒体:DVD

7.3.16　声道语种

名称:audioChannelLanguage

出处:WH/T 63—2014

标签:声道语种

定义:视频资源的声音通道的语种名称。

数据类型:字符型

注释:宜采用 RFC 5646、GB/T 4880.2—2000,也可采用机构自拟的受控词表进行标识。如左、右声道使用不同语种,可根据实际进一步细化。

术语类型:元素修饰词

元素必备性:可选

限定:language

编码体系修饰词:RFC 5646;GB/T 4880.2—2000

示例:

声道语种:chi(编码体系 = GB/T 4880.2—2000)

7.3.17　视频数据码率

名称:videoBitRate

出处:WH/T 63—2014

标签:视频数据码率

定义:视频数据码流的每秒传输比特值。

数据类型:字符型

注释:供数字视频资源使用。

术语类型:元素修饰词

元素必备性:可选

限定:format

示例:

视频数据码率:12 Mb/s

7.3.18 字幕语种

名称:subtitleLanguage

出处:WH/T 63—2014

标签:字幕语种

定义:视频资源字幕的语种名称。

数据类型:字符型

注释:宜采用 RFC 5646、GB/T 4880.2—2000,也可采用机构自拟的受控词表进行标识。

术语类型:元素修饰词

元素必备性:可选

限定:language

编码体系修饰词:RFC 5646;GB/T 4880.2 —2000

示例:

字幕语种:chi(编码体系 = GB/T 4880.2—2000)

7.3.19 空间范围

名称:spatial

出处:http://purl.org/dc/terms/

标签:空间范围

定义:视频资源知识内容涉及的空间特征。

数据类型:字符型

注释:地点的表达宜采用受控的词汇。

术语类型:元素修饰词

元素必备性:有则必备

限定:coverage

编码体系修饰词:Point;GB/T 2659.1—2022;TGN

示例:

空间范围:name = 长春; east = 43.88; north = 125.35(编码体系 = Point)

7.3.20 时间范围

名称:temporal

出处:http://purl.org/dc/terms/

标签:时间范围

定义:视频资源知识内容涉及的时间特征。

数据类型:字符型

注释:时间的表达宜采用受控的词汇。

术语类型:元素修饰词

元素必备性:有则必备

限定:coverage

编码体系修饰词:Period;GB/T 7408.1—2023

示例:

时间范围:name = 抗美援朝; start:1950; end:1953(编码体系 = Period)

7.3.21 版权拥有者

名称:rightsHolder

出处:http://purl.org/dc/terms/

标签:版权拥有者

定义:对视频资源拥有所有权或者管理权的个人或组织。

数据类型:字符型

注释:权限信息通常指与资源相关的各种产权声明,包括知识产权。

术语类型:元素修饰词

元素必备性:有则必备

限定:rights

示例:

版权拥有者:中国国家图书馆

7.3.22 授权用户类型

名称:authorizedUserType

出处:WH/T 52—2012

标签:授权用户类型

定义:被授予视频资源相应权利的用户的类型。

数据类型:字符型

注释:说明哪些类型的用户被授予相应的权利,如教授、研究员、博士研究生,或注册用户、非注册用户等。

术语类型:元素修饰词

元素必备性:有则必备

限定:rights

示例:

授权用户类型:上海交通大学图书馆。仅限于 CMNet 注册成员

7.3.23 授权用途

名称:authorizedUse

出处:国家图书馆

标签:授权用途

定义:被授予视频资源的相应权利内容。

数据类型:字符型

注释:说明授予用户使用视频资源的哪些权利,如浏览、复制、下载等。

术语类型:元素修饰词

元素必备性:有则必备

限定:rights

示例：

授权用途：APP 端可提供下载后离线观看

7.3.24　终端类型

名称：terminalType

出处：国家图书馆

标签：终端类型

定义：视频资源可以或者适合展示的终端类型，如手机、平板电脑、PDA、手持阅读器等各种移动终端。

数据类型：字符型

术语类型：元素修饰词

元素必备性：有则必备

限定：terminalDevice

示例：

终端类型：手持阅读器

7.3.25　终端服务类型

名称：terminalServiceType

出处：国家图书馆

标签：终端服务类型

定义：视频资源可以或者适合展示的终端服务类型，如 WAP 网站、APP 应用程序、微信小程序等各种移动服务形式。

数据类型：字符型

术语类型：元素修饰词

元素必备性：有则必备

限定：terminalDevice

示例：

终端服务类型：APP 应用程序

7.3.26 终端操作系统

名称:terminalOS

出处:国家图书馆

标签:终端操作系统

定义:适合播放视频资源的终端操作系统。

数据类型:字符型

术语类型:元素修饰词

元素必备性:有则必备

限定:terminalDevice

示例:

终端操作系统:Android

7.4 编码体系修饰词

7.4.1 汉语主题词表

名称:CT

出处:中国科学技术情报研究所,北京图书馆. 汉语主题词表. 北京:科学技术文献出版社,1979.

标签:汉语主题词表

定义:汉语主题词表。

术语类型:编码体系修饰词

元素必备性:可选

编码体系应用于:subject

示例:

主题:高血糖科学防治健康

编码体系修饰词:CT

7.4.2 中国分类主题词表

名称:CCT

出处：国家图书馆《中国图书馆分类法》编辑委员会．中国分类主题词表．
3 版．北京：国家图书馆出版社，2017.

标签：中国分类主题词表

定义：中国分类主题词表。

术语类型：编码体系修饰词

元素必备性：可选

编码体系应用于：subject

示例：

主题：京剧

编码体系修饰词：CCT

7.4.3　中国图书馆分类法

名称：CLC

出处：国家图书馆《中国图书馆分类法》编辑委员会．中国图书馆分类法．
5 版．北京：国家图书馆出版社，2010.

标签：中国图书馆分类法

定义：中国图书馆分类法。

术语类型：编码体系修饰词

元素必备性：可选

编码体系应用于：subject

示例：

主题：I239.8

编码体系修饰词：CLC

7.4.4　美国国会图书馆主题词表

名称：LCSH

出处：https://id.loc.gov/authorities/subjects.html

标签：美国国会图书馆主题词表

定义:美国国会图书馆主题词表(标题表)。

术语类型:编码体系修饰词

元素必备性:可选

编码体系应用于:subject

示例:

主题:United States history

编码体系修饰词:LCSH

7.4.5 日期和时间表示法

名称:GB/T 7408.1—2023

出处:GB/T 7408.1—2023 数据元和交换格式 信息交换 日期和时间表示法

标签:日期和时间表示法

定义:GB/T 7408.1—2023 标准中在信息交换中所涉及的日期和时间表示法。

术语类型:编码体系修饰词

元素必备性:可选

编码体系应用于:date;created;issued;dateCopyrighted;temporal

示例:

创建日期:2011 – 08 – 20

编码体系修饰词:GB/T 7408.1—2023

7.4.6 都柏林核心元数据计划时期

名称:Period

出处:http://purl.org/dc/terms/

标签:都柏林核心元数据计划时期

定义:表示时间间隔的一种方法。

术语类型:编码体系修饰词

元素必备性:可选

编码体系应用于:date;created;issued;dateCopyrighted;temporal

示例:

时空范围:时间范围:name＝抗日战争时期；start：1931；end：1945

编码体系修饰词:Period

7.4.7　都柏林核心元数据计划类型词表

名称:DCMIType

出处:http://purl. org/dc/terms/

标签:都柏林核心元数据计划类型词表

定义:用来对资源内容的属性或种类进行分类的类型列表。

术语类型:编码体系修饰词

元素必备性:可选

编码体系应用于:type

示例:

类型:MovingImage

编码体系修饰词:DCMIType

7.4.8　互联网媒体类型

名称:IMT

出处:http://purl. org/dc/terms/

标签:互联网媒体类型

定义:由互联网编号分配机构(Internet Assigned Numbers Authority,IANA)规定的互联网资源媒体类型。

术语类型:编码体系修饰词

元素必备性:可选

编码体系应用于:format

示例:

媒体:video/mp4

编码体系修饰词:IMT

7.4.9 统一资源标识符

名称:URI

出处:http://www.ietf.org/rfc/rfc3986.txt

标签:统一资源标识符

定义:统一资源标识符(Uniform Resource Identifier,URI)

术语类型:编码体系修饰词

元素必备性:可选

编码体系应用于:identifier;source;relation

示例:

标识符:http://space.tv.cctv.com/video/VIDE1260015602137884

编码体系修饰词:URI

7.4.10 数字对象唯一标识符

名称:DOI

出处:GB/T 36369—2018

标签:数字对象唯一标识符

定义:对象的数字化标识符(Digital Object Identifier,DOI)。

术语类型:编码体系修饰词

元素必备性:可选

编码体系应用于:identifier;source;relation

示例:

标识符:10.3207/2959859860

编码体系修饰词:DOI

7.4.11 国际标准音像制品编码

名称:ISRC

出处：http://www.iso.org/iso/catalogue_detail? csnumber = 23401

标签：国际标准音像制品编码

定义：国际标准音像制品编码（International Standard Recording Code，ISRC）是正式出版发行的国际通用的音像制品的代码。

术语类型：编码体系修饰词

元素必备性：可选

编码体系应用于：identifier；source；relation

示例：

标识符：CN － E22 － 04 － 0306 － 0

编码体系修饰词：ISRC

7.4.12　国际标准书号

名称：ISBN

出处：http://www.isbn.org/standare/home/isbn/international/index.asp

标签：国际标准书号

定义：国际标准书号（International Standard Book Number，ISBN），是国际上通用的出版物标识编号。

术语类型：编码体系修饰词

元素必备性：可选

编码体系应用于：identifier；source；relation

示例：

标识符：978 － 7 － 5064 － 2595 － 7

编码体系修饰词：ISBN

7.4.13　语言识别标签

名称：RFC5646

出处：https://www.rfc － editor.org/rfc/rfc5646.txt

标签：语言识别标签

定义：根据语言识别标签（RFC 5646）确定的语种识别标签集合。

术语类型：编码体系修饰词

元素必备性：可选

编码体系应用于：language

示例：

语种：en

编码体系修饰词：RFC 5646

7.4.14 语种名称代码 第2部分：3字母代码

名称：GB/T 4880.2—2000

出处：GB/T 4880.2—2000 语种名称代码 第2部分：3字母代码

标签：语种名称代码 第2部分：3字母代码

定义：GB/T 4880.2—2000 标准中的3字母语种识别代码。

术语类型：编码体系修饰词

元素必备性：可选

编码体系应用于：language

示例：

字幕语种：chi

编码体系修饰词：GB/T 4880.2—2000

7.4.15 地理名词叙词表

名称：TGN

出处：http://www.getty.edu/research/tools/vocabulary/tgn/index.html

标签：地理名词叙词表

定义：地理名词叙词表（Thesaurus of Geographic Names）。

术语类型：编码体系修饰词

元素必备性：可选

编码体系应用于：spatial

示例:

空 间 范 围:Nanjing（ inhabited place ）（ World, Asia, China, Jiangsu ）〔7001892〕

编码体系修饰词:TGN

7.4.16　都柏林核心元数据计划地点

名称:Point

出处:http://purl. org/dc/terms/

标签:都柏林核心元数据计划地点

定义:DCMI 地理位置,用地理坐标值来指明地点。

术语类型:编码体系修饰词

元素必备性:可选

编码体系应用于:spatial

示例:

空间范围:name = 长春; east = 43. 88; north = 125. 35

编码体系修饰词:Point

7.4.17　世界各国和地区名称代码

名称:GB/T 2659. 1—2022

出处:GB/T 2659. 1—2022 世界各国和地区名称代码

标签:世界各国和地区名称代码

定义:GB/T 4880. 2—2000 标准中的国家和地区代码。

术语类型:编码体系修饰词

元素必备性:可选

编码体系应用于:spatial

示例:

空间范围:110000

编码体系修饰词:GB/T 2659. 1—2022

7.4.18　地理名称

名称：GeoNames

出处：http://www.geonames.org/

标签：地理名称

定义：地理信息数据集。

术语类型：编码体系修饰词

元素必备性：可选

编码体系应用于：spatial

示例：

空间范围：

geo：long"108.93"；

geo：lat"34.27"

编码体系修饰词：GeoNames

附　件

（资料性）

移动终端视频资源数据内容样例

附表4－3　移动终端系列视频资源元数据

元素	元素修饰词	编码体系修饰词	示例
videoID （视频资源ID）			M430072018_000010
title（题名）			刘亚洲:伟大的小习惯
creator（创建者）			刘亚洲
subject（主题）		CLC	G4;G40
description（描述）	abstract（摘要）		千百年来,人们从未停止过对伟人的景仰,更未放弃过对伟大事业的追求。伟大是如何诞生的?是什么使格雷厄姆成为全世界最伟大的证券分析家?又是什么让巴菲特成为尽人皆知的股神?本期赢家大讲堂刘亚洲老师将带领我们探索成就伟大的规律,破解那些铸就伟大的小习惯。
date（日期）	created（创建日期）	GB/T 7408.1—2023	2018－01－01
	issued（发布日期）	GB/T 7408.1—2023	2020－01－01

续表

元素	元素修饰词	编码体系修饰词	示例
type（类型）			视频
		DCMIType	MovingImage
format（格式）		IMT	Video/mp4
	extent（大小）		2.65GB
	duration（时长）		03:23:00
	resolution（分辨率）		720×576
	audioCodingForma（音频编码格式）		AAC
	audioDataRate（音频数据码率）		259kb/s
	videoCodingFormat（视频编码格式）		AVC
	videoBitRate（视频数据码率）		1600kb/s
identifier（标识符）		URI	http://m.ndlib.cn/03/html/detailVideo.html?resType=1&resourceId=443263
coverImage（封面图）			http://stream.nlc.cn/issue/0wanfang/2018/cover/M430072018_000010_1.jpg
language（语种）		GB/T 4880.2—2000	chi
relation（关联）		分集视频 ID	M430072018_000010_1
coverage（时空范围）	spatial（空间范围）	GB/T 2659.1—2022	CHN

续表

元素	元素修饰词	编码体系修饰词	示例
rights(权限)	rightsHolder （版权拥有者）		国家图书馆
	authorizedUserType （授权用户类型）		注册用户
	authorizedUse （授权用途）		移动端注册后在线播放
audience(受众)			一般大众
location （馆藏信息）			中国国家图书馆
terminalDevice （终端设备）	terminalType （终端类型）		手机、平板电脑、PDA、手持阅读器等各种移动终端
	terminalServiceType （终端服务类型）		WAP 网站、APP 应用程序、微信小程序等各种移动服务形式
	terminalOS （终端操作系统）		iOS、Android
twoDimensionalBar Code(二维码)			
userInteraction （用户交互）			截至 2022 - 09 - 22 10:00:00,视频转发次数:30 万次

附表 4 – 2　移动终端个体视频资源元数据

元素	元素 修饰词	编码体系 修饰词	示例
localID（分集视频 ID）			M430072018_000010_1
title（分集题名）			刘亚洲：伟大的小习惯（1）
description （分集描述）	abstract （摘要）		千百年来,人们从未停止过对伟人的景仰,更未放弃过对伟大事业的追求。伟大是如何诞生的? 是什么使格雷厄姆成为全世界最伟大的证券分析家? 又是什么让巴菲特成为尽人皆知的股神? 本期赢家大讲堂刘亚洲老师将带领我们探索成就伟大的规律,破解那些铸就伟大的小习惯。
coverPath （分集封面地址）			http://stream. nlc. cn/issue/0wanfang/2018/cover/M430072018_000010_1. jpg
filePath （分集文件地址）			http://stream. nlc. cn/issue/0wanfang/2018/data/M430072018_000010_1. mp4

参考文献

[1] 国家市场监督管理总局,中国国家标准化管理委员会. 条码术语：GB/T 12905—2019 [S]. 北京：中国标准出版社,2019.

[2] Information technology-Automatic identification and data capture techniques-Data Matrix bar code symbology specification[S/OL]. [2024 – 08 – 08]. https://www. iso. org/obp/ui#iso：std：iso-iec：16022：ed-3：v1：en.

[3] W3C. Mobile Resources Lists[EB/OL]. [2021 – 09 – 04]. https://www. w3. org/WAI/GL/mobile – a11y – tf/wiki/Mobile_Resources#Mobile_Accessibility_Platform_Features.

［4］ W3C. User Interaction［EB/OL］.［2021 - 09 - 04］. https∶//www. w3. org/2018/12/web -
　　roadmaps/mobile/userinput. html.

［5］ W3C. User Agent Accessibility Guidelines （UAAG）2. 0［EB/OL］.［2021 - 09 - 04］.
　　https∶//www. w3. org/TR/UAAG20/.